तबले का उद्गम
एवं
दिल्ली घराना

तबले का उद्गम
एवं
दिल्ली घराना

(प्राचीन बंदिशों का संचयन)

डॉ. कुमार ऋषितोष

कनिष्क पब्लिशर्स, डिस्ट्रीब्यूटर्स
नई दिल्ली–110 002

कनिष्क पब्लिशर्स, डिस्ट्रीब्यूटर्स
4697/5-21 ए, अंसारी रोड, दरियागंज
नई दिल्ली-110 002
फोनः 2327 0497, 2328 8285
फैक्स : 011-2328 8285
E-mail : kanishka_publishing@yahoo.co.in

प्रथम संस्करण-2015

ISBN : 978-81-8457-645-0

भारत में मुद्रित

कनिष्क पब्लिशर्स, डिस्ट्रीब्यूटर्स, 4697/5-21 ए, अंसारी रोड, दरियागंज, नई दिल्ली-110 002 से मदन सचदेवा द्वारा प्रकाशित; क्वालिटी प्रिंटर्स, दिल्ली द्वारा शब्द-संयोजन तथा नाइस प्रिंटिंग प्रेस, दिल्ली द्वारा मुद्रित।

समर्पण

गुरू शिष्य संवाद बिना है लय संवाद अधूरा,
गुरू शिष्य संप्रेषण के साकार नवल तुम गुरूवर।
सदा शिष्य के भविष्य की चिन्ता में उलझे रहते,
जीवन मंथित अमृत तज पी गए गरल तुम गुरूवर।।

यह ग्रन्थ महर्षिकल्प परमपूज्य गुरूदेव स्व. पंडित छोटे लाल मिश्र जी को मेरी श्रद्धा एवं निष्ठा के साथ सादर समर्पित है, जिनके दिव्य आशीर्वाद एवं प्रेरणा के फलस्वरूप यह दुर्लभ कार्य सम्पन्न हो सका है।

आशीर्वचन

संगीत नित–निरंतर ज्ञानार्जन एवं परिष्करण की विधा है। शिष्य द्वारा गुरू सानिध्य में अर्जित ज्ञान का लाभ यदि व्यष्टि से आगे बढ़कर समष्टि तक पहुँच जाय तो इससे शिष्य एवं गुरू दोनों का ही सम्मानवर्द्धन होता है।

मेरे प्रिय शिष्य डॉ0 कुमार ऋषितोष अत्यन्त लगनशील एवं प्रतिभा सम्पन्न हैं। तबले में मंचीय वादन से लेकर पुस्तक लेखन के कार्य में भी इन्हें कौशल प्राप्त हैं। प्रथम पुस्तक ''संगीत शिक्षण के विविध आयाम'' के पश्चात् इनकी दूसरी पुस्तक ''तबले का उद्गम एवं दिल्ली घराना–प्राचीन बंदिशों का संचयन'' प्रकाशित हो रही है, यह मेरे लिए अत्यन्त ही हर्ष का विषय है। इस पुस्तक को इन्होंने मेरे संपूर्ण मार्गदर्शन के तहत अनवरत परिश्रम कर यह मूर्त रूप प्रदान किया हैं, अतः इनका यह सतप्रयास सदैव प्रशंसनीय है।

इनकी लेखनी प्रखर से प्रखरतम की ओर अग्रसर हो एवं ये अपनी तप–साधना से बनारस घराना के श्रेष्ठ तबला वादकों में प्रतिष्ठित हों, यही मेरी शुभकामना एवं शुभाशीष है।

पंडित छोटेलाल मिश्र
बनारस घराना के प्रतिनिधि एवं
प्रख्यात तबला वादक

तिथिः 21 / 07 / 2013
स्थानः वाराणसी

भूमिका

तबला अवनद्ध वाद्य में सर्वाधिक लोकप्रिय तालवाद्य है, जिसे अपने समृद्ध कलात्मक गुणों से विश्व के अनेक देशों के संगीतज्ञों व जनमानस को आकृष्ट और लोकप्रिय करने का श्रेय प्राप्त है। दिल्ली तबले का सर्वप्रथम घराना है। इसलिए निजी एवं मौलिक विशेषताओं के कारण तबले के क्षेत्र में उसे एक महत्वपूर्ण स्थान स्वतः प्राप्त है।

मुझे हार्दिक प्रसन्नता है कि डॉ. कुमार ऋषितोष की दूसरी पुस्तक 'तबले का उद्‌गम् एवं दिल्ली घराना–प्राचीन बंदिशों का संचयन' प्रकाशित होने जा रहा है। प्रस्तुत पुस्तक में तबले का अस्तित्व भरतकालीन द्विपुष्कर वाद्य के रूप में अर्थात् उर्ध्वक व आलिंग्यक भागों की जोड़ी को एक स्वतंत्र वाद्य के रूप में दिखाया गया है जिसके बजाए जाने की प्रथा भारत में ईसा पूर्व से चली आ रही थी एवं उसे बजाने वाली महिलाएँ भी थीं। लेखक द्वारा प्राचीन गुफाओं व विभिन्न मंदिरों में निर्मित प्रस्तर शिल्प चित्रों एवं भित्ति चित्रों के माध्यम से विशद वर्णन किया गया है, जो भरतकालीन तबला सदृश द्विपुष्कर वाद्य के रूप में तबले की प्रमाणिकता को इस पुस्तक द्वारा सार्थक सिद्ध होता है। प्राचीन काल में सामाजिक अवसरों पर तबला जैसे वाद्य का शिल्पकारों ने जो चित्रण किया है, वह कहीं लोक वाद्य 'जोड़ी' तो कहीं 'सम्बल वाद्य' या 'दुक्कड़ वाद्य' अथवा 'मुलायम वाद्य' के नाम से लोक में लोकप्रिय होता रहा। आज का वर्तमान तबला उसी का परिष्कृत रूप है। प्रशंसनीय कार्य है।

कलाकारों के योगदान पर अनेक पुस्तकें उपलब्ध हैं जिनके लेखकों ने अपने–अपने क्षेत्र को देखते हुए लिखा है। इन पुस्तकों के द्वारा विद्यार्थियों को लाभ तो अवश्य हुआ है, किंतु दिल्ली घराना के कलाकारों का विवरण बहुत अल्प मात्रा में लिखा गया है। प्रस्तुत तीसरे अध्याय में लेखक ने दिल्ली घराने के कलाकारों के योगदान का चित्र के साथ विशद वर्णन किया है, जो इस पुस्तक को समृद्धि प्रदान करता है।

दिल्ली ही तबले का एकमात्र घराना है जिससे निकली कई शाखाएं घराने के रूप में स्थापित है। चौथे अध्याय में अजराड़ा, लखनऊ, फर्रुखाबाद व बनारस जैसे प्रतिष्ठित घरानों के निर्माण में दिल्ली घराने के कलाकारों की भूमिका का विशद विवेचन किया गया है, जिससे इस घराने की भूमिका की संकल्पना एवं अन्य घरानों की तुलना में दिल्ली घराने का स्थान परिलक्षित व स्पष्ट हो पाया है।

पांचवें अध्याय में विभिन्न घरानों के कलाकारों द्वारा दिल्ली घराने की वादन शैली का अनुकरण के संदर्भ में समीक्षात्मक विवेचन किया गया है। शास्त्रों ने मनुष्य को हमेशा कर्म में सक्रिय रखने के लिए परम्पराओं के अनुकरण पर बल दिया है। अगर शास्त्रों का सैद्धांतिक पक्ष अनुकरणीय न होता तो, सारे

वेद–वेदान्त, धर्म दर्शन, उपनिषद्, सांख्य सब ऐसे ही बेकार हो जाते, फिर भारतीय जीवन पद्धति में उनका कोई औचित्य नहीं रह जाता। अतएव आदि से लेकर अब तक हमारे पास जो कुछ भी प्राप्य–अप्राप्य है, सब हमारे पूर्वजों अथवा ऋषियों के स्मरण एवं अनुकरण की ही परम्परा से सम्भव हो पाया है। इस अध्याय में लेखक के मौलिक विचार भी समाहित हैं, जो प्रासंगिक हैं।

छठें अध्याय में दिल्ली घराने की लुप्त हो रही प्राचीन बंदिशों का संग्रह है। लेखक द्वारा इस अध्याय में अपने गुरु तबला विद्वान् पं. छोटे लाल मिश्र से प्राप्त बंदिशों के साथ ही दिल्ली घराने के पुराने उस्तादों द्वारा रचित बंदिशें जिनमें उ. सिताब खां, उ. बुगरा खां, उ. बड़े काले खां, उ. नत्थू खां, उ. छोटे काले खां, उ. गामी खां, उ. मुन्नू खां, उ. ईनाम अली, उ. छम्मा खां एवं उ. फैय्याज खां जैसे मूर्धन्य एवं गुणी कलाकारों की रचित प्राचीन व दुर्लभ बंदिशों को संग्रह के तौर पर रखने का सराहनीय एवं अभिनव प्रयास इस पुस्तक को समृद्धि प्रदान करता है।

डॉ. ऋषितोष बनारस घराने के सुप्रसिद्ध तबला विद्वान स्व. पंडित छोटेलाल मिश्र के सुयोग्य शिष्य हैं। ये स्वयं रस सिद्ध कलाकार हैं। गत कई वर्षों से नादऑरा संस्था के अध्यक्ष के रूप में जहां कलाकारों का मंच एवं सम्मान करते आ रहे हैं तो वहीं दिल्ली विश्वविद्यालय के संगीत विभाग में प्राध्यापक के रूप में विद्यार्थियों को तबले के गूढ़तम शिक्षा का लाभ भी प्रदान कर रहे हैं।

मैं 'तबले के उदगम विकास एवं दिल्ली घराना' के लेखक डॉ. कुमार ऋषितोष को हार्दिक बधाई देती हूँ एवं आशा करती हूँ कि इस पुस्तक की विशिष्टता तबला जगत को समृद्धि प्रदान करेगी साथ ही इससे शोधकर्त्ता, जिज्ञासु तथा कलाकारगण के लिए भी उतना ही उपादेय और संग्रहणीय होगा।

पद्मभूषण विदुषी डॉ. शन्नो खुराना
रामपुर–सहसवान घराने की प्रख्यात व प्रतिनिधि गायिका
एवं प्रबुद्ध संगीत शास्त्री

एक अवलोकन

भारतीय संगीत एवं हिन्दी साहित्य के प्राचीन ग्रंथों में वर्णित अनेकों तथ्य आज भी रहस्य एवं अनसुलझी पहेलियों की तरह विद्यमान हैं, जिन्हें ऐतिहासिक मर्यादा के रूप में मात्र स्वीकारते हुए सामान्य पाठकों ने कभी भी खंडन या उद्‌भेदन का प्रयास नहीं किया। गहन चिन्तन एवं अनवरत अध्ययन के अभाव में ऐसे सारे रहस्य समय बीतने पर और भी रहस्यमय बन गए क्योंकि इनकी वास्तविकता को सामने लाने का कोई प्रमाणिक आधार नहीं ढूँढा जा सका। हमारा संगीत जो यथार्थतः विश्व की धरोहर है, इसमें भी अपेक्षित प्रयास की कमी के कारण प्राचीन संगीत साधकों तथा उस्तादों के पास उपलब्ध दुर्लभ एवं अनमोल बंदिशों का ससमय संकलन, संग्रहन तथा संरक्षण नहीं किया जा सका, जिससे हमारे सांगीतिक कोश में न्यूनता आई है।

संकल्पित व्यक्तित्व के धनी एवं प्रखर मेधा से विभूषित डॉ0 कुमार ऋषितोष ने वाराणसी के सुविख्यात, तबला वादक पं0 छोटे लाल मिश्र के चरणाश्रय में मात्र तबला वादन के प्रायोगिक बारीकियों को ही नहीं ग्रहण किया अपितु एक सच्चे एवं होनहार शिष्य के रूप में इन्होंने अपने गुरूदेव के आत्मिक चिन्तन एवं विचार का भी अनुकरण तथा अनुशीलन किया है। यही कारण है कि डॉ0 ऋषितोष की भावधारा ''स्वान्तः सुखाय'' की परिधि से बाहर आकर ''बहुजन हिताय'' तक प्रवाहित होकर वर्त्तमान तबलानुरागियों से लेकर भावी पीढ़ियों को भी ज्ञान सिंचन के लिए प्रयत्नशील हैं।

''तबले का उद्‌गम एवं दिल्ली घराना–प्राचीन बंदिशों का संचयन'' डॉ0 ऋषितोष की लेखनी का एक ऐसा श्रेष्ठ साक्ष्य है, जो इन्हें एक उच्चस्तरीय अध्येता, सूक्ष्म विचारक एवं सहृदय संगीत सेवी के रूप में प्रतिष्ठित करता है। पुस्तक में वर्णित प्रारंभ से पाँच अध्याय तबले के उद्‌गम से संबंधित भ्रांतियों को दूर करने, घरानों के क्रमिक विकास, वादन शैली एवं अन्य विशेषताओं से संबंध रखते हैं, जबकि षष्ठ अध्याय पूर्णरूपेण दुर्लभ बंदिशों का संग्रह हैं। मेरी व्यक्तिगत मान्यता है कि ये पाँच अध्याय प्रकृति के पंच तत्व से रचित पाँच ज्ञानेद्रियों तथा पाँच कर्मेन्द्रियों के सदृश हैं एवं षष्ठ अध्याय में संचयित् प्राचीन बन्दिशें इस पुस्तक की आत्मा है जो कभी भी विनष्ट न होकर सदैव अपने प्रकाश से तबलानुरागियों को आलोकित करती रहेगी। तबले के जन्मदाता स्वाति मुनि एवं सर्वप्रथम घराना दिल्ली के प्रवर्तक उस्ताद सिद्धार खाँ की वास्तविकता को प्रमाणित करने के लिए पुस्तक में दिए गये साक्ष्य एवं तर्क अति पर्याप्त हैं एवं भ्रांतियों को दूर करने में स्वतः सक्षम हैं। लेखक द्वारा वर्णित दिल्ली घराने की श्रेष्ठता के अवलोकनोंपरांत यह कहा जा सकता है कि दिल्ली घराना–घरानों का दिल है, जिसकी धड़कन से तबले के अन्य सभी घरानों की घमनियों में रक्त का प्रवाह सतत प्रवाहित है, चाहे इसका कारण गुरू–शिष्य परंपरा रही हो या दूसरें घरानों द्वारा दिल्ली घराने के आकर्षक बंदिशों का अनुकरण।

डॉ0 ऋषितोष की यह कृति डॉ0 हरिवंश राय ''बच्चन'' जी की ''मधुशाला'' है जो स्वाति मुनि एवं उस्ताद सिद्धार खाँ को यथोचित घरातल पर सम्मानित करते हुए मंदिर और मस्ज़िद को एकाकार कर राष्ट्रीय एकता का दर्शन कराती हैं।

बनारस घराने के सम्मानविवर्द्धन में डॉ0 ऋषितोष के इस गरिमामय कार्य के लिए मेरी यह हार्दिक अभिव्यक्ति है–

''तुम राहों में चिरागों–सा जलते रहना,
हर अंधेरे को उजालों में बदलते रहना;
खुदा ने जो दी है तुम्हें गजब की यह ज्योति,
अपनी आभा से जहाँ को रौशन बनाये रखना।''

अनंत साधुवाद सहित!

पं0 गिरीन्द्र चन्द्र पाठक (पप्पू जी)
वरिष्ठ तबला वादक एवं संगीत समीक्षक,
मुगेंर, (बिहार)

आमुख

ईश्वर की कृपा के फलस्वरूप मेरे द्वारा लिखित पहली पुस्तक 'संगीत शिक्षण के विविध आयाम' के प्रकाशन के उपरांत मैं रसिक संगीत प्रेमियों एवं गुणी कलाकारों के प्यार तथा आशीर्वाद का कृपा पात्र बना, जिसके फलस्वरूप काफी प्रसिद्धि प्राप्त हुई है। इसके लिए मैं आदरणीय गुणी पाठकों का अत्यन्त आभारी एवं सदैव विनम्र हूँ। आज भी विभिन्न जगहों से बधाईयाँ मिलती है। शोधार्थी अपने शोध कार्य हेतु मागदर्शन भी प्राप्त करना चाहते हैं।

मेरी दूसरी पुस्तक 'तबले का उद्गम एवं दिल्ली घराना–प्राचीन बंदिशों का संचयन' विवेचन की दृष्टि में एक छोटा सा प्रयास है। तबला वाद्य की उत्पत्ति एवं दिल्ली घराने की वादन शैली का आलोडन एवं उसके रत्नों की खोज वस्तुतः असम्भव कार्य ही है। तथापि यदि इस प्रयास में किंचित भी सफलता या सार्थकता निहित है तो उसका सम्पूर्ण श्रेय मेरे पूज्य गुरूदेव, कलाकार एवं शुभेच्छु सहायक जनों को समर्पित है। मुझे दृढ़ विश्वास है कि इस पुस्तक को भी आप सभी गुणी व शिल्प विद्याविद पाठकों का आशीर्वाद एवं स्नेह प्राप्त होगा तथा आप सभी के उम्मीदों पर भी यह खरा उतरेगा।

जब मैं बनारस हिन्दू विश्वविद्यालय एवं दिल्ली विश्वविद्यालय से संगीत में डिग्री प्राप्त कर रहा था तब दिल्ली घराना एवं इस घराने के तबला वादन शैली पक्ष पर विस्तृत जानकारी का अभाव पुस्तक के रूप में महसूस करता रहा। चूंकि तबला वादन में दिल्ली को प्रथम घराने के रूप में श्रेय प्राप्त है अतएव मेरे द्वारा चयनित यह शोध प्रबन्ध दिल्ली घराने के तबला वादन शैली पर कार्य को सुलभ बनाने एवं नवीनता प्रदान करने हेतु मुझे भारत सरकार के संस्कृति विभाग से दो वर्ष (2007–2009) का अनुदान प्राप्त हुआ, जिसके फलस्वरूप यह पुस्तक का रूप ले सका। इसके लिए मैं भारत सरकार के संस्कृति विभाग का अत्यन्त आभारी रहूँगा।

सर्वप्रथम मैं इस कार्य को पूर्णतया सफल बनाने में जिनकी प्रदत्त सत्प्रेरक शुभाशीर्वाद सदैव मेरे साथ रहा है, वे हैं मेरे मार्गदर्शक परमश्रद्धेय कालजयी कलाकार तबला महर्षि पूज्य गुरूदेव स्वर्गीय पंडित छोटे लाल मिश्र जी जिनके वात्सल्य एवं स्नेहयुक्त निर्देशन ने इस कार्य में सदैव प्रवृत होने के लिए प्रोत्साहित किया तथा अपने अमूल्य परामर्शों द्वारा ही यह पुस्तक के रूप में अभिनव रूप ले सका।

मूलतः मैं बनारस घराने से सम्बन्धित हूँ, जब मैं दिल्ली घराने के तबला वादन शैली पर कार्य कर रहा था तो कई संगीत कलाकार, जिनका मैं नाम नहीं लेना चाहता, ने मुझे सुझाव दिया कि आप बनारस घराने के हैं, वहाँ के तबला वादन पर कुछ काम करें। दिल्ली घराने के तबला वादन पर क्यों समय नष्ट कर रहे हैं? इस कार्य में आपको कुछ मदद नहीं मिलेगी, क्योंकि अभी तक कोई पुस्तक उपलब्ध नहीं है। इस घराने के गुणी विद्वान कलाकार भी कम हैं और जो हैं वो शायद ही आपको सहयोग करेंगे। कुछ

लाभ आपको मिलने वाला नहीं है....वगैरह वगैरह। मैंने उन्हें अपनी जिज्ञासा भी प्रकट की थी कि मैंने कोई लाभ के लिए इस विषय का चयन नहीं किया है, बल्कि मेरे पूज्य गुरूदेव पंडित छोटे लाल मिश्र जी जो अन्य घरानों के प्रति भी समान आदर रखते हैं, उन्होंने ही मुझे दिल्ली घराने के तबला वादन शैली पर कार्य करने के लिए प्रेरित किया। उनके अनुसार तबला पहले है, बाद में घराना है। यह भी उल्लेखनीय है कि दिल्ली घराने के तबला वादन शैली पर की गई जानकारी एवं सामग्रीयों का संकलन करने में काफी कठिनाईयों का भी सामना करना पड़ा। कुछ वर्ष तो जनाब गुलाम हैदर खां (वर्तमान में दिल्ली घराना के खलीफा माने जाते हैं) भी नाराज रहे कि मैं दिल्ली घराने के तबला वादन पर क्यों कार्य कर रहा हूँ? कभी–कभी मेरा मन–मिज़ाज अन्दर से कुपित भी हो जाता था कि काश मैं बनारस घराने पर ही कार्य करता। मानवीय स्वभाव वश मन में अहम भाव भी उद्वेलित हो जाता था कि मैं अमुक घराने का हूँ....उस पर दूसरे घराने के यानि दिल्ली घराने के वादन शैली पर कार्य कर रहा हूँ...यह एहसान तो इन्हें मुझ पर लेनी चाहिए......वगैरह वगैरह। जब व्यक्ति के पास अंधेरा छाता है तो नकारात्मक उर्जा भी पनपने लगती है। यह भी सच्चाई है; जब अंधेरा होता है तो उजाला भी सुनिश्चित है। दिल्ली घराने के ऊपर मेरे द्वारा किये गए कार्य को जब हैदर भाई ने देखा तो इतने प्रसन्न हुए कि उनसे जितनी उम्मीदें नहीं थी उससे कहीं ज्यादा इन्होंने जानकारियां उपलब्ध करवाई। मैं इनके प्रति हार्दिक धन्यवाद प्रकट करता हूँ कि इन्होंने उदार भाव से अपने पुरखों से प्राप्त पारम्परिक शिक्षा एवं पुराने उस्तादों द्वारा रचित प्राचीन बंदिशें जो गोपनीय डायरी के रूप में संकलित थी। उसे इस पुस्तक की समृद्धि हेतु लुप्त हो रही दुर्लभ बंदिशों से परिचय करवाया।

दिल्ली घराने के सुप्रसिद्ध एवं वरिष्ठ तबला वादक उस्ताद फैयाज खाँ साहेब को भी मैं हार्दिक कृतज्ञता अर्पित करता हूँ जिन्होंने मुझे आशीर्वाद स्वरूप दिल्ली घराने की बंदिशें जो कालान्तर में लुप्त न हो जाए, उदार भाव से उसे सुरक्षित एवं संरक्षण हेतु उन रचनाओं से अवगत कराया। मैं ईश्वर से प्रार्थना करता हूँ वे दीर्घायु को प्राप्त हों। इसके साथ ही मैं हार्दिक धन्यवाद देता हूँ दिल्ली घराने के विचारक पं. सुधीर माईणकर जी, स्व. गुलजार अहमद एवं कमालुद्दीन भाई (उ. निजामुद्दीन खां के पुत्र) का जिनके द्वारा समय–समय पर हमें ज्ञान का यथोचित सहयोग प्राप्त हुआ है।

मैं जीवन पर्यन्त आभारी हूँ अपने परम पूज्य पिता स्वर्गीय श्री नागेश्वर प्रसाद अम्बष्ठ एवं माता जी श्रीमती उर्मिला सिन्हा का जिनके निरंतर एवं कठिन त्याग और समर्पण के कारण मेरा यह कार्य पूर्ण हो सका तथा जिन्होंने बाल्यकाल से ही योग्य गुरू पंडिज छोटे लाल मिश्र का सानिध्य एवं संगीत शिक्षण का स्वर्णिम सुअवसर मुझे सुलभ कराया।

रामपुर–सहसवान घराने की वरिष्ठ व प्रख्यात गायिका पद्मभूषण विदुषी शन्नो खुराना जी के प्रति मैं श्रद्धावनत हार्दिक आभार प्रकट करता हूँ जिन्होंने समीक्षा रूप में इस पुस्तक की 'भूमिका' लिखकर इसे गौरव प्रदान किया है।

संकाय अध्यक्ष एवं प्रसिद्ध गायिका विदुषी उमा गर्ग जी, दिल्ली घराने के प्रतिनिधि एवं सुप्रसिद्ध तबला वादक उस्ताद फैयाज खाँ साहेब एवं प्रसिद्ध पखावज वादक व चिंतक पं. डालचंद शर्मा जी का मैं हार्दिक अभिनंदन करता हूँ जिन्होंने इस कार्य की सराहना को अपने असीम शुभकामनाओं के साथ इस पुस्तक के भव्यता को सम्बल बनाया है।

इस पुस्तक हेतु मुझे अपने कई शुभेच्छुओं का भी सहयोग समय–समय पर मिलता रहा है। जिनमें गुरू तुल्य भूतपूर्व शोध निर्देशिका प्रो. अंन्जलि मित्तल जी, मेरे वरीय गुरू भाई बिहार के वरिष्ठ तबला वादक पं. गिरीन्द्र चन्द्र पाठक 'पप्पू जी' (मुंगेर), पं. उदय सिंह (खैरागढ़) एवं डॉ. प्रेम नारायण सिंह (बनारस) का जिनके द्वारा इस पुस्तक निर्माण में उचित परामर्श एवं निरतंर सहयोग प्राप्त हुआ है। पं. सुकुमार बोड़ठाकुर (गुवाहाटी) के द्वारा कुछ दुर्लभ ध्वनि मुद्रण भेंट के तौर पर प्राप्त हुआ है। प्रो. गौतम चटर्जी (बनारस) ने इस पुस्तक की समृद्धि हेतु कुछ दुर्लभ चित्र भी उपलब्ध करवाये हैं। मेरे बड़े भ्राता श्री शिशुतोष कुमार 'सुमन' ने इस पुस्तक में शाब्दिक अशुद्धियों को ढूँढ़ने में ही मदद नहीं की बल्कि परोक्ष एवं प्रत्यक्ष रूप में लौह पुरूष की तरह निरतंर प्रोत्साहन किया है। इन सभी के अनथक परिश्रम एवं सहयोग के लिए मैं हृदय से आभार प्रकट करता हूँ।

इस पुस्तक में जो भी चित्र उपलब्ध हो सके हैं, संग्रह के तौर पर मेरी व्यक्तिगत रूचि एवं विभिन्न स्थानों पर किए गए देशाटन का प्रतिफल है। तीसरे अध्याय में दिल्ली घराने एवं इससे सम्बन्धित कलाकारों के अमूल्य योगदानों का उल्लेख वर्णित है। जिन कला साधकों का विवरण हमें प्राप्त हो सका है वो तो हमारे लिए वंदनीय है ही साथ ही जिनके नाम किसी कारणवश इस पुस्तक में समाहित नहीं हो पाए हैं उन्हें भी मैं हार्दिक विनती निवेदित करता हूँ ताकि उनका दिव्य आशीर्वाद इस पुस्तक की पूर्णता को प्राप्त हो।

मंगल स्वरों एवं सुखद लयों के साथ.............................

डॉ. कुमार ऋषितोष
E-mail: rishitoshtabla@gmail.com
rishitosh_tabla@yahoo.co.in
(M) 9810149676, 9868476900

अनुक्रमणिका

1

तबला वाद्य की उत्पत्ति एवं दिल्ली घराना

संगीत एक सम्मोहन विद्या है। एक सहज आनंद की अनुभूति है संगीत, जहाँ व्यक्ति सब कुछ भूलकर अपने को सहजानंद की स्थिति तक पहुँचा देता है। एक खो जाने की प्रक्रिया, तन्मय हो जाने का भाव, अनन्य साधना की स्वर–लहरी है संगीत जो सर्वसाधारण को आकृष्ट करती है। शायद इसी बात से प्रभावित होकर हमारे ऋषि–मुनियों ने इस परिष्कृत विशुद्धतम कला को ईश्वर एवं जीव के मिलन का साधन सिद्ध किया है, जिसके द्वारा आध्यात्मिक साधन तथा पहुँच सम्भव होती है। इसीलिए नानक, कबीर, रैदास, सूर, मीरा एवं तुलसीदास आदि महान भक्तों ने संगीत की मनोरम स्वर लहरी में भक्ति भावनाओं को गूंथकर अपने को आत्मविभोर किया था।

संगीत स्वयं रसमय है तथा परमानुभूति रस की चरम सीमा है। संगीत को ब्रह्मानन्द सहोदर माना गया है। 'नादाधीनं जगत' अर्थात् नाद से सृष्टि की उत्पत्ति है, नाद में स्थिति है और नाद में ही विलीन होगा। नाद अखिल विश्व की अभिव्यक्ति का माध्यम है। भारतीय शास्त्रीय संगीत का नाम लेते ही शास्त्रीय संगीत की विशिष्ट भौतिकेतर अलौकिक अवधारणा 'नाद ब्रह्म' अनायास ही साकार हो उठती है जिसकी 'अनहद नाद' कहकर व्याख्या की गई है। संगीत अथवा शास्त्रीय संगीत का सामान्यजनों को सुनाई देने वाला 'आहतनाद' निर्गुण 'नाद ब्रह्म' का सगुण रूप है। आहतनाद लोकरंजक है और वह दो रूपों में क्रियाशील है–स्थूल और सूक्ष्म। स्थूल नाद का आधार लेकर बोलचाल और साहित्य चलते हैं, 'सूक्ष्मनाद' संगीत का विषय है। यही कारण है कि यह निर्गुण 'नाद ब्रह्म' के अधिक निकट है। आहत नाद जिसको हम सुन सकते हैं, व्यवहार में ला सकते हैं, अपने पाँच ध्वनि रूपों में, जिन्हें संगीतात्मक ध्वनियाँ कहते हें, प्रस्फुटित होता है–ये संगीतात्मक ध्वनियाँ नखज, वायुज, चर्मज, लोहज तथा शरीरज होती है। वीणा आदि वाद्य नखज है, मंजीरा आदि वाद्य लोहज है, वंशी आदि वाद्य वायुज है, मृदंग आदि वाद्य चर्मज है तथा कण्ठ ध्वनि शरीरज है। इन पाँच प्रकार की ध्वनियों को उत्पन्न करने वाले वाद्यों को 'पंचमहावाद्यानि' कहा गया है। इनमें से एक ईश्वर द्वारा निर्मित है तथा अन्य चार प्रकार के वाद्य, मानव–विरचित है। इन वाद्यों को तत्, अवनद्ध, घन एवं सुषिर, इन चार वर्गों में वर्गीकृत किया गया है। तत् एवं सुषिर वाद्य स्वर प्रधान है तथा घन और अवनद्ध वाद्य लय प्रधान है। संगीत के दो मुख्य आधार स्तम्भ हैं–स्वर और लय। संगीत कला का आधार ही अत्यन्त सूक्ष्म–अर्मूत (Abstract) और चल–गतिशील (Dynamic) है। स्वर से राग की एवं लय से ताल की उत्पति हुई।

लय की व्युत्पत्तिः ''श्रुतिर्माता लयः पिता'' के अनुसार श्रुति (स्वर) 'माता' और लय 'पिता' (संरक्षक)। संगीत का मूलतत्व जनरंजन होता है और लय तत्व में रंजकत्व की वृद्धि कई गुना हो जाती है। अतः लय संगीत के रंजकत्व का संरक्षक है। इसीलिए लय को पिता की उपमा दी जाती है, अर्थात् स्वर (श्रुति) संगीत की जननी है और लय संरक्षक। विश्व का कोई भी संगीत बिना लय के नहीं हो सकता। लय–शक्ति ही इस सृष्टि का संचालन करती है। 'लय' शब्द 'ली' धातु से निष्पन्न हुआ है। 'ली' धातु का अर्थ है–लीन हो जाना, अच्छी तरह जुड़ जाना। लय के दो पक्ष हैं–छन्द और काल। लय के मुख्य तीन प्रकार हैं–विलम्बित लय, मध्य लय एवं द्रुत लय। काल–द्रुत, मध्य और विलम्बित गति का माप हैं। ब्राह्माण्ड में स्थित नक्षत्रों का संचालन इन्हीं तीनों लयों के अनुरूप चलता है। ये तीनों महाशक्तियाँ–महालक्ष्मी, महासरस्वती और महाकाली हैं। हमारे कायपिण्ड में इन तीनों शक्तियों का अदृश्य रूप में निवास है। आयुर्वेदाचार्य मानव शरीर में स्थित इड़ा, पिंगला और सुषुम्ना नाड़ियों की गति के अनुसार इनकी पहचान करते हैं।

भारतीय संगीत में प्रयुक्त 'ताल' प्रकृति की देन है, जिसमें अलौकिक शक्ति है। ब्रह्माण्ड में स्थित नक्षत्र सूर्य की परिक्रमा लय में करते हैं। यह परिक्रमा उक्त नक्षत्रों की एक आवृत्ति है। इस आवृत्ति या आवर्त्तन को बराबर–बराबर काल के अनुसार विभाजित कर दिया जाए तो कोई न कोई प्रकृति का ताल अवश्य बन जाएगा। इसी के अनुरूप संगीतपयोगी तालों की रचना की गई है। प्रचलित तालों में चार, छह, सात, आठ, दस, बारह, चौदह और सोलह मात्राओं के ताल–छन्द काम में लिए जाते हैं, जिन्हें ठेका कहते हैं। 'ठेका' शब्द से ही इसका शाब्दिक अर्थ निकलता है–जिम्मेदारी, दायित्व अथवा Responsibility इत्यादि। गायन–वादन क्रिया के दौरान किसी भी ताल में सफलतापूर्वक सांगीतिक ऊँचाई को जिम्मेदारी के साथ निर्वाह करने को ही 'ठेका' कहा जाता है। इन ठेकों की शिल्प–विद्या पूर्णतः वैज्ञानिक आधार पर है।

लय तो विश्व के सभी प्रकार के संगीत में विद्यमान हैं, किंतु ताल केवल भारतीय संगीत की विशेषता है। पृथ्वी, सूर्य, चन्द्र, नक्षत्रादि सभी नियमित गति के अनुसार चलते हैं। अगर इस नियमित गति को छोड़ दें तो प्रलय सम्भव है। ठीक इसी प्रकार मनुष्य और पशु–पक्षी आदि भी अपनी दिनचर्या को किसी न किसी रूप में काल के प्रमाण अथवा अनुशासन को मान कर चलते हैं। इसीलिए मानव सभ्यता की वृद्धि व रक्षा हेतु समाज ने विशेष विचार द्वारा अनेक प्रतिबन्ध लगा रखे हैं जिससे कि प्रगति तथा विकास का मार्ग सरल हो। अतः संगीत में भी इसी दृष्टिकोण से अनुशासन एवं प्रतिबंधों का महत्वपूर्ण स्थान है। जैसे किसी राग को कुछ निश्चित स्वरों में तथा किसी निश्चित समय पर ही गाने बजाने का प्रतिबन्ध है, उसी प्रकार ताल में भी गायन–वादन करने का प्रतिबन्ध है।

ताल की उपादेयता

'ताल' शब्द ही संस्कृत के तल् धातु से निष्पन्न हुआ है।

ताल शब्दस्य निष्पतिः प्रतिष्ठार्थेन धातुना।
गीतं, वाद्यं च नृत्यं च भाति ताले प्रतिष्ठितम्।। सं. म.

संस्कृत पण्डितों की यह विशेषता रही है कि वे विभिन्न वर्णों का धातु रूप शब्द को देते थे। परिमाणसूचक 'मा' धातु से 'मात्रा' शब्द का एवं रजकं 'चंद' धातु से 'छंद' शब्द का उद्भव हुआ है। विद्वानों का मत है कि ताल का धातु रूप 'तल' है। 'तल' धातु का अर्थ प्रतिष्ठित अर्थात् स्थापित होना

है। इसे हम 'भित्ति' या 'बुनियाद' कह सकते हैं। ताल वह है जिस पर गीत, वाद्य और नृत्य सभी प्रतिष्ठित अर्थात् स्थापित होते हैं। संभवतः इसीलिए प्रतिष्ठावाचक धातुरूप 'तल' से 'ताल' बना हो सकता है।

ताल स्तल प्रतिष्ठायामिति धातोघञि स्मृतः।
गीतं वाद्यं तथा नृत्यं यतस्ताले प्रतिष्ठितम् ।।2।।

'संगीतार्णव' संस्कृत ग्रंथ में ताण्डव (पुरुष) नृत्य से 'ता' तथा लास्य (स्त्री) नृत्य से 'ल' वर्णों के संयोग से 'ताल' शब्द की व्युत्पत्ति दर्शायी गई है–

तांडवस्याद्यवर्णेन लकारो लास्य शब्दभाक्।
यदा संगच्छते लोके तदा तालः प्रकीर्तितः।।मृ.म.पृ. 27

'संगीत दर्पण' में 'ताकार' से शंकर या शिव और 'लाकार' से पार्वती या शक्ति, दोनों का योग 'ताल' कहा गया है–

ताकारे शंकरः प्रोक्तो लकारे पार्वती स्मृता।
शिवशक्ति समयोगात्ताल नामाभिधीयते।। मृ.म.पृ. 27

संगीत विषयक प्राचीन ग्रन्थों में उल्लेख है कि ब्रह्मादि देवताओं एवं ऋषि भरत और उनके 100 पुत्रों आदि ने भगवान शंकर के समक्ष जिस संगीत का प्रदर्शन किया, उसे मार्गी संगीत कहा गया, एवं उसमें पंच मार्ग तालों के प्रयोग हुए थे। मार्ग तालों से ही बाद में देशी तालों की रचना हुई।

"स्वर्गे मार्गश्रितं देश्याश्रितं भूतलरंजकम्।"

मार्ग तालों को स्वर्ग एवं देशी–तालों को इस भूतल के रंजन हेतु माना है। देश की भिन्न–भिन्न ऋतुओं और अलग–अलग प्रदेशों की स्थानीय संस्कृति के आधार पर जिस संगीत का प्रचार–प्रसार हुआ, उसे देशी संगीत कहा गया।

गौरतलब है कि न केवल भारतीय शास्त्रीय संगीत बल्कि सुगम, लोक और फिल्म संगीत में भी तालों की महत्वपूर्ण भूमिका होती है। ध्यान देने की बात है कि भारतीय संगीत में जहां तालों की महत्वपूर्ण भूमिका होती है, वहीं पाश्चात्य संगीत में लय प्रकारों की। उल्लेखनीय यह भी है कि प्रत्येक ताल के एक निश्चित ठेके की रचना का श्रेय उत्तर भारतीय संगीतकारों को प्राप्त है। भारतीय संगीत मनीषियों की दृष्टि में तालविहीन अनिबद्ध संगीत है, जबकि निबद्ध या तालयुक्त संगीत सामाजिक संगीत है। संगीत रत्नाकार और नारदार्थ रागमाला के अनुसार जिस प्रकार शरीर में मुख और मुख में नासिका का महत्व होता है, उसी प्रकार संगीत में ताल का–

'मुख–प्रधान, देहस्य नासिका मुख–मध्य के।
तालहीनं तथा गीतं नासाहीनं मुख यथा।।2 ता.छ.पृ.2

भक्ति रत्नाकर के रचनाकार श्री नरहरि चक्रवर्ती की दृष्टि में ताल विहीन संगीत बिना पतवार की नाव के समान लक्ष्य पर पहुँचने में असमर्थ। बिना ताल के केवल स्वरों का आनन्द ह्रदय में उल्लास व उत्तेजना का सृजन करने में असमर्थ होता है एवं अनिबद्ध संगीत के निरंतर श्रवण से ह्रदय में उदासीनता छा जाती है। ध्रुपद या खयाल गायकों के विस्तृत तालहीन अलापों में 'लीयते परमानन्दे यथात्मा सा परा कला' की अभिव्यक्ति हेतु ही सम्भवतः मृदंग या तबले की थाप पर अनिबद्धता की समाप्ति दर्शाता है, एवं

ज्यों ही ताल, शब्द एवं स्वरों का समन्वय होता है, रसिक मन उल्लसित और उत्तेजित हो उठता है। इसलिए हम देखते हैं कि किसी महान व्यक्ति के निधन पर आकाशवाणी या दूरदर्शन से जो संगीत शोकांजलि अर्पित की जाती है उसमें तालवाद्य का प्रयोग नहीं होता है। संगीत में छंद और ताल ही यथार्थतः स्वरों को गति प्रदान करते हैं।

काल क्रिया के नाप को ही ताल कहते हैं, जैसा 'अमरकोश' में उल्लिखित है–'तालः काल क्रियामानम्'। ताल संगीत को एक निश्चित नियम या समय के बंधन में बाँधता है। जिस प्रकार जीवन में निश्चित समय क्रम का अभाव सुख और समृद्धि का अभाव है, उसी प्रकार तालविहीन विश्रृंखल संगीत में सार्थकता नहीं। 'ताल' संगीत में विभिन्न सौन्दर्यपूर्ण चलन शैलियों का विकास करता है, जिससे संगीत की सयम की रक्षा होती है। 'ताल' संगीत को अनुशासित कर उसके सुंगठित रूप, स्थायित्व एवं चमत्कारिता से श्रोताओं को विभोर कर देता है। ताल के ही कारण प्राचीन एवं वर्तमान संगीत को स्वर एवं बोललिपि द्वारा भविष्य के लिए सुरक्षित रखना संभव हुआ है। निश्चित तालगति के फलस्वरूप ही संगीत के क्रमिक आरोह, अवरोह, विराम आदि अत्यन्त प्रभावोत्पादक हो जाते हैं। तालों में गति भेद उत्पन्न कर रस निष्पति संभव होती है। करुणा, श्रृंगार, रौद्र, वीभत्स आदि रसों के लिए तालों की विभिन्न गतियों का बड़ा महत्व है। ताल–निबद्ध संगीत यदि रसोद्रेक का इतना शक्तिशाली माध्यम न होता तो मानव–मन के परिष्कार की क्षमता भी इसमें कहाँ से आती। संगीत इसी अर्थ में मनुष्य को कोमल एवं साधुवृत्ति सम्पन्न कर शिष्ट तथा सभ्य बनाता है।

साहित्य में छंद का और संगीत में ताल का जन्म स्वाभाविक रूप से हुआ है। आदिमानव ने नदियों, झरनों के शाश्वत प्रवाह में, क्रमिक सूर्योदय व सूर्यास्त में, ऋतुओं के नियमित चक्र में, जीवन के क्रमिक विकास में छंदों और तालों का अनुभव किया है। इन्हीं लय की गति भाषा का आश्रय लेकर साहित्य में छंद और संगीत में ताल बनकर प्राण फूंकने लगी। वैज्ञानिक प्रमाणों के आधार पर कहा जा सकता है कि समस्त ब्रह्माण्ड लयगति से बंधा हुआ है। दैनन्दिन जीवन में मानव, पशु–पक्षी, चर–अचर सभी निश्चित समय पर अपना कार्य करते हैं। समय अखण्ड है किन्तु उसकी उपयोगिता की वृद्धि के लिए उसे घण्टों, प्रहरों, दिनों, महीनों एवं वर्षों में विभाजित किया गया है। पृथ्वी सूर्य की एक प्रदक्षिणा चौबीस घंटों में करती है। नदियों के ज्वार–भाटे में भी निश्चित क्रम है। विश्वविधाता द्वारा सृजित समस्त प्रकृति में समय क्रम की जो निश्चित गति है, वही संगीत में ताल बनकर उसे उपयोगी रसपूर्ण और स्थायी स्वरूप देती है।

जिस प्रकार साहित्य शास्त्र में अभिधा, व्यंजना एवं लक्षणा आदि शब्द शक्तियां हैं, उसी प्रकार ताल द्वारा संगीत में प्रतिभा सम्पन्न कलाकारों की चलन शैलियों का सृजन एवं विकास होता है। मौलिक तत्वों से समन्वित होकर उनकी कला चौगुनी प्रभावोत्पादक शक्ति से समृद्ध होती है। गीत में ताल की इन्ही चलन–शैलियों के द्वारा कुशल गायक 'ठुमक चलत रामचन्द्र' जैसे गीतों में रामचंद्र का ठुमकना, साकार कर देते हैं। परदेश गये पिया के पास संदेश भेजते हुए जब नायिका कहती है–उन्होंने हमारी सुधि नहीं ली, उनके विरह में हम कसक भरी प्रतीक्षा की मीठी पीड़ा अनुभव कर रही है, तब 'सुधहु न लीनी' को जिस ढंग से संगीतकार स्वर में भरकर ताल देता है, वह ताल उस संगीत का तथा उसके स्वर का प्रकाश और जीवन होता है।

ताल और नृत्य स्वर और व्यंजन जैसा जोड़ा है। ताल स्वर है और नृत्य व्यञ्जन। नृत्य ताल के बिना हो ही नहीं सकता। जिस भाव को लेकर नर्त्तकी नृत्य करती है, वह भाव बिना ताल के ठेके के सजीव हो नहीं सकता। नर्त्तकी पायल बजने के भाव को लेकर (नायिका रूप में) प्रियतमा से कहना चाहती है–'लोग सुनेंगे, मैं तुम्हारे पास आऊँ कैसे? रुनक–झुनक मोरी पायल बाजे।' रुनक झुनक कहकर जब उसे अपनी पायल की आवाज सुनानी पड़ती है, तब पाँव के तले के एक हिस्से को अंगूठे के सहारे दबाकर ताल देना ही पड़ता है। यदि वह ऐसा नहीं करती तो 'रुनक झुनक' का भाव स्पष्ट हो नहीं सकता। उसके घुंघरूओं, शब्दों ताल के साथ उस लज्जावती नायिका का चित्र खिंच ही जाना चाहिए जो अपने प्रियतम की मिलन–आतुरता और अपनी विवशता की समर्थ, अभिव्यक्ति नृत्य माध्यम से कर रही है। संगीत और नृत्य दोनों ही ताल के बिना जड़ है। उसकी अनुपस्थिति में वे प्राणहीन और कुरूप हैं।

कहा जाता है कि एक बार 'बेसुरा' ग्राह्य होता है, 'बेताला' नहीं। तात्पर्य यह है कि स्वर से किंचित स्खलित संगीत भी ताल की जीवनी–शक्ति के कारण रसिकों को अप्रिय नहीं लगता, किंतु सस्वर मधुर संगीत भी 'बेताला' होने पर अप्रिय हो जाता है। किंचित बेसुरा होना मार्ग पर एक साधारण ठोकर लगना है, किंतु किंचित बेताला होना मार्ग पर फिसलकर गिर पड़ने के समान है।

उल्लेखनीय मार्मिक प्रसंग है कि गायक स्वरवाद्य में लीन हो, स्वरवाद्य गायक में लीन हो, ये दोनों ताल में निमग्न हो और ताल इनमें निमग्न हो– यही है संगीत के चरमोत्कर्ष की स्थिति। यदि इस रूप में संगीत ईश्वरोपासना का माध्यम बने तो ब्रह्मानन्द प्रत्यक्ष उसके लिए असम्भव क्यों हो। इसी स्थिते में ब्रह्मा भी सम्पूर्ण करुणा से अपने गायक–भक्त की शरणागति स्वीकार कर लेता है–

नाहं वसामि वैकुण्ठे योगिनां हृदय न च।
मदभक्ता यत्र गायन्ति तत्र तिष्ठामि नारद।।

संगीत को 'धर्मार्थकाममोक्षणानिदभिवैक साधनम्' बताते हुए ताल के सम्बन्ध में कहा है–'तालझश्याप्रयासेन मोक्षमार्ग सगच्छति'। ताल के द्वारा मनुष्य मोक्ष प्राप्ति का अधिकारी हो जाता है तो इससे इसकी विशेषता और क्या हो सकती है।

तबला वाद्य की उत्पत्ति

ताल का प्रमुख साधन तबला वर्तमान समय में अवनद्ध वाद्यों में सर्वाधिक लोकप्रिय ताल वाद्य है। इसका विस्तार क्षेत्र शास्त्रीय संगीत से लेकर उपशास्त्रीय संगीत, सुगम संगीत और यहां तक कि विविध प्रदेशों के लोक संगीत तक व्याप्त है। शास्त्रीय संगीत में गायन–वादन की समस्त विधाओं के साथ नृत्य में भी इसने अपना प्रभुत्व स्थापित कर रखा हैं। वस्तुतः आज तबला के बिना संगीत की कोई बैठक नहीं होती।

सर्वविदित है कि तबला वादन में सर्वप्रथम घराने के रूप में श्रेय दिल्ली घराने को प्राप्त है। इसलिए निजी एवं मौलिक विशेषताओं के कारण तबले के क्षेत्र में उसे एक महत्वपूर्ण स्थान स्वतः प्राप्त है, जिसकी नींव उ0 सिद्धार खाँ ने रखी थी और दिल्ली घराने के प्रवर्तक के रूप में जाने गए। चूंकि इस शोध प्रबन्ध के द्वारा यह स्पष्ट करना आवश्यक समझता हूँ कि तबला वादन में एक नवीन शैली की आवश्यकता क्यों महसूस हुई? क्या तबला वाद्य सिद्धार खाँ के पहले भी बजता रहा? अभी भी कई भ्रान्तियां हैं कि तबला के आविष्कारक अमीर खुसरो या खुसरो खाँ अथवा सिद्धार खाँ हैं। उ0 सिद्धार खाँ तबला वाद्य के जन्मदाता हैं, या तबला के सर्वप्रथम घराने का। तबला वादन में दिल्ली घराने की वादन शैली जानने के

पहले हमें तबला वाद्य की उत्पत्ति एवं इसके प्रथम घराने की नींव के बारे में चर्चा करना आवश्यक है। चूंकि ये दोनों एक दूसरे से सम्बधित है। अतः हमें भरत के नाटयशास्त्र में उल्लिखित तबला के अति प्राचीन मृदंग रूप त्रिपुष्कर या पुष्करत्रय वाद्य के बारे में जानना अति आवश्यक है।

भरत मुनि द्वारा रचित नाट्यशास्त्र ऐतिहासिक दृष्टिकोण से हमारी कला संस्कृति का मूल ग्रंथ माना जाता रहा है। नाट्यशास्त्र में उल्लिखित मृदंग के आकार–प्रकार तथा शैली का विशद वर्णन भी सर्वप्रथम इसी ग्रन्थ में मिलता है।

भरत मुनि ने नाट्यशास्त्र में पुष्करवाद्यों के रूप में मृदंग, पणव तथा दर्दुर की चर्चा की है और मृदंग को त्रिपुष्कर कहकर उसके तीन अंगों 'आंकिक, उर्ध्वक एवं आलिंग्य का विस्तृत विवेचन किया है।

मोहन जोदड़ो की खुदाई में सिन्धु घाटी की हजारों वर्ष पुरानी संस्कृति का जो पता चलता है, इसमें कुछ मूर्तियाँ ऐसी प्राप्त हुई, जिनके हाथ में वाद्य दिखाई देते हैं। एक मूर्ति के गले में लटकता हुआ ढोल जैसा वाद्य है और एक वाद्य आधुनिक मृदंग के पूर्वज जैसा भी प्राप्त होता है। इस विधान का उल्लेख करते हुए स्वामी प्रज्ञानंद जी अपनी पुस्तक 'A History of Indian Music' पृष्ठ संख्या 87 में लिखते हैं कि "In one of the terracotta figures, a kind of drum is to be seen hanging from the neck and two seals, we find a precursor of the modern Mridanga with skins at either ends."

पौराणिक काल में वीणा, दुंदभि, दर्दुर, मृदंग, पणव, पुष्कर जैसे वाद्यों का प्रचार था, ऐसा उल्लेख मार्कण्डेय पुराण में मिलता है। वाल्मीकि रामायण के सुन्दर कांड, सर्ग 11 में उदधृत–"रामायण तथा महाभारत काल में वीणा और मृदंग का प्रचार था। तत्कालीन समाज के धार्मिक तथा सामाजिक उत्सवों का जो वर्णन मिलता है, उसमें मृदंग तथा मुरज वादन का वर्णन हमें बार–बार मिलता है। इससे ज्ञात होता है कि उन दिनों मृदंग काफी प्रचलित था। अतएव यह निष्कर्ष निकलता है कि वैदिक काल के बाद और रामायण काल से बहुत पूर्व मृदंग का प्रचार हुआ होगा। रामायण, महाभारत में मृदंग के साथ–साथ मुरज का वर्णन भी मिलता है। कालिदास ने इसे 'मर्दल' कहा है। संगीत रत्नाकर में आचार्य शारंगदेव ने मुरज तथा मर्दल को मृदंग का ही पर्याय बताते हुए कहा है–

"निगदन्ति मृदंग तं मर्दलं मुरजं तथा।
प्रोक्तं मृदंगशब्देन मुनिना पुष्करत्रयम्।।"1027।।[1]

भरत मुनि ने अवनद्ध वाद्यों की रचना, निर्माण आदि का विवेचन करते हुए पुष्कर वाद्य को सभी अवनद्ध वाद्यों में सर्वोच्च स्थान प्रदान किया है। कई शास्त्रकार, संगीत विद्वतजन एवं कालजयी कलाकारों ने इसका उल्लेख अपनी–अपनी पुस्तकों में किया है। जैसे ठाकुर जयदेव सिंह, आचार्य बृहस्पति, डा० लालमणि मिश्र, डा० अबान ई. मिस्त्री, पं. छोटे लाल मिश्र, डा. योगमाया शुक्ला इत्यादि। इन सभी शास्त्रकारों एंव कालजयी कलाकारों ने अपने शोध प्रबन्ध द्वारा एवं अथक परिश्रम द्वारा अपने–अपन मत को अपनी पुस्तकों के माध्यम से स्पष्ट किया है। जिसमें पुष्कर वाद्य के लिए अनेक प्रमाण, प्रस्तर शिल्पों के चित्र आदि का उल्लेख है। आचार्य भरत ने अवनद्ध वाद्यों की संख्या एक सौ बतलाई है, किन्तु त्रिपुष्कर के अतिरिक्त दुदुंभि सहित अन्य किसी अवनद्ध वाद्य में स्वर, प्रहार, अक्षर व मार्जना संयोजन की व्यवस्था नहीं थी। इन वाद्यों को किसी भी निर्धारित स्वर में न मिलाया जा सकता था और न तो विविध आघातों द्वारा ध्वनि के विभिन्न रूपों व पटाक्षरों (बोलों) को बजाया जा सकता था। स्वरों, प्रहारों, अक्षरों

(बोलों) व मार्जनाओं की सुन्दर व्यवस्था होने के कारण ध्वनि तथा वादन की दृष्टि से त्रिपुष्कर वाद्य अत्यधिक समृद्ध, कलात्मक एवं श्रेष्ठ सिद्ध हुआ। इसलिए आचार्य भरत ने अवनद्ध वाद्यों में 'त्रिपुष्कर' (मृदंग), पणव व दुर्दुर को 'अंग वाद्य' अर्थात् मुख्य वाद्य और अन्य अवनद्ध वाद्यों को 'प्रत्यंग वाद्य' अर्थात् गौण वाद्यों की श्रेणी में रखा है।

मुलायम मिट्टी से निर्मित होने के कारण भरत मुनि ने भी मुरज को मृदंग का ही पर्याय माना है एवं मृदंग को पुष्कर भी कहते थे तथा उसे अवनद्ध अंग वाद्यों में सर्वाधिक महत्वपूर्ण बतलाया है। उन्होंने जिस प्रकार मृदंग का त्रिपुष्कर के रूप में वर्णन किया है, इससे प्रमाणित होता है कि उन दिनों मृदंग के तीन भाग थे। अर्थात् तीनों भागों को मिलाकर ही मृदंग वाद्य समझा जाता था। उन तीनों भागों के नाम आंकिक, उर्ध्वक तथा आलिंग्य थे। जिन्हें भरत मुनि ने इनकी आकृति क्रमशः हरीतकी, यवाकृति व गोपुच्छा भी कहा है।

"हरीतक्या कृतिस्त्वङ्.क्यो यवमध्यस्तथोर्ध्वकः।

अलिङ्यिश्चैव गोपुच्छः आकृत्या सम्प्रकीर्तितः।।"[2]

भरत नाटयशास्त्रः 34वां अध्याय श्लोक (255)

अर्थात् हरीतकी यानि हरड़ के समान यवाकृति जौ के दाने के समान एवं गोपुच्छा गौ की पूँछ के समान। त्रिपुष्कर मृदंग का वादन करते हुए प्राचीन कालीन विभिन्न भित्ति चित्र मिलते हैं। जिनसे उपरोक्त बात की पुष्टि होती है। इसमें दूसरी शताब्दी के अमरावति के भित्ति चित्र, पांचवीं सदी के पवाया शिल्प, छटी तथा सातवीं शताब्दी के भुवनेश्वर के मुकुटेश्वर मंदिर के शिल्प तथा छठी शताब्दी के ही बादामी के शिल्प चित्र तथा अजन्ता की छब्बीस नम्बर की गुफा में त्रिपुष्कर का अत्यन्त सुस्पष्ट शिल्पचित्र हमें देखने को मिलता है।

त्रिपुष्कर वाद्य के आविष्कार की प्रेरणा सर्वप्रथम स्वाति मुनि को प्राप्त हुई थी। भरत नाट्यशास्त्र के चौतीसवें अध्याय में उल्लिखित 'त्रिपुष्कर' के आविष्कार की कथा इस प्रकार हैः–

एक बार वर्षा ऋतु में अवकाश के समय स्वाति मुनि जल लेने हेतु पुष्कर (तालाब) पर गये। उस समय आकाश में बादल छाए हुए थे और वर्षा भी हो रही थी। वायुवेग द्वारा जल की बूदों के कमलपत्रों पर गिरने से पट–पट की मनोरंजक ध्वनि उत्पन्न हो रही थी, जिसे सुनकर स्वाति मुनि आश्चर्यचकित हो गये तथा उन्होंने बड़े, मध्यम एवं छोटे आकार के कमल पत्तों पर गिरने वाली बूंदों से उत्पन्न विभिन्न प्रकार की गंभीर व मधुर ध्वनियों को सुना तो उनके मन में विशिष्ट धारणा हुई। अपने आश्रम में पहुँचकर, उन्होंने पुष्कर (तालाब) पर सुनी हुई ध्वनियों का ध्यान कर उन विभिन्न ध्वनियों को उत्पन्न करने योग्य मृदंग अर्थात् पुष्कर वाद्यों को (पणव तथा दर्दुर सहित) विश्वकर्मा की सहायता से निर्माण किया, जो देवताओं की 'दुंदुभि' के सदृश मिट्टी द्वारा आलिंग्य, उर्ध्वक तथा आंकिक तीन विभिन्न रूपों में निर्मित हुआ। चूंकि स्वाति मुनि को त्रिपुष्कर के निर्माण की मूल प्रेरणा पुष्करिणी से मिली थी, इसलिए उन्होंने इस नव वाद्य को पुष्कर वाद्य की संज्ञा प्रदान की जिसके तीनों रूप 'त्रिपुष्कर' या 'पुष्करत्रय' के नाम से प्रसिद्ध हुए। स्वाति मुनि ने कमल पत्तों पर सुनी गई विभिन्न ध्वनियों के अनुरूप त्रिपुष्कर वादन के लिए

सोलह आधारभूत वर्णों (पाटाक्षरों) की रचना की, ताकि यह वाद्य ऊँची से लेकर नीची तथा गम्भीर से लेकर मधुर नाद को ध्वनित करने हेतु सक्षम हो सके।

'आंकिक, उर्ध्वक एवं आलिंग्य' शब्द के अनुसार–

''अंक अर्थात् गोद में रखकर बजाया जाने वाला भाग आंकिक, उर्ध्व अर्थात् ऊपर आकाश की ओर करके बजाया जाने वाला भाग उर्ध्वक और उर्ध्वक भाग के साथ आलिंगित भाग आलिंग्य था। 'त्रिपुष्कर' के आंकिक भाग में बायां और दाहिना दो मुख होते थे तथा उर्ध्वक व आलिंग्यक में क्रमशः एक–एक मुख होता था। आंकिक, उर्ध्वक और आलिंग्य प्रत्येक के अलग–अलग भाग होते हुए भी साथ–साथ बजाये जाते थे तथा इनके सम्मिलित रूप को 'मृदंग' कहा जाता था। आचार्य भरत ने भी 'पुष्करत्रय' को मृदंग नाम से ही सम्बोधित किया है। जैसे कि तबला वाद्य के 'दाहिना' एवं 'बायां' दो अलग–अलग भाग होते हुए भी इन्हें साथ–साथ बजाया जाता है और दोनों मिलकर 'तबला' कहलाते हैं। परन्तु तबला वाद्य में 'दाहिना' अधिक महत्वपूर्ण व प्रधान भाग होंने से 'तबला' कहने की प्रथा है, ठीक उसी प्रकार भरतकालीन पुष्करत्रय में आंकिक के अधिक महत्वपूर्ण एवं प्रधान भाग होने के कारण आचार्य भरत ने कहीं–कहीं आंकिक को भी मृदंग कहा है।''[3]

स्वाति मुनि द्वारा आविष्कृत त्रिपुष्कर वाद्य के तीनों भाग प्रारम्भ में एक ही वाद्य के विभिन्न हिस्से समझे जाते थे। कालान्तर में त्रिपुष्कर वाद्य के अलग–अलग भागों में विघटित होने से आंकिक भाग एक स्वतंत्र अवनद्ध वाद्य के रूप में विकसित हुआ, साथ ही एक–एक मुख वाले उर्ध्वक व आलिंग्यक दोनों उर्ध्वमुखी भागों की जोड़ी, एक अन्य स्वतन्त्र अवनद्ध भाग के रूप में विकसित हुई। अतः कालांतर में एक वादक द्वारा आंकिक और दूसरे वादक द्वारा उर्ध्वक व आलिंग्यक की जोड़ी बजाए जाने की प्रथा चल पड़ी। आंकिक वादन की परम्परा यद्यपि दो शताब्दी ईसा पूर्व से मिलती है।

ऊर्ध्वक व आलिंग्यक भागों की जोड़ी अर्थात् द्विपुष्कर को एक स्वतन्त्र वाद्य के रूप में बजाए जाने की प्रथा भी ईसा पूर्व से चली आ रही थी। यह परम्परा सातवीं सदी तक लोकप्रिय होकर प्रतिष्ठित हो चुकी थी। किन्तु सातवीं से तेरहवीं शताब्दी तक ऊर्ध्वमुखी द्विपुष्करों की जोड़ी बजाए जाने का प्रचलन विशेष रूप से दिखाई पड़ता है। अतः यह स्पष्ट है कि आगे चलकर यही जोड़ी वाद्य लोक संगीत में 'जोड़ी' के नाम से प्रयुक्त होता रहा।

सुप्रसिद्ध विचित्र वीणा वादक पं. लालमणि मिश्र के अनुसार यह अनुमान लगाया जाता है कि सातवीं शताब्दी के बाद शनैः–शनैः त्रिपुष्कर के तीनों भागों में परिवर्तन आने लगा और बारहवीं शताब्दी तक आते– आते इसके ऊर्ध्वक व आलिंग्यक भाग पूर्णतः हट गए तथा 'आंकिक' बच गया जिसे 'मृदंग' या 'मुरज' कहा जाने लगा। उत्तर भारत का वाद्य पखावज तथा दक्षिण भारत का मृदंगम इसी आंकिक के ही परिवर्ती रूप है। विद्वानों का मानना है कि उर्ध्वक व आलिंग्यक उच्चांग संगीत से अवश्य तिरोहित हो गये। किन्तु लोक संगीत से कभी अलग नहीं हुए और आगे चलकर तबले के रूप में विकसित हुए।

विदुषी लेखिका डा0 अबान ई. मिस्त्री के अनुसार भारत के आधुनिक ताल वाद्यों की उत्पत्ति एवं विकास में हमें भरतकालीन त्रिपुष्कर वाद्य के तीन हिस्सों की प्रमुख भूमिका दिखाई देती है। जैसेः पखावज, ढोलक, खोल आदि के विकास में आंकिक का महत्व दिखाई देता है तो तबले बायें पर ऊर्ध्वक और अंलिग्य का प्रभाव।

मृदंग के दो सामान्य नाम प्रचार में आए–पखवाज और पखावज। कहीं–कहीं उसको पखवाज कहते हैं और कहीं–कहीं पखावज। पखावज पक्षवाद्य का अपभ्रंश है जिसका अर्थ वह बाज (वाद्य) जो बाजुओं (पक्ष) के द्वारा बजाया जाता है। पखावज 'पक्षातोद्य' का अपभ्रंश है। आतोद्य का अर्थ है बाज। 'आ' उपसर्ग है तोद्य शब्द 'तुद्' धातु से बना है जिसका अर्थ है 'आघात करना'। आतोद्य का अपभ्रंश प्राकृत भाषा में हुआ आबुज या आवज। पक्ष का अपभ्रंश हुआ पंख। पख और आवज मिलकर 'पख + आवज' अर्थात् 'पखावज' बना।

तबले की उत्पत्ति कहां कैसे हुई ? इसकी उत्पत्ति के संम्बन्ध में ढेरों मतमतांतर प्रचलित हैं। इनमें से सबसे पहला और सबसे अधिक प्रचलित मत यह है कि तबला का आविष्कार हजरत अमीर खुसरो ने किया, तत्पश्चात खुसरो खाँ एवं सिद्धार खाँ का भी नाम आता है। अमीर खुसरो का जन्म 1253 और सन् 1325 यानि तेरहवीं शताब्दी के उत्तरार्ध से चौदहवीं शताब्दी के पूर्वाध तक समय काल माना जाता है। उन्होंने अपने जीवन काल में गुलाम, खिलजी एवं तुगलक वंश के ग्यारह सुल्तानों को दिल्ली की गद्दी पर आसीन होते देखा था। वे अत्यन्त कुशाग्र बुद्धि तथा प्रतिभा सम्पन्न व्यक्ति थे। फारसी संगीत के ज्ञाता थे। उन्होंने उस समय जनता की बदलती हुई रूचि को ध्यान में रखते हुए हिन्दुस्तानी व पर्शियन संगीत शैलियों को मिलाकर अनेक सुन्दर चीजों की रचना की जिनमें कई नवीन रागें, नवीन तालें, नवीन गायन शैलियों का उल्लेख किया जा सकता है। किन्तु तबले का आविष्कार उन्होंने किया यह धारणा अधिकांश विद्वतजनों के अनुसार पूर्णतः निर्मूल है।

यह सर्वविदित है कि प्रायः दसवीं शताब्दी से अरब, फारस व तुर्किस्तान के मुस्लिम आक्रांताओं और विजेताओं का भारत में आगमन अफगानिस्तान, सिंध व पंजाब आदि पश्चिमी प्रदेशों के रास्ते होने लगा था। इसके साथ ही अरबी, फारसी व तुर्की भाषाओं के अनेक शब्द भारतीय भाषाओं में प्रचलित हुए। इससे यह अनुमान होता है कि तत्कालीन भारत के पश्चिमी प्रदेशों में उर्ध्वमुखी अवनद्ध वाद्य के अर्थ में 'तब्ल' शब्द का प्रचलन विदेशी मुसलमानों के आगमन के साथ प्रारम्भ होना शुरू हुआ और भारत में लगभग चौदहवीं शताब्दी तक अवनद्ध वाद्य विशेष के अर्थ में 'तब्ल' शब्द का प्रचलन हो चुका था। यह तथ्य दृष्टिगोचर है कि हजरत अमीर खुसरो ने स्वयं अपने ग्रंथों में 'तबले का कोई जिक्र नहीं किया है।' यद्यपि उनके समकालीन और परवर्ती कुछ ग्रंथों में 'तब्ल' या 'तबल' नामक वाद्य का उल्लेख मिलता है। परन्तु उस समय इन नामों से जिस अवनद्ध वाद्य को सम्बोधित किया जाता था, वह युद्ध के समय बजाया जाने वाला धौंसा या बड़ा नगाड़ा था। उससे पूर्व अरब, फारस, तुर्की इत्यादि मुस्लिम देशों में भी अनेक उर्ध्वमुखी अवनद्ध वाद्यों के लिए साधारणतः 'तब्ल' शब्द प्रयोग किया जाता था, परन्तु उनमें से कोई भी अवनद्ध वाद्य भारतीय तबला जैसा नहीं था। इसके अतिरिक्त हजरत अमीर खुसरो के लगभग तीन सौ वर्ष बाद तक भी 'तब्ल' या 'तबल' शब्द का उल्लेख युद्ध के नगाड़े के अर्थ में किया जाता रहा है, जिसका उल्लेख सिखों के 'गुरुग्रंथ साहिब' और मलिक मुहम्मद' जायसी कृत 'पदमावत्' महाकाव्य से मिलता है। हजरत अमीर खुसरो के समय अर्थात् तेरहवीं शताब्दी से लेकर सत्रहवीं शताब्दी तक कलात्मक अवनद्ध वाद्य के रूप में तबले का उल्लेख न होना यह प्रमाणित करता है कि भारतीय संगीत में कलात्मक जोड़ी वाद्य के लिए 'तबला' शब्द हजरत खुसरो के बहुत बाद में प्रचलित हुआ है।

सन् 1350 में जैन आचार्य सुधाकलश 'वाचनाचार्य' ने संगीत पर अपने ग्रंथ संगीतोंपनिषत्सारोद्धार' की रचना की। इस ग्रंथ में इन्होंने पश्चिमी भारत और मध्यप्रदेश के कुछ भागों में प्रचलित संगीत संप्रदाय की चर्चा की है। मुस्लिम वादकों द्वारा बजाए जाने वाले अवनद्ध वाद्यों का उल्लेख सुधाकलश ने अपने ग्रंथ में इस प्रकार किया है–

"तथैव म्लेच्छवाद्यानि ढोलतब्लमुखानि तु।
डफा च टामकी चैव डउंडिः पादचारिणाम्" ।।93।।[4]

अर्थात् ढोल, तब्ल, ढफ, टामकी और डौंडी (सार्वजनिक घोषणा के लिए बजाया जाने वाला आतोद्य) मलेच्छवाद्य (मुसलमानों द्वारा बजाए जाने वाले अवनद्ध वाद्य है) इनमें ढोल और तब्ल मुख्य है और ये सभी पैदल चलते हुए वादकों द्वारा बजाए जाने वाले वाद्य हैं।

आसाम के वैष्णव संत माधव कंदली कृत असमिया भाषा की रामायण में 'ढोल' व डौंडी आदि के साथ 'तबल' वाद्य का उल्लेख किया हैः–

"बीरढाक ढोल बाजिया तबल डगर डंडी (डौंडी) सबद सुनिया"

पन्द्रहवीं शताब्दी में सिखों के प्रथम गुरू नानक देव ने भी अपने एक शब्द (पद) में 'तबल' वाद्य का उल्लेख इस प्रकार किया हैः'

"तबल बाज बीचार सबदि सुणाइया"।।[5]

'तबल' शब्द का प्रयोग युद्ध में बजाए जाने वाले एक बड़े नगाड़े के अर्थ में किया है जो कि दुंदभि या धौंसा जैसा बृहद् अवनद्ध वाद्य था। मलिक मुहम्मद जायसी कृत 'पद्मावत्' में 'तबल' का उल्लेख निम्नलिखित चौपाईयों में इस प्रकार मिलता है।

(*i*) "हौं सब कबिन्ह फेर पछिलगा।
किछु कहि चला तबल दइ डगा।।" (2313)

अर्थात् मैं सब कवियों के पीछे रहने वाला कवि मात्र हूँ। तबल (कूच के नगाड़े) बजने पर मैं भी कदम बढ़ाकर कुछ कहने चल पड़ा हूँ। भावार्थ यह है कि जिस प्रकार युद्ध में कूच का नगाड़ा बजने पर आगे चलने वाले सैनिकों के साथ, पीछे के सैनिक भी कदम मिलाकर उनका अनुगमन करते हैं, उसी प्रकार मैं भी अग्रगण्य कवियों का अनुकरण करने वाला एक पिछलग्गू कवि मात्र हूँ।

(*ii*) "बाजे तबल अकूत जुझाऊ।0
चढ़ा कोपि सब राजा राऊ।।" (51213)

अर्थात् युद्ध में बजाए जाने वाले अनगिनत तबल (धौंसे) बजने लगे और सब राजाओं ने क्रोध में भरकर चढ़ाई की।

(*iii*) "असुदल गजदल दूनौ साजै।
और घन तबल जूझ कहँ बाजे।।" (51511)

अर्थात् अश्वदल और गजदल दोनों सजे और युद्ध में बजाए जाने वाले 'तबल' (नगाड़े) घने रूप में (जोर से) बजने लगे।

वस्तुतः 'तब्ल' शब्द संस्कृत से लिया गया है। जिसका अर्थ है तल के बल पर। फारसी, अरबी, अग्रेंजी, फ्रेंच, लैटिन आदि भाषाओं में भी यह शब्द संस्कृत से ही लिया गया है। उनमें भी जिसका अर्थ हैं; वह वाद्य या वस्तु जिसकी ऊपरी सतह सपाट या समतल हो तथा वह उर्ध्वमुखी हो। विद्वानों का मानना है कि अग्रेंजी शब्द टेबिल (table) भी 'तब्ल' शब्द से ही बना है। इस आधार पर फारसी भाषा में उन सभी वाद्यों को जिनका मुख ऊपर की तरफ हो 'तब्ल' कहा जाता है। इस तरह दुंदुभि आदि हिन्दुस्तानी वाद्य भी तब्ल की श्रेणी में आ जाते है। प्राचीन काल में अरेबिया में नगाड़ा जैसे वाद्य सैनिकों को युद्ध में प्रोत्साहित करने हेतु प्रयुक्त होते थे, जो सेना के साथ–साथ चलते थे। इन्हें घोड़े और ऊंट की पीठ पर रख कर लकड़ी से बजाया जाता था, जिसे 'तब्ल जंग' के नाम से पुकारा जाता था। कालांतर में फारसी भाषा में प्रायः सभी अवनद्ध वाद्यों के लिए 'तब्ल' संज्ञा का प्रयोग किया जाने लगा। वस्तुतः अमीर खुसरो की पुस्तकों में जहां पर भी 'तब्ल' संज्ञा का प्रयोग किया गया है वहां उसका आशय अवनद्ध वाद्य से ही समझना चाहिए हमारे आधुनिक तबला से नहीं। (देखिए अध्याय 2, चित्र 19) कुछ विद्वान मानते हैं कि तबला पर्शियन वाद्य है और उन्ही की सेना के साथ भारत में आया किन्तु यह भी ठीक नहीं क्योंकि हमारे तबला से मिलता जुलता कोई वाद्य फारस में नहीं है। अमीर खुसरो की मृत्यु 1325 ई0 में हुई, तत्पश्चात् 18वीं शताब्दी के पूर्व तक यानि लगभग 500 वर्षों तक हमें किसी भी ग्रन्थ में तबला नामक वाद्य का कोई उल्लेख नहीं मिलता। न ही तबला वादकों की कोई परम्परा मिलती है।

अति प्राचीन काल से ही अनेक वाद्य हमारे सामान्य जन–जीवन के सांस्कृतिक एवं कलात्मक पक्षों से सम्बन्धित रहे हैं। भुवनेश्वर, कोणार्क, अमरावती, बादामी आदि गुफाओं तथा मन्दिरों की शिल्प मुर्त्तियों में हमें ऐसे अनेक ताल वाद्यों के चित्र मिलते हैं जिनका स्वरूप आज के तबले की जोड़ी जैसा है। ये गुफाएं लगभग ईसा पूर्व 200 वर्ष से लेकर 16वीं शती के काल की है। प्रमाण के तौर पर कुछ दुर्लभ ताल वाद्यों के चित्र अध्याय 2 'चित्र 1 से 32' में (प्राचीन कालीन विभिन्न भित्ति चित्र, गुफाओं एवं मंदिरों की शिल्प मुर्त्तियों में उपलब्ध तबला अपने पूर्ववत त्रिपुष्कर वाद्य के रूप में) देने का सफल प्रयास किया गया है। ये मुर्त्तियां एवं शिल्प उस समय के जन–जीवन के प्रतीक है। कलाकार अपने युग का वर्णन अपनी कला के माध्यम से करता है। इतना ही नहीं तबले से साम्य रखता हुआ महाराष्ट्र का एक लोक ताल वाद्य है जिसे 'सम्बल' कहते हैं। इसका प्रयोग वहां के लोक संगीत में सदियों से चला आ रहा है। वस्तुतः जब तक ध्रुपद गायन शैली का वर्चस्व रहा तब तक तबला वाद्य सम्मुख न आ सका ज्यों ही ध्रुपद शैली का ह्रास प्रारम्भ हुआ इसके साथ ही वीणा, पखावज की लोकप्रियता भी घटने लगी। यह वही काल था जब ख्याल व ठुमरी तथा सितार का प्रचार बढ़ने लगा। पखावज थाप का वाद्य होने के कारण ख्याल व सितार आदि के कोमल भावों को दबा देता था जबकि तबला चांटी का वाद्य होने के कारण इनकी उपयुक्त संगति प्रदान करने में खरा उतरा।

सत्रहवीं शताब्दी में शाहजहाँ के युग के एक चित्र में राजकुमार दारा शिकोह के हरम (अंतःपुर) में नर्तकियों के नृत्य गान के साथ, खड़ी हुई एक स्त्री वादिका द्वारा अपने कमर पर बंधी तबला जोड़ी बजाए जाने का चित्रण मिलता है। इसी प्रकार मुहम्मद शाह 'रंगीले' के समय सन् 1745 के बने एक चित्र में भी उसके हरम (अंतःपुर) में नर्त्तकियों के नृत्यगान के साथ बैठी हुई स्त्री वादिका द्वारा तबला जोड़ी बजाए जाने का चित्रण मिलता है। (देखिए अध्याय 2, चित्र 27) इससे इतना तो निश्चित रूप से सिद्ध होता है

कि पहले से लोक में तबले का अस्तित्व था। परन्तु उसकी स्थिति प्रायः एक लोकवाद्य जैसी थी और अंतःपुर में स्त्रियों के नृत्यगान के साथ साधारणतः स्त्री वादिकाओं द्वारा उसे बजाया जाता था। इस प्रकार उस युग तक तबले का वादन प्रायः स्त्रियों की महफिलों तक ही सीमित था। प्रतिष्ठित शास्त्रीय संगीत की पुरुष प्रधान महफिलों में उसका कोई स्थान न था। संभवतः इसीलिए तत्कालीन लेखकों ने तबला वाद्य का कोई उल्लेख नहीं किया। (देखिए अध्याय 2, चित्र नं. 3, 4, 6, 12, 13, 14, 20, 26, 29, 30, 31)

अठारहवीं शताब्दी में मुहम्मद शाह रंगीले के समय तक संगीत में तबला एक साधारण व महत्वहीन लोकवाद्य समझा जाता था, परन्तु जब तत्कालीन युग में संगीत के क्षेत्र में नवीन प्रयोगों से ख्याल गान की नई शैली और सितार वाद्य के प्रति लोगों की अभिरूचि बढ़ी तो खुसरो खाँ, जिन्हें पखावज वादन की कला पूर्व परम्परा से उत्तराधिकार में मिली थी। उन्होंने यदि कुछ नवीन प्रयोग करने के लिए तबले की वादन शैली में योगदान देकर उसे ख्याल गान की नई शैली और सितार जैसे वाद्य की संगति के योग्य बनाकर अभिजात्य शास्त्रीय संगीत में लोकप्रिय व प्रतिष्ठित किया हो तो कोई आश्चर्य नहीं, क्योंकि महफिलों में ख्याल गान और सितार वादन के साथ तबले की संगति किए जाने की प्रथा प्रायः उस युग के बाद ही दिखाई देती है। संभवतः खुसरो खाँ के इसी योगदान के कारण आगे चलकर लोग भ्रम से उन्हें तबले का आविष्कारक समझने लगे।

प्रायः कुछ संगीतज्ञ सिद्धार खाँ या सुधार खाँ को तबला वाद्य का आविष्कारक मानते हैं। यद्यपि सुधार खाँ का काल अठारहवीं सदी के पूर्वार्ध से मध्य तक सिद्ध होता है। परन्तु अठारहवीं और उन्नीसवीं शताब्दी के किसी भी ग्रंथ में तबला आविष्कारक या वादक के रूप में सुधार खाँ ढाढ़ी का उल्लेख नहीं मिलता। यहाँ तक कि उन्नीसवीं शताब्दी के कैप्टन विलर्ड, कृष्णानंददेव व्यास, सौरीन्द्र मोहन ठाकुर तथा कृष्णधन बनर्जी इत्यादि सुप्रसिद्ध लेखकों ने अपने ग्रंथों में ध्रुवपद आविष्कार के सम्बन्ध में ग्वालियर के राजा मानसिंह तोमर, ख्याल आविष्कार के सम्बन्ध में दिल्ली के हजरत अमीर खुसरो व जौनपुर के सुल्तान हुसैन शर्की, तराना आविष्कार के सम्बन्ध में लखनऊ के मियाँ शोरी तथा सितारबाज के आविष्कार के सम्बन्ध में दिल्ली के मसीत खाँ और लखनऊ के गुलाम रजा खाँ का उल्लेख किया है, परन्तु तबला आविष्कारक के रूप में कहीं भी सुधार खाँ की चर्चा नहीं की है।

जनप्रवाद के अनुसार सुधार खाँ नाम व्यक्ति विशेष की वास्तविक नाम न होकर उसका उपनाम था, जो कि तबला वाद्य में सुधार करने के कारण पड़ा। सत्रहवीं शताब्दी के उत्तरार्द्ध और अठारहवीं शताब्दी के पूर्वार्ध में भी विभिन्न क्षेत्रों के चित्रों में तबला जोड़ी बजाए जाने का चित्रण मिलता है। अतएव सुधार खाँ दाढ़ी को तबला वाद्य के आविष्कार का श्रेय देना तर्क और तथ्यसंगत नहीं है। इस सम्बन्ध में यह कहा जा सकता है कि जिस प्रकार ग्वालियर के राजा मानसिंह तोमर के पूर्व भी 'ध्रुव प्रबन्ध' के रूप में ध्रुवपद गान प्रचलित था, किंतु उसे लोकप्रिय बनाने व उसमें विशेष योगदान के कारण बाद में जनप्रवाद के रूप में उन्हें ध्रुवपद का आविष्कर्ता माना जाने लगा, इसी तरह नेमत खाँ 'सदारंग' के पहले भी ख्याल गान प्रचलित था, परन्तु ख्याल गान में विशेष योगदान देने व उसे प्रतिष्ठित करने के कारण बाद में सदारंग को ख्याल का आविष्कारक माना जाने लगा। इसी प्रकार यद्यपि अकबर के युग में भी पंजाब में टप्पा गायन के प्रचलन का उल्लेख अकबरनामा में मिलता है, परन्तु अठारहवीं सदी के अंत में लखनऊ के गुलाब नबी 'शोरी' के टप्पा गान में विशेष योगदान के कारण उन्हें ही टप्पा गान का आविष्कर्ता समझा

जाने लगा। ठुमरी का उल्लेख भी यद्यपि सत्रहवीं शताब्दी के 'राग दर्पण' व 'तोहफतुल हिन्द' इत्यादि ग्रंथों में मिला है, परन्तु ठुमरी गान में विशेष योगदान के कारण उन्नीसवीं शताब्दी के वाजिद अलीशाह, कव्वाल बच्चे सादिक अली खाँ और सुप्रसिद्ध कथक नर्तक महाराज बिंदादीन में से प्रत्येक को बाद में अलग–अलग जगहों पर ठुमरी आविष्कारक समझने का जनप्रवाद चल पड़ा। इसी प्रकार तबला वादन को विकसित, प्रतिष्ठित और लोकप्रिय बनाने में विशेष योगदान के कारण 'सुधार खाँ' उपनाम के व्यक्ति का नाम भी बाद में जनप्रवाद में तबला आविष्कारक के रूप में प्रसिद्ध हो गया हो तो कोई आश्चर्य नहीं।

प्रसिद्ध संगीत विद्वान ठाकुर जयदेव सिंह तबले को प्राचीन भारतीय लोकवाद्य का परिष्कृत रूप मानते हैं। उनके अनुसार यह वाद्य अपरिष्कृत रूप में प्राचीन काल से ही भारत में था, किन्तु 18वीं शताब्दी के पूर्व तक न तो उसे आज की तबला जोड़ी का जैसा रूप प्राप्त हुआ और न ही वह अधिक प्रचार में आया। ठाकुर साहब इस संदर्भ में 'मुलायम' नामक एक वाद्य का उल्लेख करते हैं। जो पंजाब के लोक संगीत में लोकप्रिय था। महाराष्ट्र तथा इसके आस पास के प्रदेश में 'सम्बल' नामक एक वाद्य प्राप्त होता है। वे भी जोड़ी में बजाया जाता है। (देखिए अध्याय 2 चित्र नं. 23) बजाते समय वादक उसे रस्सी के शिकंजे में कस कर रस्सी को गले में डाल लेता है और खड़े–खड़े यह वाद्य बजाता है। सम्बल तथा तबले में अदभुत समानता प्राप्त होती है तबला के विकास के प्रारम्भिक वर्षों में तबला वाद्य को भी इसी तरह गले में लटका कर तबला वादक इसका वादन किया करते थे। गाने बजाने का पेशा करने वाली कौम के पास यह वाद्य था और वो प्रायः नाचने वाली लड़कियों के मुजरों में इसे बजाते थे। समाज में इन कलाकारों का स्तर नीचा माना जाता था और उन्हें राजा, जमींदार या ऐसे ही किसी ओहदेदार व्यक्ति के लिए बजाते समय उनके सामने बैठने की इजाजत नहीं होती थी। पंजाब का 'दुक्कड़' वाद्य भी तबला जोड़ी से अत्यन्त साम्यता रखता है। (देखिए अध्याय 2, चित्र नं. 22) दुक्कड़ वाद्य में भी दो वाद्य होते हैं जिन्हें तबले के समान ही हाथ से बजाते हैं। इसमें दो नगों में एक ऊंचे स्वर का तथा दूसरा नीचे स्वर का होता है। इसमें तबले की तरह स्याही नहीं होती तथा खाल के मोटे पतले होने से ही ऊपर नीचे के स्वर निकाले जाते हैं। कुछ लोगों का मत है कि आधुनिक तबला का विकास इसी वाद्य से हुआ है। अधिकांश विद्वानों का एकमेव सहमति एवं प्रचुर प्रमाणों के आधार पर हम इस निष्कर्ष पर पहुँचते हैं कि तबला पूर्णतः एक भारतीय तालवाद्य है जो लोकसंगीत में प्रचलित था। इसके वर्तमान स्वरूप का विकास पिछले तीन सौ वर्षों में हुआ है। कालांतर में इसके रूप आकार और साज सज्जा में बहुत बदलाव आ गया है।

मेरा कहने का तात्पर्य यह है कि परिवर्तनशील संसार का नियम है। जिस तरह से बदलते युग में वेशभूषा, आचार विचार, सामाजिक, राजनैतिक परिवेश इत्यादि में बदलाव आया है। इसका असर हमारे सांस्कृतिक पृष्ठभूमि पर भी पड़ा, जिससे संगीत भी अछूता नहीं रह सका। यही कारण है कि हमारे ताल वाद्य की बनावट, टोनल क्वालिटी में काफी बदलाव देखा जा सकता है। आज का पखावज जो मृदंग के नाम से जाना जाता था। मिट्टी से निर्मित था। आज के वर्तमान समय में मृदंग में काफी बदलाव आ गया है एवं परिष्कृत होकर पखावज के नाम से प्रसिद्ध है। इसी प्रकार आज का वर्तमान तबला प्राचीन में त्रिपुष्कर से विघटित होकर द्विपुष्कर वाद्य 'उर्ध्वक व आलिग्य' के रूप में तो बाद में 'जोड़ी', 'तब्ल' और कहीं लोक संगीत में 'सम्बल', मुलायम एवं दुक्कड़ वाद्य के सदृश विभिन्न नामकरण से जाना जाता रहा जो आज वर्तमान में परिष्कृत होकर तबला के नाम से जगप्रसिद्ध है।

देश के सुप्रसिद्व तबला महापुरूष एवं संगीत चिन्तक पं. छोटे लाल मिश्र का मानना है कि आज का वर्तमान लोकप्रिय तालवाद्य तबला द्विपुष्कर वाद्य से सम्बंन्धित है। बाद में यह जोड़ी, तब्ल एवं अन्ततः तब्ल से वर्तमान 'तबला' नामकरण हुआ। पं. छोटे लाल मिश्र कहते हैं कि ''जन्म शब्द पूर्णतः नवनिर्मित होने से सम्बन्धित है। इसलिए जन्म तो द्विपुष्कर के रूप में पहले ही वह हो चुका था और उसके जन्मदाता स्वाति मुनि थे, जो आचार्य भरत के अनुसार प्रमाणित है। जिसका जन्म हो चुका है उसके अनेक नाम भी रखे जा सकते हैं। किन्तु जन्म जहां और जिसके द्वारा हुआ वही उसका जन्मदाता है न कि केवल नाम परिवर्तित करने वाला। उदाहरणार्थ–जल सस्कृत शब्द है। जिसे विभिन्न भाषाओं में पानी, वाटर आदि अनेक नामों से सम्बोधित किया जाता है किन्तु इन विभिन्न नामों से जल की सर्वविदित मौलिकता परिवर्तित नहीं होती। मात्र भाषान्तरण द्वारा इनके अनेक नामकरण सामने आते हैं। अतः इस प्रकार वाद्य के जन्म का श्रेय निष्कर्षतः स्वाति मुनि को ही प्राप्त है। जबकि तबले के घराने के प्रथम प्रवर्तक उस्ताद सिद्धार खाँ ही सर्वसम्मति से मान्य हैं। दूसरे शब्दों में यह स्पष्ट किया जा सकता है कि उस्ताद सिद्धार खां ने तबले के घराने को जन्म दिया न कि तबला वाद्य को।''[6]

जनधारणा है कि मृदंग की दो खण्डों में विभाजित करने के बावजूद जब वह मृदंग बोला तब लोगों की प्रतिक्रिया हुई, 'तब भी बोला', इस नवनिर्मित वाद्य के लिए यही शब्द कालान्तर में तब बोला, तब्बोला और तबला नाम से प्रचलित हुआ। इस सन्दर्भ में प्रसिद्ध पखावज वादक पंडित डालचंद शर्मा का तथ्य दृष्टिगोचर है कि–''हमारे यहां साज़ को काटना, तोड़ना अथवा पीटना ही क्यों न हो अशोभनीय माना जाता है। कोई भी ह्वदय एवं मर्मस्पर्शी कलाकार अपने साज़ को काट नहीं सकता। हमारे यहां तो रास्ते का पड़ा पत्थर भी मंदिर में आने से पूज्यनीय हो जाता है। कलाकार तो साज़ को बच्चे की तरह रखता है, उसकी पूजा करता है फिर कोई पखावज वादक कलाकार अपने साज़ को काट कैसे सकता है, गले से यह बात नहीं उतरती। पं. शर्मा जी का यह तथ्य तर्कसंगत एवं विचारणीय है। गौरतलब है कि जब पखावज की दो–चार बद्धियां कट जाने से ही उससे सही ध्वनि नहीं निकलती है तो पूरा मृदंग ही काट देने से कैसी ध्वनि निकली होगी? हमें यह भी ध्यान रखना होगा कि मात्र ढब–ढब की आवाज को सांगीतिक भाषा में बोलना नहीं कहते हैं। साजों के बोलने का अभिप्राय संगीतपयोगी ध्वनि से होता है। इस तर्क को पखावज रूपी मृदंग के संदर्भ में न लेकर 'त्रिपुष्कर' अर्थात् भरतकालीन मृदंग के संदर्भ में हो तो प्रमाणों के आधार पर 'त्रिपुष्कर' के विघटित होने से तबला वाद्य की उत्पत्ति पूर्णतः प्रमाणित हो जाती है। अतः इस प्रकार वाद्य के जन्म का श्रेय निष्कर्षतः स्वाति मुनि को ही प्राप्त है जो त्रिपुष्कर से विघटित होकर द्विपुष्कर बना, द्विपुष्कर से जोड़ी वाद्य, जोड़ी से तब्ल और अन्ततः तब्ल से वर्तमान 'तबला' नामकरण हुआ है। जो तर्कसंगत एवं बुद्धिग्राहय है।

तबला के विकास व इसकी वादन सामग्री के पर्याप्त फैलाव के लिए भी कई मतमंतातर प्रचलित है। दो नाम प्रायः उभर कर सामने आते हैं। एक पंजाब के लाला भवानीदास अथवा भवानीदीन तथा दूसरा दिल्ली के उस्ताद सिद्धार खाँ ढाडी का। पं. लालमणि मिश्र, डा. अबान ई. मिस्त्री एवं पं. छोटेलाल मिश्र इस बात से सहमत हैं कि ये दोनों समकालीन थे। आचार्य बृहस्पति ने अपने ग्रन्थ संगीत चिन्तामणि में सिद्धार खाँ और भवानीदीन के बीच पखावज वादन की प्रतियोगिता का वर्णन किया है। इस प्रतियोगिता में सिद्धार खाँ की हार हुई और अपने आप को श्रेष्ठ साबित नहीं कर पाने के कारण दुखी होकर सिद्धार खाँ ने पखावज बजाना छोड़ दिया व तबला को अपना लिया। उ0 सिद्धार खाँ ने पखावज का आधार लेकर इस वाद्य में अनेक संशोधन किये। इसी समय ख्याल गायकी का उदभव हो रहा था। इस गायन शैली की संगति करने के लिए एक उपयुक्त तालवाद्य की आवश्यकता थी। तबला इस कार्य के

लिए सभी तरह से उपयुक्त था। अतः इस वाद्य की ख्याति जल्द ही फैल गई और कलाकारों ने इसे अपना लिया। डा. अबान ई. मिस्त्री के अनुसार उ0 सिद्धार खाँ ढाड़ी और लाला भवानीदास एक ही काल के होने के कारण उनकी परम्पराऐं दिल्ली तथा पंजाब में लगभग एक ही समय में फैली। लाला भवानीदीन स्वयं पखावजी थे और उनके शिष्य पखावज तबला व दुक्कड़ वाद्य बजाने में पारंगत थे। चूंकि उनका 'बाज' यानि वादन शैली पखावज के निकट थी। अतः उनके सभी शिष्यों को 'पखावजी' के नाम से ही सम्बोधित किया जाता रहा है। इसके विपरीत दिल्ली के उ0 सिद्धार खाँ व उनके वंशज एवं शिष्य तबला बजाते थे, अतः उन्हें 'तबलिये' शब्द से सम्बोधित किया जाता है।

सिद्धार खाँ उपनाम एवं वास्तविक नाम खुसरो खाँ सम्बन्धी एक विश्लेषण

यह तथ्य ध्यान देने योग्य है कि उस्ताद सुधार खाँ या उस्ताद सत्तार खाँ या उस्ताद सिद्धार खाँ का उपनाम था तो उनका वास्तविक नाम क्या था? बादशाह मोहम्मद शाह रंगीले (सन् 1719 से 1748 ई॰ तक) के इतिहासकार दरगाह कुली खाँ के अनुसार नेमत खाँ सदारंग, खुसरो खाँ, लाला भवानीदास (भवानी सिंह) पखावजी तथा सिद्धार खाँ दाढ़ी ये चारों कलाकार समकालीन थे। खुसरो खाँ, नेमत खाँ सदारंग के छोटे भाई थे। वे कई प्रकार के वाद्य बजाने में प्रवीण थे और सितार के विकास में उनका योगदान था और उस पर सितारखानी ठेके का प्रचार किया। कुछ लेखों में खुसरो खाँ के पिता का नाम रहमान खाँ बताया जाता है जो प्रसिद्ध पखावज वादक थे। खुसरो खाँ का जिक्र तत्कालीन कुछ लेखों में भी मिलता है, जबकि सुधार खाँ का उल्लेख उनके समकालीन किसी लेख में नहीं मिलता है।

तबले के विकास में खुसरो खाँ व सुधार खाँ या सत्तार खाँ अथवा सिद्धार खाँ नाम प्रचलित होने के मुख्य कारणों पर विचार करने से निम्नलिखित संभावना के प्रति भी ध्यान आकर्षित होता है–

प्रायः जनजीवन में हम देखते हैं कि कोई–कोई मनुष्य अपने विशिष्ट गुण, कार्य या कला के उपनाम या उपाधि नाम से समाज मे प्रसिद्ध हो जाते हैं, जैसे "अकबर के युग में एक वीणा वादक 'प्रबीण खाँ' के नाम से प्रसिद्ध था। 'प्रबीन' (प्रवीण) शब्द का अर्थ ही है, वीणा वादन में कुशल। उसी युग में एक अन्य संगीतज्ञ 'सरोद खाँ' के नाम से प्रसिद्ध थे।"[7] सरोद एक विशेष ततवाद्य का नाम है। जहाँगीर के राज्यकाल में बंगाल का सूबेदार पैदल ही शेर का शिकार करने के कारण 'शेरअफगान' के नाम से प्रसिद्ध था। औरंगजेब के राज्य काल में 'कृपा' नामक पखावजी, बादशाह द्वारा प्रदत्त 'मृदंगराय' के उपाधि नाम से सुप्रसिद्ध था।[8] बीसवीं सदी के प्रारम्भ में पटियाला में एक उत्तम सारंगी वादक थे, जो कि अपनी वादन कुशलता के कारण 'साँगे खाँ' के नाम से प्रसिद्ध थे। 'साँगे खाँ' शब्द 'सारंगी खाँ' का अपभ्रंश है। आधुनिक युग के सुप्रसिद्ध तबला वादक उ॰ अहमदजान खाँ 'थिरकवा' भी अपने गुणवाचक उपनाम 'थिरकवा' से अधिक प्रसिद्ध थे। उसी प्रकार सुप्रसिद्ध तबला वादक पं. सामता प्रसाद अपने उपनाम 'गोदई महाराज', सुप्रसिद्ध तबला वादक पं. कृष्ण प्रसाद अपने उपनाम 'किशन महाराज, अयोध्या के प्रसिद्ध पखावज वादक पं. रामशंकर दास अपने उपनाम 'पागलदास' एवं बनारस घराने के प्रसिद्ध तबला वादक पं. लक्ष्मी नारायण सिंह अपने उपनाम 'लच्छू महाराज' के नाम से ही जनसमाज में प्रसिद्ध हुए।

यह भी उल्लेखनीय है कि मनुष्य मात्र के कार्यों में प्राकृतिक रूप से दाहिना हाथ प्रमुख कार्य करता है और बायां हाथ उसका सहायक रहता है। दिल्ली, पंजाब इत्यादि पश्चिमोत्तर भारतीय क्षेत्रों की जनबोलियों में 'सज्जा' या 'सज्जे' शब्द का अर्थ 'दाहिना' और 'खब्बा' या 'खब्बे' शब्द का अर्थ 'बायां' होता है। ऐसा जनधारणा है कि ढोलक के दाहिने या प्रमुख वाद्यमुख को बाएँ अर्थात् 'खब्बे' हाथ से बजाने के कारण ही आगे चलकर जनसमाज में हुसैन खाँ ढोलकिए का नाम खब्बे हुसैन खाँ ढोलकिए कहा जाने

लगा हो तो कोई आश्चर्य नहीं। तबला वादकों में भी कई ऐसे कलाकार हुए हैं, जिन्हें तबला बायां जोड़ी को उलटकर उसके दाहिने वाद्यमुख को बाएं और बाएं वाद्यमुख को दाहिने हाथ से बजाने की आदत रही है। जैसे सुप्रसिद्ध तबला वादकों में लखनऊ के उस्ताद आबिद हुसैन खाँ, पंजाब के उस्ताद कादिरबख्श खाँ, बनारस के पं. नन्नू सहाय सूर, मुम्बई के उस्ताद अमीर हुसैन खाँ एवं वर्तमान के प्रसिद्ध तबला वादकों में पं. कुमार बोस एवं श्री योगेश समशी इत्यादि कलाकार अपने परिचितों और श्रोताओं में 'बैंहत्थे' बायँहत्थी या खब्बे तबला वादकों के रूप में जाने जाते रहे हैं।

प्रचुर प्रमाणों के आधार पर हम इस निष्कर्ष पर पहुँचते हैं कि अठारहवीं शताब्दी के मध्य सितार को जनसाधारण में तीन तारों वाले एक अद्‌भुत वाद्य सितार के वादन में कुशल और उसे लोकप्रिय बनाने में विशेष योगदान देने एवं उस पर 'सितारखानी' ठेके का प्रचार करने के कारण यदि खुसरो खाँ को भी उस युग में जनसमाज में 'सितार खाँ', या 'सत्तार खाँ' उपनाम से जाना जाता रहा है। अथवा, तत्कालीन युग में संगीत के क्षेत्र में नवीन प्रयोगों से ख्याल गान की नई शैली और सितार वाद्य के प्रति लोगों की अभिरूचि बढ़ी तो खुसरो खाँ जिन्हें पखावज वादन की कला पूर्व परम्परा से उत्तराधिकार में मिली थी। उन्होंने यदि कुछ नवीन प्रयोग करने के लिए तबले की वादन शैली में योगदान देकर उसे ख्याल गान की नई शैली और सितार जैसे वाद्य की संगति के योग्य 'सितारखानी' 'ठेके का प्रचार' एवं तबला वादन की कला 'जोड़ी वाद्य' को लोकवाद्य से उठाकर अभिजात्य शास्त्रीय संगीत में विकसित, प्रतिष्ठित और लोकप्रिय बनाने में विशेष योगदान के कारण जनसमाज में बाद में 'सुधार खाँ' या 'सितार खाँ' या 'सत्तार खाँ' या 'सिधार खाँ' अथवा वर्तमान में 'सिद्धार खाँ' उपनाम से प्रतिष्ठा प्राप्त हुई हो तो कोई आश्चर्य नहीं।

"फारसी लिपि में किसी अक्षर में संलग्न ह्रस्व इकार को उस अक्षर के नीचे ज़ेर तथा ह्रस्व उकार को उस अक्षर के ऊपर पेश, का चिन्ह लगाकर अभिव्यक्त किया जाता है परन्तु हस्तलिखित फारसी लिपि में शीघ्रलेखन की सुविधा के लिए प्रायः चिन्हों का प्रयोग न करके, पढ़ते समय अंदाज़ से उन्हें समझ लिया जाता है और उसके अनुसार ही अक्षरों का उच्चारण किया जाता है। इस प्रक्रिया से अनेक शब्दों के उच्चारण में भ्रम होने की भी बहुत संभावना रहती है। अतः हस्तलिखित फारसी लिपि में ज़ेर, ज़बर, पेश इत्यादि चिन्हों के अभाव में 'सिधार ख़ाँ' शब्द 'सुधार खाँ' हो गया तो कोई आश्चर्य नहीं। आज भी संगीतज्ञों में 'सिधार खाँ' और 'सुधार खाँ' दोनों उच्चारण प्रचलित है।"[9]

लेखक का तथ्य द्रष्टव्य है कि सुधार खाँ के परम्परा का तो इतिहास में उल्लेख है परन्तु पूर्वज का कहीं भी उल्लेख नहीं मिलता है। यह भी विचारणीय है कि खुसरो खाँ के परम्परा का उल्लेख इतिहास में कहीं भी नहीं मिलता बल्कि उनके पूर्वजों का विवरण हमें फिर भी प्राप्त होता है। इस तथ्य से भी संकेत मिलता है कि तबला वाद्य के विकास व प्रचार में खुसरो खाँ का विशेष योगदान रहा है और 'सितार खाँ', 'सुधार खाँ' या सिद्धार खाँ उन्हीं के उपनाम है। इन्होंने तबले पर उंगलियों के रख–रखाव में परिवर्तन किए और चांटी प्रधान कुछ नवीन विस्तारशील रचनाएँ जैसे पेशकार, कायदे, रेले तथा अविस्तारशील रचनाएं जैसे गत, टुकड़े, मुखड़े–मोहरें आदि की रचना करके एक क्रांतिकारी कदम उठाया। तबला वादन कला को स्वतंत्र घराने के रूप में इसे प्रतिष्ठित किया। चूंकि इनका निवास स्थान दिल्ली था। अतः उनके घराने को 'दिल्ली घराना' तथा उनकी वादन शैली को 'दिल्ली बाज' कहा जाने लगा।

उ0 खुसरो खाँ ने वर्षों के अथक परिश्रम एवं चिंतन मनन से तबले की वादन सामग्री का विकास किया। उन्होंने तबले के बाऐं भाग पर लगने वाली आटे की पूलिका की जगह दाऐं की तरह स्याही का

ही प्रयोग करना प्रारम्भ किया ताकि पखावज के अलावा दूसरे वाद्यों के बोल भी इस वाद्य पर निकालना संभव हो सके। पखावज के साथ–साथ ढोलक और नक्कारा आदि ताल वाद्यों पर बजने वाले बोलों का आधार लेकर उन्होंने तबला की अनेक नवीन चीजों की रचना की। उ0 सिद्धार खाँ ने तबला का इतना विकास किया और एक लोकवाद्य से उठाकर उसका स्तर इतना उँचाई पर ले गये कि उनका नाम खुसरो खाँ से 'सुधार खाँ' ही पड़ गया। चूंकि उ0 सुधार खाँ या सिद्धार खाँ दिल्ली निवासी थे। अतः उनके घराने को 'दिल्ली घराना' तथा उनकी वादन शैली को 'दिल्ली बाज' कहा जाने लगा। कालांतर में इसी दिल्ली घराने की वंश परम्परा एवं शिष्य परम्परा से तबला पूरे उत्तर भारत में फैल गया। इस घराने से शिक्षा प्राप्त कर व उसमें स्थानीय विशेषताओं तथा व्यक्तिगत प्रतिभा एवं सृजन क्षमता को समाविष्ट कर इस घराने के शिष्यों के द्वारा कई नई परम्पराओं का सूत्रपात हुआ और इस तरह इस वाद्य के कई नवीन घराने अस्तित्व में आये। जिनमें दिल्ली, अजराड़ा, लखनऊ, फर्रूखाबाद एवं बनारस आदि प्रमुख है।

तबला वादन में दिल्ली घराने की वादन शैली, निकास विधि एवं विशेषता

किसी भी प्रायोगिक कला के प्रस्तुतिकरण का विशिष्ट ढंग उस कला की शैली कहलाता है। कला का प्रायोगिक पक्ष जब एक पीढ़ी में परम्परागत रूप से चलता रहता है। तो उसका निरंतर परिष्कार और संस्कार होता रहता है। आगे चलकर जब यह प्रायोगिक पक्ष परिष्कृत और सुसंस्कृत होकर जनसमाज में प्रतिष्ठित हो जाता है तो वह एक विशिष्ट शैली के रूप में रूढ़ हो जाता है। इस स्वाभाविक प्रक्रिया के अनुसार गायन, वादन व नर्त्तन आदि प्रायोगिक कलाओं की भी भिन्न–भिन्न शैलियां विकसित हो गई हैं।

तबले की प्रारम्भिक वादन शैली दिल्ली घराना मूलरूप से अपना स्वतंत्र अस्तिव रखने पर ही प्रचार–प्रसार में आया। क्योंकि पखावज के वादन शैली के साथ–साथ ढोलक, नक्कारा, ताशा तथा अन्य अवनद्ध तथा लोकवाद्यों की वादन कला का प्रभाव भी तबले की वादन शैली पर पड़ा। विभिन्न अवनद्ध वाद्यों की वादन विशेषताओं को समन्वित कर लेने से तबला वादन की कला में बहुत ही सौन्दर्यात्मक वृद्धि हो गयी जिसका श्रेय उ0 सिद्धार खाँ को प्राप्त है। तबला, हाथों के आघात से बजाया जाने वाला एक उन्नत भारतीय अवनद्ध वाद्य है, जिसके विकास का मूल सम्बन्ध प्राचीन 'द्विपुष्कर' वाद्य से है। अतः इसकी वादन विधि के मूल विकास को समझने के लिए भरत वर्णित द्विपुष्कर की वादन विधि का अध्ययन सहायक होगा।

प्राचीन प्रस्तरशिल्पों में उत्कीर्ण अवनद्ध वादकों द्वारा उर्ध्वक और आंलिग्यक को बजाते हुए उनकी हस्तमुद्राओं पर ध्यान देने से ज्ञात होता है कि इन वाद्यों के वादन में दो प्रकार के हस्ताघात मुख्य थे। जिनमें से एक में हथेलियों का प्रयोग और दूसरे में मुख्य रूप से उंगलियों का प्रयोग होता था। यदि भरत मुनि द्वारा वर्णित द्विपुष्कर वादन की पंचपाणिप्रहत की विधियों पर विचार किया जाये तो पता चलता है कि आज तबला वादन की विधियों में भी ये प्रक्रियाऐं मूल रूप से विद्यमान हैं। भरत ने पंचपाणिप्रहत के नाम इस प्रकार बताऐ हैं।[10]

1. समपाणि, 2. अर्धसमपाणि 3. अर्धार्धसमपाणि 4. पार्श्वपाणि 5. प्रदेशिनी

डा. लालमणि मिश्र ने इनका स्पष्टीकरण इस प्रकार किया है।[11]

समपाणिः समतल हथेली से प्रहार करना।

अर्ध–पाणिः आधी हथेली से प्रहार करना।

अर्धार्ध–पाणिः एक चौथाई हथेली से प्रहार करना।

पार्श्वपाणिः हथेली के पार्श्व से प्रहार करना।

प्रदेशिनीः उंगलियों के अग्रभाग से प्रहार करना।

भरत द्वारा वर्णित पंचपाणिप्रहत पर सूक्ष्मरूप से विचार किया जाये तो पाणिप्रहत अर्थात् हाथों के प्रयोग की निम्नलिखित दो मुख्य विधियां दिखाई देती हैं।

1. **हथेलियों का प्रयोगः** इसके अन्तर्गत समपाणि, अर्धसमपाणि, अर्धार्धसमपाणि और पार्श्वपाणि का प्रयोग होता था।
2. **उंगलियों का प्रयोगः** इसके अंतर्गत प्रदेशनी का प्रयोग होता था।

मध्यकाल में अवनद्ध वाद्यों में इन्हीं पाणि प्रयोगों के दो मूल भेदों से ही थाप और चांटी के प्रयोग की विधि विकसित हुई और आज भी पखावज और तबला वादन में पाणि प्रयोगों के यही दो मुख्य विधियां दिखाई देती हैं। इन वाद्यों पर थाप के प्रयोग में भरत द्वारा वर्णित पार्श्वपाणि को छोड़कर शेष चार पाणियों का प्रयोग आज भी देखा जा सकता है।

"भरत ने त्रिपुष्कर वादन में व्यवहार किऐ जाने वाले त्रिप्रहारों के नाम इस प्रकार बताए हैं।"[12]

1. निगृहीत 2. अर्धनिगृहीत 3. मुक्त

त्रिप्रहारों की व्याख्या करते हुए डा. लालमणि मिश्र ने 'निगृहीत' के अर्थ में नियंत्रित और अर्धनिगृहीत के अर्थ में 'अर्धनियंत्रित' शब्द का व्यवहार किया है। डा. मिश्र के अनुसार त्रिप्रहारों का स्पष्टीकरण इस प्रकार है।[13]

1. **निगृहीत–नियंत्रितः** ऐसा प्रहार करना जिससे बन्द ध्वनि तो हो किन्तु गूँजन हो जैसे आधुनिक मृदंग या तबला के क, किट, तक, तिट, तिरकिट, कत इत्यादि पटाक्षर।
2. **अर्धनिगृहीत–अर्धनियंत्रितः** ऐसा प्रहार करना जिससे ध्वनि अर्धगुजिंत हो, जैसे आधुनिक मृदंग या तबले के ना, ता इत्यादि पटाक्षर।
3. **मुक्तः** ऐसा प्रहार करना जिससे ध्वनि पूर्ण गूंजयुक्त हो अर्थात खुला बोल। जैसे आधुनिक मृदंग या तबले में बजने वाले ग, दिं, धा, दिन, दिंग, ता (थाप) इत्यादि पटाक्षर।

भरत द्वारा वर्णित त्रिप्रहारों पर विचार करने से ज्ञात होता है कि मध्यकालीन अवनद्ध वाद्यों के वादन में बजाए जाने वाले 'बंद बोल' और 'खुले बोल' भरत द्वारा वर्णित क्रमशः निगृहीत, अर्धनिगृहीत और मुक्त प्रहारों से विकसित हुए। इनमें से निगृहीत और अर्धनिगृहीत पटाक्षर पखावज, ढोलक व तबला आदि अवनद्ध वाद्यों के बंद व अर्धगुंजित बोलों के रुप में और मुक्त पटाक्षर, खुले बोलों के रुप में विकसित हुए।

स्वाभाविक रुप में हथेली से किये जाने वाले मुक्त प्रहार के खुले बोलों में गूंज अधिक होती है। इसीलिए आगे चलकर थाप या थपिया बाज, खुले बाज का पर्याय हो गया। इसी प्रकार यह भी स्वाभाविक है कि वाद्य चर्ममुख के किनारे चांट पर उंगलियों से किये जाने वाले निगृहीत या अर्धनिगृहीत प्रहार के बोलों में गूंज बंद या आधी रहती है, इसीलिए आगे चलकर चांटी या किनार बाज, बंद का पर्याय हो गया।

इस प्रकार हम देखते हैं कि त्रिपुष्कर वाद्य में विघटन होने से, आगे चलकर आंकिक से पखावज और उर्ध्वमुखी द्विपुष्करों से जोड़ी एवं जोड़ी से तब्ल तथा तब्ल से तबला का विकास हुआ। अतः यह बहुत

स्वाभाविक है कि तबले में पाणि प्रयोग और प्रहारों की ये प्राचीन विधियां वादकों को परम्परागत रूप में उत्तराधिकार में मिली। अतः प्राचीन और मध्यकालीन अवनद्ध वाद्यों, विशेषकर आंकिक और उससे विकसित पखावज तथा उर्ध्वमुखी द्विपुष्कर और उससे विकसित तबला जोड़ी की परम्परागत वादन विधियों में, थाप और चांटी के प्रयोग से, व्यापक रूप से दो 'बाजों' की विकसित परम्परा दिखाई पड़ती है और विभिन्न क्षेत्रों में इन्हीं दो मूल वादन विधियों से अवनद्ध वाद्यों की विविध वादन शैलियां विकसित हुई। तबले के संदर्भ में यदि इस कथन पर विचार किया जाए तो ज्ञात होता है कि थाप और चांट के बाज की परम्परा भिन्न–भिन्न स्थानों पर भिन्न–भिन्न रूपों में विकसित हुई और इन्हीं दो मुख्य 'बाजों' की प्रधानता के आधार पर तबला वादन के दो मुख्य भेद माने जाते हैं जिन्हें क्रमशः पूरब बाज और पश्चिम बाज कहा जाता है। मोटे तौर पर पूरब बाज को खुले बोलों का बाज और पश्चिम बाज को चांट या किनार का बाज कहा जाता है।

पश्चिम बाज ही दिल्ली बाज है, जिसके प्रवर्तक उ0 सिद्धार खाँ सर्वसम्मति से मान्य हैं। इन्होंने तबले पर उगुंलियों के रख रखाव में परिवर्तन किए और चांटी प्रधान कुछ नवीन विस्तारशील रचनाऐं जैसे पेशकार, कायदे, रेले तथा अविस्तारशील रचनाऐं जैसे गत, टुकड़े, मुखड़े–मोहरे आदि की रचना करके एक क्रान्तिकारी कदम उठाया। कालान्तर में उनकी वंश परम्परा और लम्बी समर्थ शिष्य परम्परा ने उस घराने को सुदृढ़ किया, विस्तृत किया तथा अन्य घरानों के मूल प्रवर्तक होने का गौरव प्राप्त किया। तबला वादन की यह शैली मूल रुप से दिल्ली में विकसित हुई। इसलिए इसे 'दिल्ली बाज' कहा जाता है। यह अत्यंत कोमल एवं मधुर बाज है। यह दो उंगुलियों का बाज है। दो उंगुलियों के साथ–साथ इस बाज में मुखचर्म के किनारे चांट के बोलों का अधिक्य रहता है, इसलिए इसे किनार का बाज भी कहते हैं। ध्वनि की दृष्टि से इसमें प्रायः बंद और आधे खुले बोलों का इस्तेमाल अधिक होता है, अर्थात् इस बाज में निगृहीत और अर्धनिगृहीत प्रहार वाले बोलों का आधिक्य रहता है।

इस बाज की बजाई जाने वाली संरचनाओं में प्रायः बोलों का चयन इस प्रकार किया जाता है कि उनमें अर्धनिगृहीत और निगृहीत ध्वनियुक्त पटाक्षर क्रमशः इस प्रकार गुंथे रहते हैं, जिनके व्यवहार से बोल अधिक गूंजदार नहीं हो पाते, उदाहरण के लिए यहां का प्रचलित कायदा जैसे–

धाते	टेधा	तेटे	धाधा।	तेटे	धागे	तिना	किना
×				2			
ताते	टेता	तेटे	धाधा।	तेटे	धागे	धिना	गिना
0				3			

इस कायदे की संरचना में यह ध्यान देने योग्य तथ्य है कि 'धा' जो कि बायें के संयोग से दाहिने तबले पर चांटी पर बजने वाला बोल है। उसमे दाहिनी तर्जनी के आघात से जो ध्वनि उत्पन्न होती है, वह अर्धनिगृहीत है। इसके पश्चात् दाहिने तबले पर 'तेटे' वाले स्याही पर मध्यमा और तर्जनी के निगृहीत प्रहार से बंद बजता है। इस प्रकार इस कायदे में क्रमशः अर्धनिगृहीत और निगृहीत बोलों के व्यवहार की श्रृंखला दिखलाई पड़ती है। साथ ही तर्जनी और मध्यमा से बजाते समय अनामिका उंगली मुखचर्म पर अपने स्थान से नहीं उठती इसलिए बोलों की ध्वनि में कम गूंज होना स्वाभाविक है। बोलों की इस निकास

प्रक्रिया में दाहिने तबले पर उंगलियों को बहुत दूरी पर खिसकाना या घुमाना फिराना नहीं पड़ता है। इसलिए दिल्ली बाज में 'बोलों' को अधिक द्रुतलय में बजाना सुविधाजनक रहता है। दिल्ली बाज की इस विशेषता के कारण ही इस बाज में कायदे और रेले अधिक बजाये जाते हैं।

अधिकांशतः चतुरश्र जाति की रचनाऐं होती है। किन्तु तिस्र जाति की रचनाऐं भी इस घराने में निर्माण की गईं हैं और वे उपयोग में लाई जाती हैं। इस बाज में बायां (डग्गा) के वादन में, तर्जनी एवं मध्यमा उंगुली का अधिक प्रयोग होता है। इसमें पूरे पंजे का प्रयोग वर्जित है। इसलिए धिर धिर का निकास पूड़ी के अन्दर ही किया जाता है। इस बाज में तर्जनी एवं मध्यमा उगुंलियों का सर्वाधिक प्रयोग तो होता ही है, साथ ही अनामिका का भी प्रयोग होता है। कहने का तात्पर्य यह है कि 'तिरकिट' का 'ट' अक्षर दिल्ली घराने में अनामिका और कनिष्ठिका इन दो उगुंलियों के संयुक्त आघात से बजाया जाता है। दिल्ला बाज में 'ट' अक्षर मध्यमा से बजाने की पद्धति उतनी ही रूढ़ है। इस घराने के कुछ विद्वानों की राय में कदाचित 'ट' अक्षर की ध्वनि 'ति' अक्षर की ध्वनि की अपेक्षा भिन्न हो, अतः 'ट' अक्षर अनामिका की मदद से बजाया जाता है। कुछ विद्वानों की दृष्टि में दिल्ली घराने में 'तिरकिट–तिरकिट' अक्षर दो बार बजाये जाने की पद्धति रूढ़ है और इस 'ट' को मध्यमा से ही बजाया गया, तो दूसरे तिरकिट का 'ति' तुरन्त मध्यमा से ही बजाना पड़ेगा और ऐसा करने में हाथ फंस जाता है। यह ध्यान में रखकर 'तिरकिट–तिरकिट' बिना रुके गतिमानता के साथ बजाया जा सके इस उद्देश्य से 'ट' अक्षर को अनामिका की सहायता से बजाने की परम्परा दिल्ली घराने में कुछ उस्तादों ने शुरू की उदाहरणार्थः

धा–तिर	किटधाऽ	तिरकिट	तिरकिट।	धाति	धागे	तिना	किना
×				2			
ता–तिर	किटताऽ	तिरकिट	तिरकिट।	धाति	धागे	धिना	गिना
0				3			

इस कायदे के उदाहरण से संभव है कि तबला वादन में 'ट' अक्षर के निकास के लिए अनामिका उंगली के प्रयोग का उद्देश्य भी गतिमानता बढ़ाना एवं ध्वनि विविधता पैदा करना होगा। कोई भी रचना ठाह (एकगुन) बजाते समय जिन उंगलियों से तबले के जिन स्थानों पर निकास किया जाता है, वे ही उंगलियां और वे ही स्थान दुगुन या चौगुन में रखने का प्रयास दिल्ली घराने में रखा जाता है। दिल्ली घराने के ज्येष्ठ तबलावादक अपना वादन मध्यलय में प्रभावपूर्ण ढंग से एवं परिणामकारक रीति से प्रस्तुत किया हुआ हम पाते हैं। दिल्ली घराने के तबला विद्वान पं. सुधीर माईणकर के अनुसार तबले की रचना में साहित्य है, काव्य है। वह काव्य शक्ति तबले की रचनाओं में विविध शब्दों की ध्वनियों में संग्रहीत हुआ करती है। ऐसी शक्ति नादों के अनुप्रास में, उन नादों द्वारा निर्मित तुकों में संचित हुई होती है। उन शब्दों का वजन होता है, रूप होता है और जब वे व्यक्त होते हैं तब मानवी शब्दों की ही तरह बायें की सहायता से वे श्वासों एवं उच्छ्वासों से अलंकृत हुए होते हैं और इन सबका एहसास एवं प्रतीति श्रोताओं को मध्यलय में प्रस्तुत किए गए वादन के माध्यम से सहजता से और स्पष्ट रूप में हो सकती है। इसका एहसास इस घराने के वादकों को हो चुकने के कारण दिल्ली घराने का वादन मध्य लय में ही उगा, फूलों–फलों से लदकर बढ़ा एवं विकसित हुआ। लय जितनी धीमी हो उतना ही नाद की

विविध बारीकियां, अधिक स्पष्ट एवं प्रभावशाली ढंग से प्रस्तुत करना आसान होता है। यह जानकर 'पेशकार' वादन धीमी लय में करना और 'कायदे' मध्य लय में बजाना दिल्ली घराने के वादकों ने पसंद किया।

निकास विधि

दिल्ली घराने के विचारवान वादक कलाकारों ने अलग–अलग उंगलियों से विभिन्न स्थानों पर, विविध वज़नों से जो नाद पैदा होते हैं उन नादों के माधुर्य को अनुभव करके उंगलियों के लिए विविध क्रियायें विकसित की। इन उंगलियों की निर्धारित क्रियाओं को 'निकास' की संज्ञा प्राप्त हुई। दायें बायें पर का निकास अलग, सशक्त रूप में बजाए जाने वाले अक्षरों का निकास अलग, तो नज़ाकत के साथ किनार पर बजाए जाने वाले अक्षरों का निकास अलग। धीमी गति से बजाये जाने वाले अक्षरों का निकास अलग, तो द्रुतलय से बजाए जाने वाले उन्हीं अक्षरों का निकास अलग। ऐसी विकसित निकास पद्धति को उचित नाद–निर्मिति के लिए मार्गदर्शक के रूप में स्वीकृत किया गया। यह निकास पद्धति ही 'शैली' या 'बाज' के नाम से जाना गया। कालांतर में विभिन्न घरांनों की विविध वादन प्रकारों में उन घरानों के ज्येष्ठ वादक प्रमुख रूप से अपनी रचनाओं के अनुरूप निकास पद्धति में अन्तर कर पाने के कारण ही नई 'शैली' या 'बाज' का प्रादुर्भाव हुआ। दूसरे शब्दों में हम कह सकते हैं कि तबले पर बजने वाले वर्ण, अक्षर, पटाक्षर या Alphabet कहलाते हैं। वे सभी घरानों एवं बाजों में एक समान होते हैं। सभी घरानों में 'धा' को 'धा' और 'धिं' को 'धिं' ही कहा जाता है। परन्तु विभिन्न घरानों में उनके निकालने की विधि में थोड़ा–थोड़ा अन्तर होता है। प्रत्येक घराने में कुछ विशेष प्रकार की मौलिक रचनाऐं भी हुई और घराने के कर्णधार विद्वानों ने बन्दिशों को निकालने की विधि में परिवर्तन किए। इसी से विभिन्न घराने अलग–अलग अस्तित्व में आए और उनकी पहचान बनी। तबले पर बजने वाली रचनाऐं जैसे पेशकार, कायदा, रेला, टुकड़ा परन, गत, फर्द आदि हैं, परन्तु उन सभी का महत्व विभिन्न घरानों में भिन्न–भिन्न है। जैसे दिल्ली घराने में पेशकार, कायदे और रेले जैसी विस्तारशील रचनाओं को अधिक महत्व दिया जाता है, तो फर्रूखाबाद में रौ, गत, और चाला या चलन को। बनारस में उठान, बांट, चाल, छन्द, परन, गत, चक्रदार, लग्गी–लड़ी जैसी बंदिशों को, तो पंजाब घराने में रेला, लयकारी, गत, परन और प्रबन्ध–बांट को अधिक महत्व दिया जाता है। इस प्रकार प्रत्येक घराने के अपने नियम एवं निकास विधि है। उन्हीं की सीमा में बद्ध होकर भारतीय संगीत में विविध घराने अस्तित्व में आये, जो अपनी निजी विशेषताओं के कारण एक दूसरे से पृथक हो सके। निकास के दृष्टिकोण से जो अलग–अलग पद्धतियां निर्माण हुई, वे ही शैली, बाज और घराने के नाम से प्रसिद्ध हुई।

किसी भी रचना की प्रभावपूर्ण प्रस्तुतीकरण में निकास का सर्वाधिक महत्वपूर्ण योगदान होता है। नाजुक प्रकृति की रचना को दिल्ली अंग से किनार के इस्तेमाल के साथ तबले पर दो उंगलियों के जरिए बजाने से वह प्रभावी हो जाती है।

उदाहरण के तौर पर दिल्ली घराने के तबले के वर्णों की निकास विधि प्रस्तुत है:

वर्ण	**निकास विधि**
ता या ना	तबले की किनार पर तर्जनी से गूंजयुक्त आघात।
तू या ती	तर्जनी को दाहिनी तरफ ऊपर उठाकर स्याही पर किया गया गूंजयुक्त खुला आघात।

संयुक्त बोल की निकास विधि

बोल	ति	र	कि	ट
निकास विधि	मध्यमा से स्याही पर किया गया बंद आघात	स्याही पर तर्जनी से किया गया बंद आघात	बायें पर पंजे से किया गया बंद आघात	स्याही पर मध्यमा या अनामिका से किया गया बंद आघात
बोल	घे	ड़	न	ग
निकास विधि	बायें पर मध्यमा एवं अनामिका से संयुक्त रूप में घुमारा पैदा करने वाला आघात	तबले के स्याही पर मध्यमा उंगली द्वारा	तबले की किनार पर तर्जनी द्वारा	बायें पर तर्जनी से किया गया घुमारे युक्त आघात

बोल	धा	ड़ा	गि	न
निकास विधि	तबले व बायें को एक साथ तर्जनी से चांटी पर	तबले पर लव पर बंद करके मध्यमा उंगली से तथा चांटी को छूते हुए	बायें पर तर्जनी से किया गया आघात	तबले पर अनामिका से लव पर बंद करके तथा चांटी को छूते हुए
बोल	ग	दि	ग	न
निकास विधि	बायें पर मध्यमा एवं अनामिका से संयुक्त रूप में	तबले पर तर्जनी को दाहिने तरफ ऊपर उठाकर स्याही पर किया गया गूंजयुक्त खुला आघात	बायें पर तर्जनी से किया गया आघात	तबले पर अनामिका द्वारा बन्द करके स्याही के किनार पर किया गया आघात

विशेषता

दिल्ली घराने में पेशकार, कायदा एवं रेला जैसे विस्तारशील रचनाऐं बजाये जाने की प्रथा अधिक है। सर्वप्रथम इस घराने के पेशकार पर हम विचार करेंगें। दिल्ली घराने की पेशकार की सुप्रसिद्ध रचना इस प्रकार हैः–

पेशकारः

<u>धाऽऽकड़</u>	<u>धाऽतिर</u>	<u>किटधाऽ</u>	<u>तिऽधाऽ।</u>	<u>तिरकिट</u>	<u>धाऽतित्त</u>	<u>धाधा</u>	<u>धिंना</u>
×				2			
<u>किटधाऽ</u>	<u>तिरकिट</u>	<u>धाऽतिर</u>	<u>किटधाऽ।</u>	<u>तिऽधाऽ</u>	<u>धाऽतित्त</u>	<u>धाधा</u>	<u>तिंना</u>
0				3			

ताऽऽक्ड़	ताऽतिर	किटताऽ	तिऽताऽ।	तिरकिट	ताऽतित्त्	ताता	तिंना
×				2			
किटधाऽ	तिरकिट	धाऽतिर	किटधाऽ।	तिऽधाऽ	धाऽतित्त	धाधा	धिना
0				3			

दिल्ली के घरानेदार उस्ताद अधिक अनुशासनप्रिय और परम्परावादी होने के कारण इस रचना का विस्तार वे कायदे जैसे तरीके से करते हैं। यह रचना धा, किट, धाति, तिरकिट, तिधा, क्ड़, धिना इन शब्दों से बनी है और उनमें से एक–एक शब्द को प्रधान शब्द बनाकर किये गये पल्टों से पेशकार का विस्तार किया जाता है। दिल्ली घराने में पेशकार की रचना का विस्तार धीमी लय में करने के बाद ड्योढ़ी लय में होता है और उसके बाद दुगुन का प्रयोग भी होता है। लेकिन ड्योढ़ी (डेढ़गुन) या दुगुन में बजाते समय भी 'सम' पर आने के लिए या 'काल' में पहुंचने के लिए मूल धीमी लय में जाकर अनुरूप शब्द–प्रयोग किया जाता है। शब्द–प्रयोग बदलना, डेढ़गुन में जाना, दुगुन में जाना इस तरह की ताल में लय की काट तराश करने के बाद फिर मूल धीमी लय में प्रवेश करना दिल्ली घराने की विशेषता है।

उदाहरणार्थ दुगुन लय में:–

धाऽऽक्ड़धाऽतिऽ		धाऽतिरकिटधाऽ	धातिधाधा	तिधाधिना
ऽधा	धाऽतिऽ	धाऽधाऽ	धिऽना	साथ में मुख्य बोल

'पेशकार' में खाली–भरी के सौन्दर्य तत्व का प्रयोग कल्पकता से किया जाता है। इस रचना का चलन धीमी लय में होने के कारण खाली–भरी का असर अधिक स्पष्ट रुप में और प्रभावशाली होता है। 'पेशकार' का विस्तार रचना के अनुसार बनाने के लिए एक विशेष सोच की और बौद्धिक विचारमंथन की जरूरत होती है। 'दिल्ली घराने' के पेशकार में एक अनुशासन के साथ ही साथ इसकी प्रकृति गंभीर होती है एवं शान्त रस के निर्माण में सहायता होती है। इसके प्रस्तुतिकरण में रंग भरने के लिए खास कोशिश नहीं की जाती। इस घराने के पेशकार में जब आड़ लय का प्रयोग होता है, तब मूल रचना के शब्दों से ही आड़ लय की भाषा बनती है। जैसे तिस्र जाति में इस घराने का पेशकार उदाहरण के तौर पर:–

धाऽक्ड़ध	धाऽतिरकिट	धातिधा	धातिना
ऽधाति	धाऽतिरकिट	धातिधा	धातिना

इस घराने के श्रेष्ठ वादक कलाकारों का मानना है कि जिसके पास अच्छी तालीम, संस्कार और प्रतिभा हो तो, उसके द्वारा बजाया गया पेशकार उच्चकोटि के प्रभावशाली वादन में सौन्दर्य का निर्माण करता है।

अब हम इस घराने के कायदे पर विचार करेंगें

कायदा

दिल्ली घराने के तबला वादकों को कायदे का प्रस्तुतीकरण इतना महत्वपूर्ण प्रतीत होता है, कि वे मुख्यतः कायदे के वादन को ही स्वतंत्र तबला वादन मानते हैं। यहां के विद्वानों का मानना है कि कायदे के

रियाज़, चिंतन तथा उसकी विस्तार–क्रिया के अभ्यास और मनन के जरिए विद्यार्थियों की तांत्रिक एवं बौद्धिक क्षमता वृद्धिगत होती है। इस घराने में अधिकांशतः तीन ताल में स्वतंत्र वादन होता है। इसलिए तीन ताल में ही कई रचनाऐं निर्मित हुई।

'कायदा' फारसी भाषा का एक शब्द है, जिसका अर्थ नियम, तरीका, ढंग, विधान या विधि है। कायदा के परिभाषा में हम देखते हैं कि 'कायदा' तबले में प्रयुक्त होने वाले मूल वर्णों द्वारा निर्मित उस नियमबद्ध रचना को कहते हैं, जो ताली, खाली, विभाग व मात्रा पर आधारित होता है। जिसका अधिक–से–अधिक विस्तार होना संभव हो और उसके अभ्यास द्वारा हाथों को सही ढंग से गतिशील किया जा सके, जिससे तबला वादन की कला अच्छी तरह आ जाए, वही सही रूप में 'कायदा' हो सकता है।

साहित्य की दृष्टि से इसको इस तरह भी समझ सकते हैं, जिस प्रकार विभिन्न शब्दों द्वारा स्वर–व्यंजन व वर्णों का बोध कराया जाता है। उसी प्रकार कायदों द्वारा तबले के मूल वर्णों का परिचय कराया जाता है। जैसे साहित्य में एक ही वर्ण का ज्ञान प्राप्त कराने के लिए भिन्न–भिन्न शब्दों की रचना की गई है। जैसे क, कल, कह, कर, कलम, कलश, कटहल इत्यादि। ठीक उसी प्रकार कायदों के तथा उसके पल्टों (प्रस्तार) के द्वारा विस्तार करते हुए उसके वर्णों को पहचानवाया जाता है।

उ. सिद्धार खाँ द्वारा निर्मित दिल्ली घराने का सर्वप्रथम कायदा–

धा	धा	कत्त	ता।	धा	धा	ति	ना	
×				2				
ता	ता	कत्त	ता।	धा	धा	धि	ना।	धा
0				3				×

चाटी प्रधान यह कायदा प्रारम्भ में विद्यार्थियों के अभ्यास हेतु रचना की गई है, ऐसा प्रतीत होता है। जिसमें तर्जनी द्वारा चाटी पर जहां 'धा' एवं 'ता' वर्णों के निकास का अभ्यासक्रम है तो वहीं मध्यमा ऊंगलि द्वारा स्याही पर आघात द्वारा बंद बोल 'कत्त' (तित्त) के अभ्यास से दिल्ली घराने में दो ऊंगलि के वादन शैली का प्रारम्भ में ही आदत डाली जाती है।

तीनताल चतुरश्र जाति होने के कारण दिल्ली घराने में विविध कायदे चतुरश्र जाति में बांधें गये। कायदे का रियाज़ मानवी हाथ की चलन क्षमता और क्रियात्मक वादन कौशल को बढ़ाने वाला कसरत का एक प्रकार है। दिल्ली घराने में अत्यंत महत्वपूर्ण माना जाने वाला जो 'पेशकार वादन' है उसके विस्तार के लिए भी कायदे के विस्तार सूत्र संभवतः उपयोग में लाये जाने लगे हों। इस घराने के वादक कलाकार कायदे के प्रस्तुतीकरण मध्यलय में रूचि से करते हैं। यहां के वादक पहले 'कायदा' विलम्बित लय में खाली–भरी के रुप में प्रस्तुत करते हैं। यह प्रस्तुतीकरण एक–दो आवर्त्तन तक उसी लय में करते हैं। ज्येष्ठ कलाकार इस धीमी लय में भी एक अलग ही नजाकत या ढंग से वह कायदा पेश करते हैं। इसका उद्देश्य कायदे की रचना श्रोताओं के ठीक ध्यान में आ जाए। कई बार 'कायदा' विलम्बित लय से 'आड़ लय' में भी प्रस्तुत किया जाता है। यदि कायदा 'आड़ लय' में हो तो उसे चतुरश्र में रूपांतरित करके प्रस्तुत किया जाता है। यहां जाति परिवर्तन होने से श्रोता को अलग प्रकार का आनंद प्राप्त होता हैं। फिर मूल रचना की दुगुनी लय में उक्त कायदे का प्रस्तुतीकरण शुरू होता है और यहां प्रमुखतः कायदे के विस्तार की प्रक्रिया आरम्भ होती है।

उदाहरणार्थ दिल्ली घराने का प्रचलित कायदा इस प्रकार हैः–

धाति	धागे	नाधा	तिरकिट।	धाति	धागे	तिना	किना
×				2			
ताति	ताके	नाता	तिरकिट।	धाति	धागे	धिना	गिना
0				3			

इस घराने के बहुत से वादक पारम्परिक विचारों के और अनुशासनबद्ध आचारों के है। बायें पर हाथ रखने पर उस हाथ को उठाना, आगे पीछे लेना दिल्ली बाज को मान्य नहीं है। उनकी दृष्टि में मात्र कलाई से बायें को दबाकर और खुला छोड़कर जो ध्वनि विविधता निर्माण होगी वही स्वीकारणीय है। उनकी राय में, तबला केवल तबले की ही तरह बजना चाहिए, बायें को घिसना उनकी प्रामाणिक दृष्टि में ढोलक की नकल है। तबले और बायें पर के अक्षरों के निकास की जो पद्धति बताई गई है, उससे यह बात ध्यान में आ जायेगी कि यह निकास पखावज पर बजाये जाने वाले अक्षरों की अपेक्षा अत्यंत निराला है। इसीलिए कहा जाता है कि दिल्ली घराने का बाज पखावज के प्रभाव से पूर्णतः मुक्त है। पेशकार, कायदा, रेला आदि वादन प्रकारों में बजने वाली रचनाऐं विस्तारक्षम होती है, और कई बार मूल रचनाऐं सादी, आसान एवं आकार में छोटी होती हैं। इन रचनाओं में बहुत से विस्तार–बीज छिपे रहते हैं। उन विस्तार बीजों का अंकुरण और उनका विस्तार का मार्ग खुला हो जाने पर एक के बाद एक पलटों के रूप में वह रचना सुलझती जाती है। विस्तार की संभावना बढ़ जाती है। यही दिल्ली घराने की तबला वादन शैली की विशेषता है।

संदर्भ सूची

1. संगीत रत्नाकर, पंचमस्तालाध्याय।
2. भरत नाट्यशास्त्र, चतुर्स्त्रिशोऽध्याय।
3. ताल प्रबन्धः पं. छोटे लाल मिश्र, कनिष्क प्रकाशन, पृष्ठ 2, 3
4. संगीतोपनिषत्सारोद्धारः वाचनाचार्यः प्रकाशक ओरियंटल इंस्टीट्यूट, बड़ौदा, श्लोक सं. 93
5. श्री ग्रंथ साहिब जी, वार माझ, म। पृं. 142
6. ताल प्रबन्धः पं. छोटे लाल मिश्र, कनिष्क प्रकाशन, पृं.
7. आइने अकबरी, ब्लाखमैन कृत अंग्रेजी अनुवाद, पृ. 680
8. राग दर्पण, लेखक फकीरूल्लाह सैफ खान, प्रकाशक फारसी विभाग, दिल्ली विश्वविद्यालय, पृ. 77
9. तबले का उद्‌गम विकास और वादन शैलियां, योगमाया शुक्ला, पृ. 73
10. "पञ्चपाणि प्रहतं नाम। समपाण्यर्धसमपाणि रर्धार्ध समपाणिः
पार्श्वपाणिः प्रदेशिनी चेति।" (नाट्यशास्त्र, चतुस्त्रिशोऽध्यायः, श्लोक सं. 40)
11. भारतीय संगीत वाद्यः डॉ. लालमणि मिश्र, पृष्ठ 198 (द्वितीय संस्करण)
12. "त्रिप्रहारं नाम। निगृहीतोऽर्ध निगृहीतो मुक्तश्चेति।"
(नाट्यशास्त्रम, चतुस्त्रिशोऽध्यायः, श्लोक सं. 40)
13. भारतीय संगीत वाद्यः डॉ. लालमणि मिश्र, द्वितीय संस्करण, पृष्ठ 198

2

आधुनिक तबला सदृश भरतकालीन त्रिपुष्कर वाद्य के प्राचीन प्रस्तर शिल्प चित्र एवं भित्ति चित्र का एक समीक्षात्मक विवेचन

प्रस्तुत अनेक सुप्रसिद्ध स्थानों पर कालक्रमानुसार विभिन्न समय पर निर्मित प्राचीन प्रस्तर शिल्पों एवं भित्ति चित्रों के आधार पर तबले की उत्पत्ति को प्रमाणित किया गया है, जो सर्वाधिक तर्कसंगत एवं बुद्धिग्राह्य है। ईसा पूर्व तबला जैसे वाद्य का प्रचलन भारत में था, उसे बजाने वाली महिलाएं भी थी। आधुनिक तबला जोड़ी के साथ उनका सामंजस्य स्पष्ट दिखता है। उन दिनों उसका उपयोग कदाचित लोक वाद्य के रूप में होता होगा।

कलाकार अपने युग का प्रतिनिधि होता है। वह जो कुछ अपने सामने देखता है उसे अपनी कला के माध्यम से प्रस्तुत करता है। प्राचीन काल में सामाजिक अवसरों पर तबला जैसे वाद्य बजते रहे होंगे। यही कारण है कि तबला कहीं लोक वाद्य 'जोड़ी', तो कहीं 'सम्बल वाद्य', या 'दुक्कड़ वाद्य' अथवा 'मुलायम वाद्य' के नाम से भी लोक में लोकप्रिय होता रहा, तभी तो उनका चित्रण शिल्पकारों एवं चित्रकारों ने किया है।

अतः इस शोध प्रबन्ध के माध्यम से जो भी शिल्प चित्र एवं भित्ति चित्र उपलब्ध हो सके हैं, भरत कालीन त्रिपुष्कर वाद्य के रूप में तबले की प्रमाणिकता को इस पुस्तक द्वारा सार्थक साबित होता है। प्रस्तुत शिल्प एवं चित्र उन दिनों के सामाजिक एवं सांस्कृतिक लोक जीवन व चेतना का प्रतीक है।

चित्र–1

भारतीय कला का अनूठा शिल्प चित्रः नृत्यकारों के बीच भगवान शिव को राजा के रूप में उच्च सम्मान प्राप्त है, इसलिए इन्हें नटराज भी कहा जाता है। नटराज की मूर्ति के साथ वाम पार्श्व में भगवान श्री गणेश एवं दक्षिण पार्श्व में द्विपुष्कर वाद्य (आधुनिक तबला) का वादन करता कलाकार। (मुक्तेश्वर मंदिर, छठी शताब्दी, उड़ीसा)।

चित्र–2

बादामी का यह शिल्प ईसा की छठी शताब्दी का है। नटराज के नृत्य के साथ मध्य में ताल के आदि देवता भगवान श्री गणेश एवं दक्षिण पार्श्व में 'आंकिक व उर्ध्वक' वाद्य का वादन करता कलाकार।

चित्र–3

अप्रतिम शिल्प चित्रः द्वितीय शताब्दी ई. पूर्व भाजा गुफा जो लोनावला (महाराष्ट्र) से लगभग 5 किलोमीटर दूर, मुम्बई पूना मार्ग पर स्थित है। प्रवेश द्वारा गुफा न. 14 इन्द्र शिल्प के नाम से प्रसिद्ध है, जिसमें तबला जैसे वाद्य का तथा उसकी वादिका का स्पष्ट चित्रांकन किया गया है, जो आधुनिक तबला–डग्गा का पूर्वज लगता है। वादिका के दोनों हाथ वादन मुद्रा में रखे दिखलाए गये हैं। इससे सिद्ध हो जाता है कि ईसा पूर्व द्वितीय शताब्दी में तबला जैसे वाद्य का प्रचलन भारत में था, उसे बजाने वाली महिलाएं भी थी।

चित्र–4

राजस्थान के दौसा जिले में जयपुर के पास अभानेरी गांव में 8वीं–9वीं शताब्दी स्थित–चंद बाउरी। नृत्य के साथ त्रिपुष्कर वाद्य का वादन करती हुई महिला। उल्लेखनीय है कि इस चित्र में गिडरी (Ring) भी दर्शाया गया है जिस पर आज की तरह तबला बायां जैसे 'उर्ध्वक एवं आलिंग्य' रखे हुए हैं।

चित्र–5

संगीत सभा, महायान बौद्ध मंदिर, बोरोबुडुर (9वीं शताब्दी)।

ऊपर की पंक्ति में वाम पार्श्व से पहले और दूसरे वादक के पास आधुनिक आसाम, बंगाल, बिहार तथा मध्यप्रदेश के भील, सन्थाल आदि जातियों के वाद्य मादल के समान वाद्य है। दक्षिण भारत में इसी प्रकार का वाद्य तविल के नाम से प्रचलित है। तीसरा वादक भरतकालीन त्रिपुष्कर वाद्य (आंकिक, उर्ध्वक एवं आंलिग्य) बजा रहा है जिसके दोनों हाथ आंकिक के दक्षिण मुख का वादन कर रहे हैं।

चित्र–6

भारतीय कला का बेहतरीन जीवित उदाहरण, अजंता गुफाएं, महाराष्ट्र (2 शताब्दी ई. पू. से 5वीं शताब्दी तक)। इस शिल्प चित्र में महिला वादिका द्वारा भरतकालीन त्रिपुष्कर वाद्य का भव्य चित्र दर्शाया गया है। जिसमें तबला बायां सदृश उर्ध्वक एवं आलिंग्य का स्पष्ट चित्र दिखाएं गये है। इस शिल्प चित्र में नृत्यांगना के साथ महिला वादिका आंकिक वाद्य का वादन कर रही है।

चित्र–7

एलोरा शिल्प चित्रः वस्तु कला का अनूठा प्रतीक एलोरा 5वीं और 10वीं शताब्दी के बीच निर्मित भारतीय इतिहास की धार्मिक सद्‌भाव को प्रदर्शित करता है। स्मारकीय गुफाओं के लिए प्रसिद्ध 'एलोरा' एक विश्व धरोहर स्थल है। नटराज के साथ वाम पार्श्व में नीचे बैठे कलाकार द्वारा भरतकालीन त्रिपुष्कर वाद्य के वादन का बेहतरीन जीवित उदाहरण है। जिसमें तबला बायां सदृश 'उर्ध्वक एवं अलिंग्य' का स्पष्ट शिल्प चित्र दिखाए गये हैं।

चित्र–8

10वीं शताब्दी, चम्पा (वियतनाम)। नटराज की मूर्ति के साथ दक्षिण पार्श्व में नीचे बैठे संगीतकार द्वारा भरतकालीन द्विपुष्कर वाद्य 'उर्ध्वक एवं आलिंग्य' वाद्य के वादन का विशद चित्र।

चित्र–9

सांची स्तूप (150 ई. पू.) नीचे दक्षिण पार्श्व में भरतकालीन त्रिपुष्कर का वादन करता कलाकार, जिसमें वादक का हाथ तबला सदृश 'उर्ध्वक व आलिंग्य' पर रखे हुए है। (उत्तरी तोरण द्वार, स्तूप नं. 1, सांची, मध्यप्रदेश)।

चित्र–10

भरहुत (सतना–मध्यप्रदेश) 3 शताब्दी पूर्व में मौर्य राजा अशोक द्वारा स्थापित बौद्ध स्तूप है। इस शिल्प चित्र में नृत्य के साथ तबला बायां सदृश 'उर्ध्वक एवं आंलिग्य' वाद्य का वादन करता कलाकार।

चित्र–11

भरत कालीन त्रिपुष्कर वाद्य का विशद शिल्प चित्रः मंडपेश्वर गुफा, बोरीवली, महाराष्ट्र (8वीं शताब्दी)। चट्टानों को काटकर मंडपेश्वर गुफा का निर्माण धार्मिक स्थल के लिए किया गया था। शिव को समर्पित मंडपेश्वर गुफा में नटराज की नृत्य प्रदर्शन का शानदार शिल्प चित्र है। इस शिल्प चित्र में वादक कलाकार द्वारा भरतकालीन त्रिपुष्कर वाद्य (उर्ध्वक, आलिंग्य एवं आंकिक) भव्य दर्शाया गया है। जिसमें वादक कलाकार आंकिक वाद्य का वादन कर रहा है।

चित्र–12

संगीत मंदिर काशी में प्रतिध्वनित दुर्गा मंदिर का अनूठा शिल्प चित्र (400 वर्ष पूर्व)। एक महिला द्वारा मध्य पार्श्व में तबला सदृश उर्ध्वक एवं आलिंग्य वाद्य के वादन का विशद शिल्प चित्र। दुर्गा मंदिर, रामनगर–बनारस। (विशेष आभार एवं चित्र सौजन्य–प्रो. गौतम चट्र्जी)।

चित्र–13

नृत्य के साथ वृन्दवादन (पवाया) पांचवीं शताब्दी, ग्वालियर संग्रहालय। सब से ऊपर वाम पार्श्व की प्रतिमा नाट्यशास्त्र में वर्णित मृदंग–वादन करते हुए। चित्र में तीनों भाग त्रिपुष्कर वाद्य (आंकिक, आलिंग्य तथा उर्ध्वक) स्पष्ट दिखाए गये हैं। वादिका का दाहिना हाथ उर्ध्वक पर तथा बायां हाथ आंकिक पर है। तीसरी प्रतिमा हाथ से ताल देते हुए दिखाई गयी है। मध्य क्षेत्रीय वाम पार्श्व की प्रतिमा वंशी तथा दक्षिण पार्श्व की प्रतिमा आधुनिक ताशा जैसा वाद्य बजा रही है।

चित्र–14

नृत्य करते कृष्ण के साथ दक्षिण पार्श्व की महिला कमर में बांध कर तबला संगति कर रही है। आज से लगभग 80–90 वर्ष पूर्व तक नर्तकियों के साथ इसी प्रकार का तबला कमर में बांध कर बजाया जाता था। (फूल महल, जोधपुर किला, मारवाड़)।

चित्र–15

कम्बोडियन मंदिर, श्री राम का सुग्रीव मिलन। दक्षिण पार्श्व में गले में लटकाकर वादक द्वारा आंकिक वादन एवं इसके वाम पार्श्व में वादक द्वारा कमर में बांधकर तबला सदृश 'उर्ध्वक एवं आंलिग्य' वादन का विशद शिल्प चित्र।

चित्र–16

पश्चिम बंगाल के वर्धमान जिले में बोनकटी मंदिर में स्थित वादक द्वारा तबला–बायां वादन का विशद शिल्प चित्र (18वीं शताब्दी)।

चित्र–17

'तब्ल' वाद्य का अनूठा शिल्प चित्र (400 वर्ष पहले) एक महिला द्वारा 'तब्ल' वाद्य के वादन का विशद शिल्प चित्र। दुर्गा मंदिर, रामनगर (बनारस)। (विशेष आभार एवं चित्र सौजन्य–प्रो. गौतम चट्र्जी)।

चित्र–18

ताल के आदि देवता भगवान श्री गणेश जी द्वारा तबला बायां सदृश 'द्विपुष्कर वाद्य' उर्ध्वक एवं आलिंग्यक के वादन का अनूठा दुर्लभ शिल्प चित्र।

चित्र–19

'तब्ल जंग' वाद्यः युद्ध में सैनिकों के साथ उत्साहवर्द्धन हेतु मध्य पार्श्व में ऊंट के पीठ पर 'तब्ल जंग' वाद्य का वादन करता सैनिक कलाकार। (कंटानगर, दिनाजपुर, बंग्ला देश, 1704–1752 ई.) (चित्र सौजन्य–जैकी प्रसाद)।

चित्र–20

(18वीं शताब्दी) नज़ीर जी की हवेली, मारवाड़, जोधपुर महिला संगीतकार के साथ बीच में महिला वादिका द्वारा कमर में बांधकर तबला वादन का विशद चित्र।

चित्र–21

18वीं शताब्दी, पहाड़ी चित्रकला। बारिश के मौसम में राजा बलदेव सिंह के सामने वाम पार्श्व में गायिका अपने संगीत का प्रदर्शन कर रही है, साथ संगत हेतु एक वादक कलाकार कमर में बांधकर तबला वादन कर रहा है। (चित्र सौजन्य–नैनसुख)।

चित्र–22

'दुक्कड़ वाद्य'–पंजाब का दुक्कड़ वाद्य भी भरतकालीन द्विपुष्कर वाद्य के सदृश तबला जोड़ी से अत्यन्त साम्यता रखता है। इसमें तबले की तरह स्याही नहीं होती तथा खाल के मोटे–पतले होने से ही ऊपर–नीचे के स्वर निकाले जाते है। कुछ विद्वानों का मत है कि आधुनिक तबला का विकास इसी वाद्य से हुआ है।

चित्र–23

लोक कलाकार द्वारा 'सम्बल वाद्य' के वादन का अनूठा चित्र। उल्लेखनीय है कि तबला सदृश यह लोक ताल वाद्य 'सम्बल' का प्रयोग महाराष्ट्र के लोक संगीत में सदियों से चला आ रहा है। सम्बल तथा तबले में अद्भुत समानता है। तबला के विकास के प्रारम्भिक वर्षों में तबला वाद्य को भी इसी तरह गले में लटकाकर इसका वादन किया करते थे।

चित्र–24

उल्लेखनीय है कि इस चित्र में नृत्य के साथ संगतकार जहाँ कमर में बांधकर तबला वादन कर रहे हैं, तो वहीं साथ संगत के लिए सारंगी वाद्य का भी वादन हो रहा है। मेवाड़, डूंगरपुर, जूना महल (राजस्थान)।

चित्र–25

17वीं शताब्दी का यह राजपूत चित्रकला है, जिसमें महल के छत पर उद्यान बना है। संगीतकार के साथ संगत हेतु दक्षिण पार्श्व में एक व्यक्ति द्वारा कमर में बांधे तबला के वादन का विशद चित्र।

चित्र–26

दीवान जी की हवेली, अंबेरू, अलवर। वाम पार्श्व में नर्त्तकियों के साथ कमर में बांधकर तबला वादन करती महिला।

चित्र–27

18वीं शताब्दी के प्रसिद्ध चित्रकार नैनसुख का बेहतरीन चित्रकृति। मोहम्मद शाह रंगीले के मनोरंजन हेतु नीचे वाम पार्श्व में बैठी एक महिला गा रही है एवं दूसरी महिला संगत हेतु तबला वादन कर रही है।

चित्र–28

(18वीं शताब्दी, चित्र सौजन्य–नैनसुख) जसरोता के शासक मियां मुकुंद देव (1720–1770) वसन्त महोत्सव के अवसर पर एक पीले रंग का चोगा पहने हुए है। जबकि इनके पहले घोड़े पर सवार संगीतकारों में एक गा रहा है दूसरा सबसे आगे तबला सदृश जोड़ी वाद्य बजा रहा है।

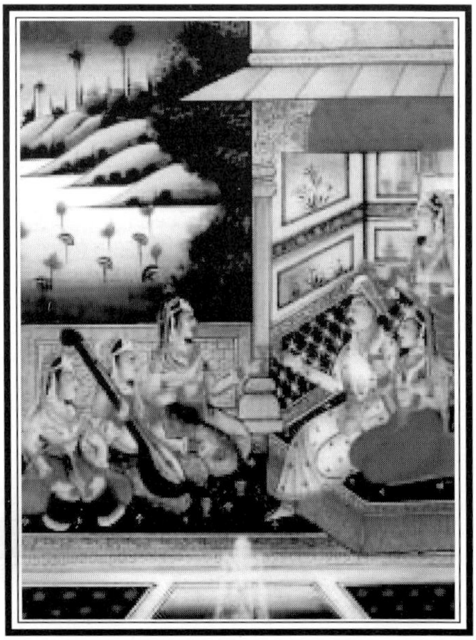

चित्र–29

मुगल चित्रकला (18वीं शताब्दी)। कला का पारखी राजा के सम्मुख संगीत प्रदर्शनः गायिका के साथ महिला वादिका द्वारा वाम पार्श्व में वादिका के दोनों हाथ तबला बजाते मुद्रा में।

चित्र–30

ब्रज की होली (18वीं शताब्दी)। राधा व गोपियों के साथ होली के अवसर पर भगवान श्री कृष्ण द्वारा संगीतमय रास लीला। लय के माध्यम से रासलीला में गति प्रदान करने हेतु दक्षिण पार्श्व में एक गोपी द्वारा कमर में बांधकर तबला वादन का विशद चित्रण।

चित्र–31

मुगल चित्रकला (18वीं शताब्दी)। विशेष कक्ष में राजा के मनोरंजन हेतु महिला संगीतकारों द्वारा संगीत प्रदर्शन। दक्षिण पार्श्व में नीचे बैठी महिला द्वारा तबला वादन का विशद चित्र।

चित्र–32

मुगल चित्रकला (18वीं शताब्दी)। दरबार में नृत्य व संगीत महफिल का आयोजन। राजा द्वारा नृत्य व संगीत का लुत्फ उठाते हुए। संगीतकार के साथ संगत हेतु दक्षिण पार्श्व में एक व्यक्ति द्वारा कमर में बांधकर तबला वादन करते हुए।

3

तबला वादन में दिल्ली घराने के कलाकारों का योगदान एवं शिष्य परम्परा

भारतीय संस्कृति में मनुष्य के अच्छे सद्कर्मों व कृत्यों का मूल्यांकन प्राचीन समय से ही होता चला आ रहा है। प्रकृति प्रदत्त कुछ विशेष गुणों के आधार पर ही मनुष्य साधारण मनुष्य से महान पुरूष की श्रेणी में पहुंचता है। तब समाज के लोग उसे नायक का दर्जा देते हैं। हर समय का समाज और राष्ट्र अपने विलक्षण व अद्भुत प्रकृति वाले नायकों का अनुकरण करता रहा है। किसी भी राष्ट्र की सभ्यता और संस्कृति ऐसे ही राष्ट्र नायकों से उन्नति अथवा अवनति को प्राप्त होती है। दुनिया के इतिहास में ऐसे महान पुरूषों के सामने समाज के तत्कालीन प्रबुद्ध लोग, अंधविश्वास या अंधभक्ति में उनके अनुयायी नही बने। वरन् लोगों ने अपनी बुद्धि सामर्थ्य के अनुसार उनके व्यक्तित्व और कृतित्व को अपने न्याय की कसौटी पर तौला, तब उनको अपने जीवन का आदर्श घोषित किया। उदाहरण के लिए गौतम बुद्ध से लेकर विवेकानंद तक का चरित्र आज भी हमारे देश में कायम हैं। बल्कि आज इनकी प्रासंगिकता पहले से ज्यादा हो गयी है।

समाज में विलक्षण मानवीय गुणों के प्रति आधुनिक विद्वानों में जिज्ञासा कभी इतनी प्रबल हुई थी कि पाश्चात्य जगत के कई चिंतनकारों ने इसे एक अलग से विषय बना डाला, जिसमें कुछ सिद्धान्तों का निरूपण किया गया। जिसके आधार पर मानवीय कियाकलापों को समझने में सहायता मिले, जिसे हम ''मनोविज्ञान'' के नाम से जानते हैं।

लेकिन देश और समय, समाज में कुछ ऐसे भी व्यक्ति पैदा हुए हैं। जिनके अद्भुत कृत्यों के लिए मनोविज्ञान के सिद्धान्त भी कम पड़ जाते हैं। खासकर कला जगत के रचनाशील कलाकर्मियों व कलासाधक के मामले में तो कुछ ऐसा ही है। संस्कृतिकर्मियों के कृतित्व और योगदान को हम सिर्फ सिद्धान्तों की दृष्टि अपना कर अथवा मीडिया के ब्योरों का आधार मानकर उनका मूल्यांकन नहीं कर सकते, बल्कि इसके लिए हमें उनके नजदीक जाना होगा, उनको समझने के लिए हमें अपने पास सूक्ष्म कलात्मक दृष्टि रखनी होगी, पूर्वाग्रहों से बचना होगा। अलग से समय और साफ पृष्ठों से तैयार होना पड़ेगा। तब कहीं जाकर मूल्यांकन का सही अर्थ और उद्देश्य पूरा हो सकेगा। फिर समाज के विषय से सम्बंधित जिज्ञासु वर्ग को एक खास मकसद के लिए कहीं भटकना नहीं पड़ेगा। उसकी जिज्ञासा रूपी पिपासा एक ही सरोवर में तृप्त और पूर्ण हो जाएगी। समय के अनुसार ऐसे महत्वपूर्ण व्यक्तियों के योगदान पर लिखित दस्तावेजों का होना प्रासंगिक है।

अतः राष्ट्र और समाज में जितने भी महत्वपूर्ण व्यक्ति हुए हैं या हैं जिनका महान योगदान अगर राष्ट्र की एकता और अखंण्डता को कायम रखने में सहयोग करता है, अथवा देश के नागरिक जिनके मान्य तरीकों को अपना कर जीवन में बहुत कुछ हासिल करते हैं, तो ऐसे व्यक्ति विशेष के योगदान को लिखित और संग्रहीत करना समाज के जागरूक और प्रबुद्ध नागरिकों का धर्म हो जाता है।

इसी गौरवशाली कड़ी में दिल्ली घराने के कलाकारों का योगदान नये अध्याय के श्रृंखला में रखने का सफल प्रयास किया गया है। चूंकि तबला वादन के क्षेत्र में दिल्ली घराने का विशेष स्थान है। कई प्रतिष्ठित घरानों के निर्माण में भी दिल्ली घराने के कलाकारों का महत्वपूर्ण योगदान रहा है।

तबले के इतिहास को देखते हुए हमें ज्ञात होता है कि विभिन्न घरानों जैसेः अजराड़ा, लखनऊ, फर्रूखाबाद व बनारस घराना के निर्माण के पीछे दिल्ली घराने के कलाकारों एवं शिष्यों का बहुत बड़ा योगदान है। चूंकि तबले का प्रथम श्रोत घराने के रूप में दिल्ली ही है, परन्तु उस श्रोत से निकले शिष्य वहां से शिक्षा प्राप्त करके देश के दूसरे भागों में फैल गये। वे जिस भागों में बसे वहां की सामाजिक, राजनीतिक तथा स्थानीय परिस्थितियों ने उनकी वादन शैली पर शनैः–शनैः प्रभाव डालना शुरू किया और जब अपने परिश्रम तथा व्यक्तिगत प्रतिभा से वादन शैली में इतना अंतर कर सकने में समर्थ हुए कि अपने गुरू घरानों की वादन शैली से अलग स्वतंत्र स्थान बना सके तभी एक नवीन घराने का जन्म हुआ।

घराने पर हम विचार करते हैं तब हम पाते हैं कि 'घराना' प्रतिष्ठित तभी होता है जब कोई कला विधा विकसित व परिष्कृत होते–होते इतनी सुसंस्कृत और समृद्ध हो जाती है कि कला मर्मज्ञ जन समाज द्वारा उसकी विशेष मान्यता मिल जाती है। तब उसकी एक परम्परा चल पड़ती है। कला विधाओं की इस परम्परा में जहां कलाकारों का इतिहास और उनकी कलात्मक उपलब्धियों का समावेश रहता है। वहीं पीढ़ी–दर–पीढ़ी कला प्रायोगिक उन्नति कि आधार पर भिन्न शैलियों की सृष्टि और प्रगति भी समाविष्ट रहती है। इस दृष्टि से भारतीय संगीत में गायन, वादन और नृत्य विधाओं की परम्पराएं अलग–अलग समय पर विविध रूपों में प्रस्फुटित होती रही है। और कालान्तर में यही परम्पराएं संगीत के विभिन्न घरानों के रूप में विकसित हुई।

'घराना' हिन्दुस्तानी संगीत की निराली विशेषता है। संसार का और कोई संगीत घरानों के लिए अनुकूल अथवा उपयुक्त नहीं बना और न बन सकता है। हिन्दुस्तानी संगीत में ही घराने हुए हैं। उसके विकास में इनका बड़ा हाथ रहा है। यह कहना भी आपत्तिजनक न होगा कि यदि घराने न होते तो हमारे संगीत की पैतृक सम्पत्ति सुरक्षित न रहती और हमें पिछले युगों के संगीत का कोई भी ज्ञान न होता। एक तरह से घराने हमारे मार्गदर्शक अथवा पथप्रदर्शक रहे हैं। इनकी संरक्षणता में ही संगीतज्ञों ने प्रगतिशील संगीत का निर्माण किया और उसे उन्नति का रास्ता दिखाया। इन्ही घरानों में हमारे संगीत का उत्तराधिकार अथवा उसकी विरासत सुरक्षित रही हैं। अथवा यह कहना भी ठीक होगा। कि घराने हमारे संगीत के संचित धन की रक्षा करते हैं। सच तो यह है कि हमारा आधुनिक संगीत सदैव उनका आभारी रहेगा। पिछले दो तीन सौ वर्षों में संगीत के हित में जो महान कार्य कुछ प्रतिष्ठित घरानों ने किया है वह संसार की कोई बड़ी–से–बड़ी संस्था भी नहीं कर सकती थी यदि उसे सब तरह के साधन भी मिल जाते। "घराना" जिसे हम कुटुम्ब, परिवार अथवा कुल के नाम से भी पुकारते हैं। जनसमुदाय अथवा मानव समाज का एक एकांश अथवा यूनिट ही माना जाता है।

घरानों के माध्यम से एक तरह से संगीतज्ञों के एक विशेष वर्ग का सामुदायिक विकास भी होता है और एक वृहत् समुदाय का भी जन्म होता है जिसमें एक विशेष जातीय बिरादरी का समावेश होता है जो मानव हितों की समता से प्रभावित होती है। यह संगीत के उद्देश्यों और हितों की पूर्त्ति ही में अपना हाथ बंटाती है। घरानों के पारस्परिक सम्पर्क में जिस प्रबल प्रतियोगिता की भावना का जन्म होता है वह भी यथार्थ में प्रगतिशील संगीत ही का पोषक बनती है। घरानों के पारस्परिक संपर्क और संघर्ष में जिस प्रतियोगिता अथवा प्रतिद्वन्दिता का जन्म हुआ वह व्यावहारिक संगीत के हित में था और उससे उसको बहुत अधिक प्रोत्साहन भी मिला। इसलिए संगीत की महफिलों को "अखाड़ा" अथवा" दंगल" माना गया है और प्रतियोगिता की भावना से उच्चतम संगीत को सदैव प्रोत्साहन मिला है। पुरानी महफिल इसी जीते–जागते संगीत का माध्यम और प्रतीक थी जिसका स्थान अब 'संगीत सम्मेलन' और "कन्सर्ट" अथवा "संगीत गोष्ठी" ने ले लिया है।

तबला वादन में दिल्ली घराने के प्रवर्त्तक संरक्षक एवं मार्गदर्शक उ. सिद्धार खाँ हुए जिन्होंने तबला वादन में शास्त्रोक्त सुधार कर विशेष शैली का निर्माण किया जो समकालीन प्रचलित अवनद्ध वाद्य पखावज से भिन्न था। उस्ताद सिद्धार खाँ के तीन पुत्र थे–प्रथम घसीट खाँ, दूसरे का नाम अज्ञात है एवं तीसरे पुत्र का नाम बुगरा खाँ है। प्रथम उ. घसीट खाँ जिनके वंशजों का इतिहास नहीं मिलता। सम्भवतः उनकी वंश परम्परा आगे नहीं चली।

दूसरे पुत्र जिनका नाम अज्ञात है, इनके दो पुत्र उस्ताद मोदू खाँ और उ. बख्शू खाँ हुए। तबले के इतिहास में सिद्धार खाँ के इस अज्ञात नाम के पुत्र का विशेष महत्व है। ये दोनों पुत्र नवाब आसुफद्दौला के शासन काल में लखनऊ आए और लखनऊ की सांगीतिक आवश्यकताओं के अनुरूप अपनी वादन शैली में परिवर्तन कर विशेष शैली निर्माण कर लखनऊ घराना की नींव डाली और लखनऊ घराने के प्रवर्तक होने का क्षेय प्राप्त किया।

बनारस बाज के प्रवर्त्तक पं. राम सहाय जी ने लखनऊ घराने के प्रवर्त्तक उ. मोदू खाँ साहब से तबला वादन की विधिवत शिक्षा ग्रहण की और अपने समकालीन तबलावादकों में सर्वश्रेष्ठ तबला वादक की उपाधि प्राप्त की। तत्पश्चात किन्हीं कारणों से लखनऊ घराने का वादन शैली को छोड़कर एक नवीन शैली का निर्माण किया, व बनारस के बाज को बहुत समृद्ध किया। यह शैली हर प्रकार की गायकी जैसे ध्रुपद धमार, ख्याल, ठुमरी, टप्पा, तराना, भजन, गीत, गजल, इत्यादि एवं तंत्र वाद्य में सितार, सरोद, इत्यादि और नृत्य की संगति के लिए उपयुक्त थी। इस शैली ने स्वतंत्र तबला वादन को भी अत्यन्त प्रभावशाली बनाया, जिसके फलस्वरूप इसको एक पृथक घराने के रूप में मान्यता प्राप्त हुई।

लखनऊ घराने के दूसरे प्रवर्त्तक उ. बख्शू खाँ ने शिष्य उ. हाजी विलायत अली खाँ को तबले की विधिवत शिक्षा दी। उ. हाजी विलायत अली ने लखनऊ की वादन शैली में मौलिक परिवर्तन करके एवं विभिन्न प्रकार की अनेक रचनाएं की जिससे फर्रुखाबाद को एक अन्य घराने के रूप में प्रतिष्ठा प्राप्त हुई।

उस्ताद सिद्धार खाँ के तीसरे पुत्र उस्ताद बुगरा खाँ के दो पुत्र थे– उस्ताद सिताब खाँ और उस्ताद गुलाब खाँ, जो बहुत ही विद्वान तबला वादक हुए व इस घराने की प्रतिष्ठा में चार चाँद लगाया। इन दोनों भाईयों के वंशज तथा शिष्यों में अनेक श्रेष्ठ तबला वादक हुए हैं, जिन्होंने इस घराने का नाम रौशन किया। उस्ताद सिताब खाँ के पुत्र उस्ताद नजर अली खाँ, दौहित्र बड़े काले खाँ, वंशज सादिक खाँ (शादी खाँ) और शिष्य कल्लू खाँ (काले खाँ), मीरू खाँ (मीर खाँ) सभी गुणी कलाकार थे। उस्ताद मीर

खाँ (मीरू खाँ) एवं उस्ताद काले खाँ (कल्लू खाँ) यहां से शिक्षा प्राप्त कर इन्होंने भी वादन शैली में अपनी सूझबूझ द्वारा परिवर्तन कर एक विशेष शैली का निर्माण किया और अजराड़ा घराना की नींव डाली और अजराड़ा घराने के प्रवर्तक होने का गौरव प्राप्त किया। तत्पश्चात् इनके शिष्य परम्परा ने आगे चलकर इस घराने को समृद्ध किया। पुत्र नज़र अली से जयपुर के बहुत से कलाकारों ने शिक्षा ग्रहण की थी, जिनमें सर्वश्री हिदायत अली, कुतुब अली, इनायत अली तथा मदत अली के नाम लिए जाते हैं। वर्तमान में इनके वंशज पाकिस्तान में हैं।

उस्ताद सिद्धार खाँ के दौहित्र बड़े काले खाँ से दिल्ली घराने का तबले का बहुत प्रचार हुआ। उनके पुत्र बोली बख्श, पौत्र नत्थू खाँ, शिष्य उस्ताद मुनीर खाँ एवं बादशाह बहादुरशाह ज़फर के पौत्र फिरोज खाँ दिल्ली वाले ने देश भर में ख्याति प्राप्त की। उस्ताद बोली बख्श के पुत्र उस्ताद नत्थू खाँ होनहार तबला वादक के रूप में चर्चित होकर इस घराने के अनेक शिष्यों को शिक्षा में पारंगत किया। उस्ताद नत्थू खाँ के परम्परा में सर्वश्री रायबहादुर केशवचन्द्र बनर्जी, हिरेन्द्र किशोर राय चौधरी, डमरू पाणी भट्टाचार्य, तारानाथ राव एवं उस्ताद हबीबुद्दीन खाँ के नाम विशेष रूप से उल्लेखनीय है। तबले के इतिहास में उस्ताद बोली बख्श के शिष्य उस्ताद मुनीर खाँ का नाम श्रेष्ठ उस्तादों (शिक्षकों) में लिया जाता है। उनके जीवन में सैकड़ों शिष्य तैयार हुए जिनमें सर्वश्री उस्ताद अमीर हुसैन खाँ, उस्ताद अमजदजान थिरकवा, गुलाम हुसैन खाँ, शमसुद्दीन खाँ, नज़ीर हुसैन पानीपत वाले, चाँद खाँ बिजनौरी, सुब्बाराव अंकोडकर, विष्णुपंत शिरोडकर, कृपाराम खवास, रहेमान खाँ, रहीम बख्श, बाबालाल इस्लामपुरकर आदि नाम विशेष रूप से उल्लेखनीय है। उस्ताद मुनीर खाँ के शिष्य–प्रशिष्यों में भी अनगिनत कलाकार हुए। उनमें से कुछ के नाम इस प्रकार हैं– सर्वश्री फकीर मोहम्मद, निखिल घोष, अता हुसैन खाँ, पंढरीनाथ नागेशकर, शेख अब्दुल करीम, तुफैल, शेर खाँ, जगन्नाथ बुवा पुरोहित, गुलाम रसूल, अब्दुल सत्तार, अब्दुल रहमान, बाबा साहेब मिरजकर इत्यादि।

इसी प्रकार उस्ताद बुगरा खाँ के दूसरे पुत्र गुलाब खाँ के पुत्र मोहम्मद खाँ तथा पौत्र काले खाँ हुए जिन्होंने तबला जगत् में ख्याति पायी। काले खाँ साहब के दो पुत्र उस्ताद गामी खाँ एवं उस्ताद मुन्नू खाँ हुए। उस्ताद गामी खाँ के पुत्र उस्ताद ईनाम अली, भतीजे मकवूल हुसैन कुरैशी, भाई मुन्नू खाँ व शिष्य फकीर मौहम्मद (पीरू भाई), उस्ताद फैय्याज खाँ, मोहम्मद अहमद, पं. हीरालाल, मारुती कीर, रीजराम, उस्ताद निजामुद्दीन खाँ, उस्ताद लतीफ अहमद हुए जिन्होंने वर्तमान समय में तबला वादन के क्षेत्र में बड़ा ही नाम कमाया है। तदुपरान्त इस परम्परा के प्रशिष्यों में सर्वश्री लतीफ अहमद खाँ, फैय्याज खाँ, बशीर अहमद, राम ध्रुर्वे, शफात अहमद, सुधीर माईणकर इत्यादि के नाम लिए जाते हैं। वर्तमान में उस्ताद ईनाम अली के पुत्र जनाब गुलाम हैदर व शिष्य उस्ताद फैय्याज़ खाँ इस परम्परा का प्रतिनिधित्व कर रहे हैं। युवा तबला वादक में उस्ताद लतीफ अहमद खाँ के दो पुत्र अकबर लतीफ खाँ, बाबर लतीफ खाँ एवं शिष्य राशिद जाफर खाँ दिल्ली घराने के उभरते कलाकार है।

उस्ताद सिद्धार खाँ के छोटे भाई उस्ताद चांद खाँ की परम्परा से भी तबले का प्रचार हुआ। उस्ताद चांद खाँ के पुत्र उस्ताद लल्ली मसीत खाँ, पौत्र लंगड़े हुसैन खाँ तथा दोनों प्रपौत्र घसीट खाँ तथा नन्हें खाँ अपने समय के कुशल कलाकार माने जाते थे। इनकी शिष्य परम्परा में सर्वश्री उस्ताद फजली खाँ, गुलाम मोहम्मद, करम बख्श जिलवाने वाले, परले खाँ, रहीम बख्श रुग्गाजी, अल्लादिया खाँ अमरावती वाले, काले खाँ, छम्मा खाँ, मेहबूब खाँ मिरजकर, जुगना खाँ, अजीम खाँ जावरेवाले, निजामुद्दीन खाँ,

ज्ञान प्रकाश घोष, शेर खाँ, लंगड़े अहमद अली, हिरेन्द्र किशोर राय चौधरी, हिदायत खाँ, फैयाज खाँ, अब्दुल करीम खाँ इत्यादि के नाम प्रमुख हैं। वर्तमान समय के दिल्ली के उस्ताद फैय्याज खाँ, लतीफ अहमद एवं शफात अहमद खाँ दिल्ली घराने के प्रसिद्ध तबला वादक हुए।

जिन गुरूओं व उस्तादों ने तबले के वादन शैली अपनी सूझ–बूझ पसन्द तथा कुछ समय की मांग हेतु नया रूप दिया, उस परिवर्तन प्रणाली को उन्होंने उस स्थान विशेष का नाम दिया। इस तरह तबले में अजराड़ा लखनऊ, फर्रूखाबाद और बनारस घराने की नींव पड़ी।

घराने की वंशावली की जानकारी देने का सफल प्रयास किया गया है। जितनी भी जानकारी सुलभ हो सकी है विद्यार्थी एवं संगीत रसिक के लिए संग्रहणीय है। साथ ही इस अध्याय में महान तबला वादकों के जीवन, उनके वादन शैली, क्षमता और प्रभाव से सम्बंधित योगदान के विषय में कुछ कलाकारों का वर्णन देना इसलिए आवश्यक समझता हूँ क्योंकि इन कलाकारों ने तबला वादन को अपना निजी विशेष योगदान दिया है। जिन वादकों का वर्णन प्रस्तुत अध्याय में करने जा रहा हूँ उनके विषय में मुझे पर्याप्त जानकारी प्राप्त हुई है और उनमें से कुछ तबला वादक कलाकारों का वादन मैंने स्वयं प्रत्यक्षतः एवं ध्वनि मुद्रिकाओं के माध्यम से सुना भी है। इनमें से कुछ कलाकार ऐसे भी हैं जिनकी वादन शैली दिल्ली से न होकर अन्य घरानों से सम्बन्धित है लेकिन प्रत्यक्षतः इनकी शिक्षा दिल्ली घरानों के उस्तादों द्वारा हुई है और इनका वादन शैली दिल्ली है तथा तबला जगत में लोकप्रिय है। जैसे उस्ताद मुनीर खाँ, उ. अमीर खाँ, उ. अहमदजान थिरकवा, उ. हबीबुददीन खाँ, उ. मेहबूब खाँ मिरजकर, उ. शमसुद्दीन खाँ, उ. निजामुद्दीन खाँ, उ. हिदायत खाँ, पं. सुभाष निर्वाण एवं जनाब रफीउद्दीन साबरी इत्यादि।

(क) दिल्ली घराने के तबला वादकों का योगदान

उस्ताद नन्हे खाँ

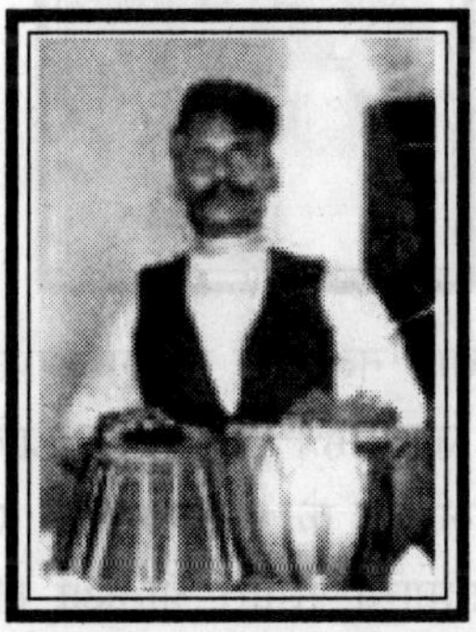

दिल्ली घराने के प्रतिष्ठित एवं यशस्वी कलाकार उ. नन्हे खाँ का जन्म सन् 1872 ई. के लगभग में हुआ। आपके पिता उस्ताद लंगडे हुसैन बख्श स्वयं उच्चकोटि के तबला वादक थे। आपके पिता का देहान्त हो जाने के कारण आपकी तालीम का भार आपके बड़े भाई उस्ताद घसीट खाँ पर आ पड़ा। उन्होंने नन्हे खाँ को यथोचित रूप से तबले की तालीम दी, जिसके द्वारा कुछ ही समय में आप एक अच्छे तबलिये हो गये। नन्हे खाँ के जीवन का विशेष भाग बम्बई में ही व्यतीत हुया। नन्हे खाँ दिल्ली घराने के खलीफा माने जाते थे। 68 वर्ष की आयु 1940 में आपका देहान्त हो गया। आपके शिष्यों में उस्ताद जुगना खाँ, अजीम बख्श खाँ,

छोटू नाना गोखले, हिरेन्द्र किशोर राय चौधरी, मो. अहमद शेर खाँ एवं मोहम्मद इशहाक (रिसालए तबला नवाजी के लेखक) का नाम विशेष रूप से उल्लेखनीय है।

उस्ताद बोली बख्श

दिल्ली घराने के उत्कृष्ट प्रतिनिधि कलाकार उस्ताद बोली बख्श ने अपने समय में बड़ा यश और ख्याति अर्जित किया और 'खलीफा' के सम्मानजनक उपाधि से सम्बोधित किए गये। अनुमानतः आपका जन्म 1950 ई॰ के लगभग में हुआ होगा। आप दिल्ली घराने के सुप्रसिद्ध कलाकार बड़े काले खाँ के पुत्र थे। आपकी तबला वादन की शिक्षा अपने पिता से ही प्राप्त हुई। उ॰ बोली बख्श अपने सोलों वादन में दिल्ली अंग से पेशकर, कायदा व रेला बजाते थे। बोली बख्श के पुत्र उ॰ नत्थू खाँ अपने समय के श्रेष्ठ कलाकार हुए और वे अपने पिता के विषय में कहा करते थे कि दिल्ली घराने में उन जैसा कलाकार नहीं ही हुआ।

उ॰ बोली बख्श खाँ एक उत्कृष्ट रचनाकार भी थे। अधिकतर उनकी रचनाएँ क्लिष्ट हुआ करती थीं, जो काफी अभ्यास के बाद ही बज पाती थी। उस्ताद बोली बख्श विद्या–दान में सदा उदार रहे। पुत्र नत्थू खाँ के अतिरिक्त उनके शिष्यों में सर्वाधिक प्रसिद्ध कलाकार मुनीर खाँ हुए, जिन्होंने अपने उस्ताद का नाम रौशन किया। इसके अलावा आपके शिष्यों में फिरोजशाह दिल्ली वाले (बहादुर शाह जफर के पौत्र), बाबा साहेब, भोलानाथ एवं अलादीया खाँ आदि प्रमुख हैं।

उस्ताद नत्थू खाँ

दिल्ली घराने के महान तबला वादक उस्ताद नत्थू खाँ का स्मरण उनके संगीत में विशेष योगदान के लिए अत्यन्त आदर एवं सम्मान के साथ लिया जाता है। इस उत्कृष्ट प्रतिनिधि कलाकार ने अपने समय में बड़ा यश और ख्यति अर्जित किया और 'खलीफा' के सम्मानजनक उपाधि से सम्बोधित किए गये। इनके चमत्कारिक तबला वादन ने न केवल सामान्य संगीत श्रोताओं बल्कि संगीत के सुयोग्य कलाकारों को अपनी ओर आकृष्ट किया और इन्होंने इनकी शिष्यता साहर्ष स्वीकार की। सन 1875 में नत्थू खाँ का जन्म परम्परागत प्रतिष्ठित संगीतज्ञ परिवार में हुआ था। पिता उस्ताद बोली बख्श और दादा उस्ताद काले खाँ घुरंधर कलाकार थे। बचपन से ही संगीतमय वातावरण में पले–बढ़े होने के कारण पिता बोली बख्श से शिक्षा प्राप्त कर अपने कठोर परिश्रम व निरंतर अभ्यास के बल पर अल्पायु में ही वे एक गुणी तबला वादक के रूप में प्रतिष्ठित हो गये थे। आपने किनार के बाज में जो आकर्षण और सम्मोहन इन्होंने पैदा किया, वह अतुलनीय है। आज भी उ. नत्थू खाँ दो अगुलियों के वादन के लिए याद किए जाते है। बोलों की स्पष्टता

एवं गायन–वादन के अनुरूप संगति उनके कुशल तबला वादन की विशेषता रही। वे एकल तबला वादक के रूप में बहुत प्रसिद्ध हुए और उन्होंने अनेक संगीत सम्मेलनों व आकाशवाणी में एकल तबला वादन के कार्यक्रम प्रस्तुत किए। इस यशस्वी कलाकार के जीवन का उत्तरार्द्ध कलकत्ता में व्यतीत हुया। वहां उन्होंने काफी अर्थ और यश प्राप्त किया। हिज मास्टर्स वायस (HMV) ग्रामोफोन कंम्पनी ने इनके चमत्कारिक तबला वादन की स्मृति सुरक्षित रखने हेतु इनके स्वतंत्र तबला वादन का एक रिकार्ड भी तैयार किया था।

दिल्ली घराने का तबला 'पेशकार' 'कायदा' और 'रेले' में खिल उठता है। ये रचना प्रकार विस्तारक्षम है। यह विस्तार कैसे किया जाए इसका आदर्श उ. नत्थू खाँ साहब थे।

पेशकार 'कायदे' की रचना विविध किन्तु सीमित शब्दों से बंधी हुई होती है। ये रचनाएं विस्तारक्षम होने से नत्थू खाँ साहब की प्रतिभा को वही रचना रोज नये रूप में दिखाई पड़ती थी और उस नए रूप रचना को उसी क्षण प्रस्तुत करने में दक्ष थे। उनका अत्यन्त प्रिय 'कायदा' है। ''धा–तिट धा–तिट धाधा तिट धागे तिन किन इस एक 'कायदे' के अलग–अलग नए रूप में प्रस्तुत करना उनकी विशेष प्रतिभा थी। जिसे विद्वतजन रसिक श्रोता भी उनके वादन के प्रशंसक थे। 'घाऽ तिट'

कायदे से उनके द्वारा नवनिर्मित कायदे की एक प्रस्तुति इस प्रकार है–

''तिट धागे	धिना धाति	टधा धीना	कड़ धातिट
धागे धिना	धातिटधा	तिट धागे	तिनाकिना
तिट ताके	तिना ताति	टता तीना	कड़ धातिट
धागे धिना	धातिटधा	तिट धागे	धिना गिना

उ. नत्थू खाँ ने अपनी विद्या अपने शिष्यों को बांटने में संकोच नही किया। उन्होंने अनेक लोगों को तबलावादन की उच्चस्तरीय शिक्षा दी। इनमें शमसुद्दीन खाँ, हिरेन्द्र किशोर राय चौधरी, केशव चन्द्र बनर्जी, रसूल खाँ, मोहम्मद अहमद, डमरू पाणी भटटाचार्य, राय बहादुर एवं अजराड़ा घराने के महान तबला वादक उ. हबीबुददीन खाँ जैसे लोगों के नाम विशेष उल्लेखनीय है।

65 वर्ष की उम्र में सन् 13 मार्च 1940 को दिल्ली में उस्ताद नत्थू खाँ पैगम्बरवासी हो गये।

उस्ताद गामी खाँ

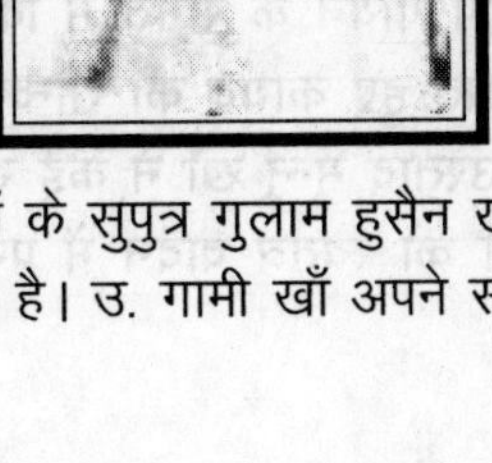

मियां काले बख्श उर्फ उ. छोटे काले खाँ के सुपुत्र गुलाम हुसैन खाँ उर्फ गामी खाँ का नाम दिल्ली घराने के सर्वश्रेष्ठ तबला वादकों में लिया जाता है। उ. गामी खाँ अपने समय में घराने का सर्वश्रेष्ठ प्रतिनिधि होने

के कारण 'खलीफा' की उपाधि से सम्मानित किए गए। आपका जन्म सम्भवतः 1883 ई. में दिल्ली में हुआ था। उन्होंने 5 वर्ष की आयु से ही अपने पिता से तबला वादन की शिक्षा लेनी आरम्भ कर दी थी। परन्तु जब वे पन्द्रह वर्ष के थे कि पिता का छत्र छाया उठ गया। इसके बाद युवा गामी खाँ ने अपने पिता से प्राप्त तालीम पर घनघोर अभ्यास करके अपनी कला को ऐसा निखारा कि स्वयं अपने आप को 30–35 वर्ष की अवस्था में ही कलाकारों की प्रथम पंक्ति में लाकर खड़ा कर दिया। एक लम्बे समय तक एकल वादन व संगति के लिए आकर्षण का केन्द्र बने रहे। उस्ताद गामी खाँ ने कई ख्याति प्राप्त कलाकारों के साथ भी संगत किया जिनमें प्रमुख नाम हैं–विलायत हुसैन खाँ, मुश्ताक हुसैन खाँ, उमराव खाँ एवं नसरूद्दीन डागर इत्यादि। वे प्रतिभावान रचनाकार भी थे।

उस्ताद गामी खाँ अधिकतर बम्बई में रहते थे। वहीं पर इन्होंने अनेक शिष्यों को तबला वादन की शिक्षा दी। उनके पुत्र इनाम अली एवं छोटे भाई मुन्नू खाँ ने दिल्ली 'बाज' बजाने में बहुत प्रसिद्धि पाई। मोहम्मद अहमद फकीर मोहम्मद 'पीरू खाँ', (बम्बई, प्रख्यात नृत्यकार रौशन कुमारी के पिता), रिजराम देसाई (रतलाम), मारूति कीर, इकबाल हुसैन, राम ध्रुर्वे, हिदायत खाँ, याया भाई पटेल, हीरा लाल, नरायण राव इन्दोरकर, लतीफ खाँ, एंथोनीदास आदि उनके शिष्य थे।

जून 1957 में वे अपने सम्बंधी से मिलने लाहौर (पाकिस्तान) गये थे। वहीं पर 1957 में वे पैगम्बरवासी हुए।

उस्ताद मुन्नू खाँ

मियां काले बख्श उर्फ छोटे काले खाँ के छोटे सुपुत्र उस्ताद मुनव्वर हुसैन खाँ उर्फ उ॰ मुन्नू खाँ के नाम से प्रसिद्ध दिल्ली घराने के इस प्रसिद्ध तबला नवाज का जन्म सम्भवतः 1898 के लगभग में हुआ। आपने अपने बड़े भाई खलीफा उस्ताद गामी खाँ से तबला वादन की विधिवत शिक्षा प्राप्त की। सादगी पसन्द एवं संगीत की साधना में लीन उस्ताद मुन्नू खाँ का वादन संगत एवं स्वतंत्र वादन में माधुर्यपूर्ण के लिए जाना जाता था। यही कारण था कि आप गायन के संगत में विशेष पसन्द किए जाते थे। तबला वादन में अपने घराने की शुद्धता को कायम रखते हुए कायदे की सौन्दर्यपूर्ण विस्तार आपकी विशेष प्रतिभा थी। घराने के शुद्धतापूर्वक निर्वाह करते हुए उस्ताद मुन्नू खाँ ने कई रचनाएँ भी किए जो उनके शिष्य–प्रशिष्य बहुत ही रुचि के साथ आपकी रचनाओं को स्वतंत्र वादन में प्रस्तुत करते हैं।

उस्ताद मुन्नू खाँ ने कई ख्याति प्राप्त कलाकारों के साथ भी संगत किया जिनमें प्रमुख हैं प्रसिद्ध सारंगी नवाज उस्ताद शकुर खाँ, दिल्ली घराना के प्रसिद्ध गायक उस्ताद विलायत हुसैन खाँ एवं दिल्ली घराने के प्रसिद्ध खलीफा उस्ताद चांद खाँ इत्यादि। आपने कई शिष्यों को विद्यादान भी दिया है जिनमें एंथोनीदास, ग्लेडविन चार्ल्स, भतीजे गुलाम हैदर, हैरिसन लाज़तदास एवं राशिद जाफर इत्यादि प्रमुख हैं। आप दिल्ली आकाशवाणी में तबलावादक के पद पर कार्यरत रहे। दिल्ली घराने का यह अनन्य साधक रमज़ान के पहले रोज़ के समय 4 अप्रैल 1990 को पैगम्बरवासी हुए।

उस्ताद इनाम अली खाँ

दिल्ली घराने के खलीफा उस्ताद इनाम अली खाँ का जन्म प्रतिष्ठित संगीतज्ञों के परिवार में 12 नवम्बर 1926 को हुआ था। आप दिल्ली घराने के विद्वान एवं ज्येष्ठ तबला वादक उस्ताद गामी खाँ के सुपुत्र थे। तबला वादन की शिक्षा उन्होंने अपने पिता उ. गामी खाँ और चाचा उस्ताद मुन्नू खाँ से प्राप्त की। बचपन से ही उन्हें तबला बजाने में इतनी अधिक रूचि व लगन थी कि केवल दस वर्ष की उम्र में उन्होंने आकाशवाणी में कार्यक्रम देने आरम्भ कर दिए थे। दिल्ली घराने के श्रेष्ठ तबला वादक उ. नत्थू खाँ इनाम अली के मामा थे। नत्थू खाँ के तबला वादन शैली एवं निकास की विशेषता आपके तबला वादन में स्पष्ट परिलक्षित होता है। दिल्ली बाज के इस सच्चे प्रतिनिधि के वादन में दिल्ली बाज की सम्पूर्ण विशेषताएं अंकित हुई प्रतीत होती थी। आपके वादन में घराने का पारम्परिक पेशकारा, कायदा, रेला आदि बड़ी सफाई, तैयारी व शुद्धता से पेश करना विशेषता थी। उनकी कलाकृति पर उनके गुरू की और घराने की छाप स्पष्ट दिखाई पड़ती है। यह स्वाभाविक भी था और अनिवार्य भी। किन्तु साथ ही इनाम अली के अपने स्वयं के कला व्यक्तित्व की भी छाप उनके सोलो वादन पर अंकित दिखाई देती थी। उनके 'पेशकार' एवं 'कायदा' वादन में उनकी सौन्दर्य दृष्टि और विलक्षण प्रतिभा की अनुभूति श्रोताओं को प्राप्त होती थी। उनके वादन की विशेषता थी उनका तबले पर का शास्त्रोक्त शुद्ध हाथ, दिल्ली घराने के विशेषताओं को प्रभावपूर्णता के साथ प्रस्तुत करने वाला उनका निकास और रचना की कलात्मक अद्धितीय विस्तार प्रकिया। अनेक अमेरिकी और यूरोपीय देशों की सफल संगीत यात्रा कर चुके खाँ साहब दिल्ली के भारतीय कला केन्द्र एवं दिल्ली विश्वविद्यालय के संगीत संकाय से भी वर्षों तक जुड़े रहे। इनके प्रमुख शिष्यों में उ. फैयाज खाँ एवं उस्ताद लतीफ अहमद ने विश्वव्यापी लोकप्रियता अर्जित की हैं। इनके अतिरिक्त इनके शिष्य श्री सुधीर माईणकर (मुम्बई) एवं इनके पुत्र श्री गुलाम हैदर दिल्ली विश्वविद्यालय के संगीत विभाग में कार्यरत है। दिल्ली घराने के इस प्रतिष्ठित तबला वादक का निधन 21 जनवरी 1988 को मुम्बई में हुआ।

उस्ताद छम्मा खाँ

उस्ताद छम्मा खाँ का जन्म सन 1927 में दिल्ली में हुआ। बचपन से तबला सीखने की उनकी प्रबल इच्छा होने के कारण, बाबा उस्ताद काले खाँ (उस्ताद फजली खाँ के शिष्य) ने उन्हें तबला वादन की शिक्षा देनी आरम्भ की। अपने पिता उस्ताद नजर मोहम्मद खाँ और मामा उस्ताद मीला खाँ से उन्होंने गायन की शिक्षा प्राप्त की।

आपकी लगन और मेहनत रंग लाई और आप प्रसिद्ध तबला वादकों के रूप में पहचाने जाने लगे। उन्होंने मंच पर अनेक कार्यक्रम प्रस्तुत किए। देश के अनेक प्रसिद्ध कलाकारों के साथ गायन व नृत्य के कार्यक्रमों में संगत करने के लिए उस्ताद छम्मा खाँ को याद किया जाता था। विदेश में रूस, फ्रांस, इंग्लैंड, इटली, अफगानिस्तान आदि अनेक देशों में वे तबला बजाने के लिए आमंत्रित किए गए।

आकाशवाणी के दिल्ली केन्द्र और गंधर्व महाविद्यालय में वे कुछ समय के लिए तबला वादक नियुक्त थे। बाद में उन्होंने यह नौकरी छोड़ दी और दिल्ली विश्वविद्यालय के संगीत विभाग में तबला वादक के पद पर कार्य करते रहे और वहीं से सेवानिवृत हुए। उनके शिष्यों में उनके पुत्र यशस्वी तबला वादक उस्ताद शफात अहमद खाँ व छोटे पुत्र गुलजार अहमद के अतिरिक्त सीताराम, केशव कुमार चौधरी, शरीफ भारती, राशीद जाफर खाँ, गुलशन कुमार व अनिल शर्मा आदि प्रमुख हैं।

उस्ताद छम्मा खाँ साहब को हज पर जाने का अवसर प्राप्त हुआ। उनकी मृत्यु सन् 3 अगस्त 1998 को दिल्ली में हुई।

उस्ताद लतीफ अहमद खाँ

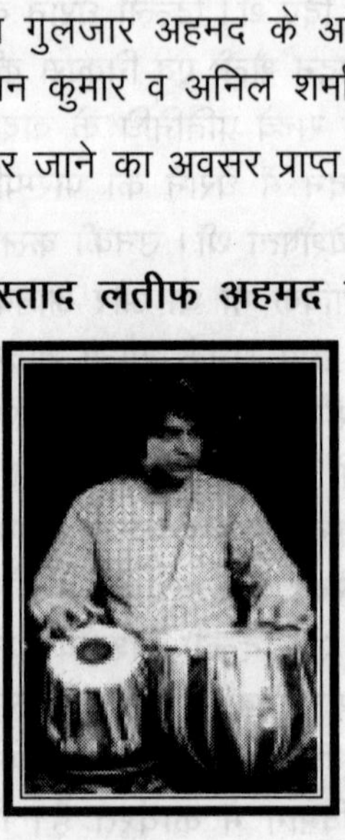

दिल्ली घराने के बहुचर्चित एवं यशस्वी तबला वादक उस्ताद लतीफ अहमद खाँ का जन्म 1942 में दिल्ली में संगीतज्ञों के परिवार में हुआ था। इनके पिता मोहम्मद बख्श खाँ प्रसिद्ध सारंगी वादक थे। दिल्ली घराने

के प्रसिद्ध सारंगी वादक उस्ताद बूंदू खाँ तथा उस्ताद चांद खाँ साहब से उनका ननिहाल का सम्बंध था। 10 वर्ष की आयु में आपके पिता का निधन हो जाने के कारण आपका पालन पोषण उनके ननिहाल में हुआ।

परिजनों के बीच 'अल्लाह वाला' नाम से सम्बोधित किए जाने वाले लतीफ अहमद ने तबला वादन की विधिवत शिक्षा 1953 से दिल्ली घराने के खलीफा उस्ताद गामी खाँ से लेनी प्रारम्भ की। उस्ताद की सुचारू शिक्षा और उनके अपने निरन्तर अभ्यास का यह परिणाम हुआ कि उस्ताद गामी खाँ ने उन्हें बहुत छोटी आयु में मंच पर बजाने की आज्ञा दे दी। 1957 में उस्ताद गामी खाँ के निधनोपरान्त इन्होंने उनके छोटे भाई उ. मुन्नू खाँ और पुत्र इनाम अली खाँ से सीखने का कम जारी रखा।

बचपन में सांगीतिक मंचों पर प्रदार्पण कर चुके लतीफ अहमद को 1958 में मुम्बई में आयोजित एक कार्यक्रम में उनके एकल तबला वादन से जैसे रातों–रात चर्चित हो गए। उ. इनाम अली खाँ, उ. अल्ला रक्खा, पं. सामता प्रसाद, उ. अमीर खाँ और उ. अब्दुल हलीम जाफर जैसे सम्मानित कलाकारों की उपस्थिति में अपने स्वतंत्र तबला वादन से लतीफ अहमद ने खूब वाहवाही लूटी। इसके बाद ही 1959 में 17 वर्षीय लतीफ अहमद ने पं. रविशंकर के सितार वादन के साथ सुन्दर संगति करके इस क्षेत्र में भी अपनी योग्यता का परिचय दिया। फिर तो उस्ताद अल्ताफ हुसैन खाँ, उ. विलायत हुसैन खाँ, उ. चांद खाँ तथा उ. उमराव बुन्दू खाँ जैसे कितने ही दिग्गजों के साथ इन्होंने संगति की। उ. लतीफ अहमद उस श्रेणी के कलाकार थे जो हर विद्या–गायन, वादन, एवं नर्त्तन की सफल संगति करते थे।

लतीफ अहमद उस स्तर के कलाकार थे कि आकाशवाणी ने बिना किसी ऑडिशन के उन्हें प्रथम श्रेणी के कलाकार की मान्यता दी थी। 1974 में आकाशवाणी संगीत सम्मेलन मद्रास में एकल तबला वादन का कार्यक्रम हुआ और इसके बाद अनेक बार वे आकाशवाणी एवं दूरदर्शन से उनके स्वतंत्र और संगति वादन के कार्यक्रम प्रायः प्रसारित होते रहते थे। आकाशवाणी संगीत सम्मेलन पटना में उन्होंने अंतिम बार सन 1988 में एकल तबला वादन प्रस्तुत किया था।

लतीफ अहमद ने अपनी पहली विदेश यात्रा 1967 में लंदन से शुरू की थी। इसके बाद अमेरिका, यूरोप, अफ्रीका, ईरान और तुर्की आदि अनेक देशों की सांगीतिक यात्रा की। सूझबूझ के धनी इस प्रतिभा सम्पन्न कलाकार ने जाज कलाकार डॉन चेरी के साथ भी वादन किया था। 'द ड्रम आफ इण्डिया' नामक एक संगीत समूह भी बनाया था उन्होंने, जिसने श्री लंका में भारतीय गणतन्त्र दिवस के अवसर पर अपनी प्रस्तुति देने के साथ–साथ कई अन्य देशों में भी अपना कार्यक्रम प्रस्तुत किया था। लतीफ अहमद ने 5¼ (सवा पांच मात्रे) की एक नवीन ताल की भी रचना की थी, जिसका नाम 'लतीफ ताल' रखा था।

बावर्ची, प्रेम रोग और भाई हो तो ऐसा आदि जैसी कुछ फिल्मों में तबला वादन कर चुके लतीफ अहमद ने कुछ दिनों तक दिल्ली स्थित भारतीय कला केन्द्र में अध्यापन कार्य भी किया था। लेकिन 1964 में वहां त्यागपत्र देकर वह पूरी तरह से मंचीय कार्यक्रमों में व्यस्त हो गये थे। इनके स्वतंत्र और संगति वादन की ध्वनि मुद्रिकाएं भारत सहित इंग्लैण्ड और फ्रांस आदि देशों में भी उपलब्ध है। स्विटजरलैण्ड में निर्मित एक ध्वनि मुद्रिकाओं में इन्होंने लतीफ ताल का भी वादन किया है। डार्टिंग्टन कालेज आफ आटर्स (लंदन) से भी वह अतिथि अध्यापक के रूप में जुड़े थे।

दिल्ली बाज के इस जाज्वल्यमान सितारे का निधन सिर्फ 48 वर्ष की आयु में 29 अगस्त 1989 में हो गया। उनके दो युवा पुत्र अकबर लतीफ और बाबर लतीफ भी होनहार तबला वादक हैं। शिष्यों में रहीस अहमद, मनोज नागर, राशिद जाफर इत्यादि प्रमुख हैं।

उस्ताद फैय्याज खाँ

आकाशवाणी और दूरदर्शन के माध्यम से देश व्यापी ख्याति प्राप्त करने वाले उस्ताद फैय्याज खाँ का जन्म राजस्थान के सीकर नामक स्थान में, संगीतज्ञों के एक परिवार में लगभग 16 अक्टूबर 1935 में हुआ। आपके पिता नजीर खाँ महाराज करोली के दरबार में तबला और सारंगी वादन के लिए नियुक्त थे। बालक फैय्याज में तबला वादन के प्रति विशेष प्रतिभा देखते हुए उनके अनुभवी पिता ने उनको उस्ताद हिदायत खाँ की शिष्यता में सौंप दिया। आपको दिल्ली घराने के खलीफा इनाम अली खाँ से भी सीखने का अवसर मिला। आपने ताल विद्या में गणित का विशेष प्रशिक्षण दक्षिण भारत के मृंदगम–वादक एवं उदभट विद्वान रामनाद ईश्वरन से प्राप्त किया।

जनाब फैय्याज खाँ ने 1955 में आकाशवाणी के जयपुर केन्द्र में एक विभागीय कलाकार के रूप में संगीत–जगत में प्रवेश किया। कुछ वर्षों के उपरान्त आपका स्थानान्तरण आकाशवाणी के दिल्ली केन्द्र में हो गया। जहां आपने 1993 तक सेवारत रहकर अवकाश प्रांप्त किया। आपने 1985 में वाशिंगटन विश्वविद्यालय में अध्यापन किया और 1991 से प्रत्येक वर्ष कुछ माह के लिए रोटर्डम कान्जरवेटरी, हालैंड में शिक्षा देने जाते हैं।

उस्ताद फैय्याज खाँ ने देश के अनेक चोटी के कलाकारों के साथ संतुलित संगत करके ख्याति प्राप्त की है। आपके वादन में तैयारी, मिठास और पारम्परिक रचनाओं का सुन्दर समन्वय है। आप ख्याल की संगति में जहां अत्यन्त विलम्बित लय में ठेके का सुन्दर निर्वाह करते है। वहीं मध्य और द्रुतलय में अपनी सहयोगी भावना से संगीत को रसमय बना देते हैं। यूं तो आपने अनेक रिकार्डों में संगत की है, परन्तु आपके एक जर्मन शिष्य डेनियल फूज ने आपके सोलो–वादन का एक सी.डी. रिकार्ड 1994 में प्रकाशित किया है। कई सम्मान एवं पुष्पकलियों से विभूषित उ. फैयाज खाँ को राजस्थान संगीत नाटक अकादमी एवं कला पुरोधा अभिनंदन समारोह में सम्मानित हो चुके हैं। 'ताल सम्राट', चतुरंग मणि पुरस्कार, बाबा अलाउद्दीन खाँ अवार्ड एवं 2012 में केन्द्रीय संगीत नाटक अकादमी द्वारा 'टैगोर पुरस्कार' एवं संगीत के राष्ट्रीय कार्यक्रम 2014 में नादऑरा द्वारा 'तबला सम्राट पंडित अनोखे लाल मिश्रा अवार्ड' से भी सम्मानित किए जा चुके है।

आपके शिष्यों में शाबाज हुसैन, प्रशान्त, राकेश, ज्ञान सिंह, वासया (यूरोप) हाइको डायकर, टैड (हॉलैण्ड), डेनियल फूज (जर्मनी), नवासे इसलाम खान एवं पोते इमरान खाँ इत्यादि प्रमुख हैं।

उस्ताद शफात अहमद खाँ

आधुनिक समय के बहुचर्चित एवं दिल्ली घराने के प्रमुख तबला वादकों में शफात अहमद खाँ का नाम चोटी के कलाकारों में आता है। उस्ताद चांद खाँ साहब के नाती शफात अहमद का जन्म मई 1954 में दिल्ली में हुआ था। उन्होंने तबला बजाने की शिक्षा दिल्ली घराने के प्रसिद्ध तबला वादक अपने पिता उस्ताद छम्मा खाँ से प्राप्त की जो 'संगीत एवं कला संकाय' दिल्ली विश्वविद्यालय में कार्यरत थे। 17 वर्ष की आयु में अपना पहला कार्यक्रम देने के पश्चात उन्हें अनेक कार्यक्रमों में बजाने के अवसर प्राप्त हुए। आज शायद ही कोई ऐसा संगीत सम्मेलन होगा जहां प्रसिद्ध कलाकारों के साथ शफात अहमद खाँ ने अपने तबले से संगति न की हो। अनेक कार्यक्रमों में तो राष्ट्रपति व प्रधानमंत्री जैसे प्रतिष्ठित व्यक्तियों के सम्मुख उन्हें बजाने का अवसर प्राप्त हुआ। भारत गें ही नही बल्कि समय–समय पर रूस, यूरोप, अमेरिका में जहां– जहां वे गये, अपने तबला वादन से सबको मंत्रमुग्ध करते रहे हैं। ई.एम.आई. और एल.पी. डिस्क C.D. व DVD द्वारा उनके तबला वादन को देश–विदेश में सुना जा सकता है। कर्नाटक अवनद्ध कलाकारों के साथ मैत्री जुगलबंदी व सन 1986 के सांस्कृतिक अवार्ड उनके तबला वादन की प्रस्तुति के लिए प्रशंसनीय कार्य है। आपके सांगीतिक योगदान को देखते हुए संस्कृति अवार्ड (1986) एवं भारत सरकार ने पद्मश्री अवार्ड (2003) से सम्मानित किया है। संगीत में गायन, वादन एवं नृत्य की तीनों विधाओं में शफात अहमद को संगत की महारत हासिल थी अपने जीवन काल में सर्वाधिक व्यस्त कलाकार उ. शफात अहमद खाँ ने पश्चात्य एवं फ्यूजन संगीत में भी बखूबी तबला वादन किया।

पं. शिवकुमार शर्मा एवं पं. हरिप्रसाद चौरसिया के सर्वाधिक प्रिय तबला वादक शफात अहमद ने देश के लगभग चोटी के कलाकारों के साथ संगत किया है, जिनमें प्रमुख है–पं. भीमसेन जोशी, पं. जसराज, पं. राजन साजन मिश्र, पं. रविशंकर, पं. बुद्धादित्य मुखर्जी, उ. अमजद अली खाँ, उ. शाहिद परवेज, पं. उमाशंकर मिश्र, पं. देवु चौधरी एवं बिरजू महाराज इत्यादि। आपके शिष्यों में गुलशन कुमार, अमित सचदेवा, अकबर लतीफ एवं दीपक मेहता इत्यादि प्रमुख है। इनकी मृत्यु 24 जुलाई 2005 को दिल्ली में हुई।

जनाब गुलाम हैदर

वर्तमान समय में दिल्ली घराने के वंशानुगत कलाकार जनाब गुलाम हैदर खाँ का नाम 'खलीफा' तबला वादकों में लिया जाता है। 29 मार्च 1955 में जनाब गुलाम हैदर का जन्म दिल्ली घराने के प्रतिष्ठित परिवार में हुआ। तबला वादन की कला आपको विरासत में मिली। आपके वालिद उस्ताद ईनाम अली दिल्ली घराने के खलीफा कलाकार थे और उन्हीं से जनाब गुलाम हैदर खाँ ने तबला वादन की उच्चस्तरीय शिक्षा प्राप्त की। आपने अपने छोटे दादा उस्ताद मुन्नू खाँ से भी दिल्ली घराने की बारीकियों को ग्रहण किया।

सुरसिंगार संसद (मुंबई) द्वारा 'तालमणि' की उपाधि से विभूषित जनाब गुलाम हैदर खाँ ने देश के अनेक संगीत सम्मेलनों में संगत व एकल तबलावादन की प्रशंसनीय प्रस्तुति दी है। आपने अनेक नामचीन कलाकारों के साथ संगत किया है, जिनमें प्रमुख है—उस्ताद ईमरत खाँ, पंडित सुनेना हजारी लाल, उस्ताद गुलाम मुस्तफा खाँ, पं. मणिलाल नाग, उस्ताद नसीर अहमद इत्यादि।

वर्तमान समय में आप दिल्ली विश्वविद्यालय के संगीत विभाग में तबला वादक के पद पर कार्यरत है। जनाब गुलाब हैदर खाँ अनेक शिष्यों को तबलावादन की शिक्षा दे रहे हैं जिनमें उनके दो पुत्र शाहिद हैदर, सादिक हैदर एवं अकबर लतीफ प्रमुख हैं।

(ख) दिल्ली घराने से सम्बन्धित तबला कलाकारों का योगदान

उस्ताद मुनीर खाँ

आपका जन्म पारम्परिक संगीतज्ञों के एक परिवार में मेरठ जनपद के ललियाना नामक गांव में 1863 में हुआ। उ. मुनीर खाँ ने तबले की प्राथमिक शिक्षा अपने पिता उ. काले खाँ से हासिल की, जो

अधिकतर बम्बई में ही रहा करते थे। फिर उन्होंने उस्ताद हुसैन अली खाँ से पन्द्रह वर्षों तक शिक्षा ली, फिर दिल्ली घराने के खलीफा उ. बोली बख्श के भी शागिर्द बने जो उ. नत्थू खाँ साहब के पिता थे। इस प्रकार वे नत्थू खाँ के गुरू भाई भी हो गये। किसी भी घराने की रचना क्यों न हो, अगर वह अच्छी है, तो उसे हासिल करना हमेशा उनका लक्ष्य रहा है, उत्तमोत्तम तबले की रचनाऐं प्राप्त करने के लिए वे सदैव उत्सुक रहते थे। उ. नजर अली खाँ, ताज खाँ, नासिर खाँ पखावजी एवं अन्य इस प्रकार कुल मिलाकर 24 गुरूओं से उन्होंने पारम्परिक रीति से गंडा बंधा कर तबले की विद्या को समृद्ध किया। सब घरानों का तबला उन्हें पसंद आता था। उनकी यह भी धारणा रही, कि योग्य निकास और रियाज़ की मदद से कलाकार किसी भी घराने का तबला बजा सकता है। इस विचार को उन्होंने खुद के उदाहरण से साबित कर दिखाया। जब एक व्यक्ति के पास अनेक प्रकार की सुंदर रचनाएं जमा होती हैं। तो तबले की दुनिया में ऐसे व्यक्ति को 'गुलदस्ता' के नाम से पुकारा जाता है। मुनीर खाँ वाकई 'गुलदस्ता' वादक कलाकार थे। महान गुरूओं के संस्कारों के कारण वे स्वयं भी नई–नई खुबसूरत रचनाओं में दक्ष गुणग्राही मुनीर खाँ साहब ने खूब देशाटन किया।

अपने शिष्यों को आदर्श ज्ञान और कौशल प्राप्त हो सके और वे बड़े कलाकार बन सके इस दृष्टि से गुरू के पास जिन गुणों का होना आवश्यक है, वे सब गुण उस्ताद मुनीर खाँ के पास विपुल मात्रा में विधमान थे यही कारण है कि एक अच्छे प्रदर्शक के साथ–साथ एक एतिहासिक शिक्षक के रूप में अमर हो गये। गौरतलब है कि उ. मुनीर खाँ के पैतृक निवास स्थान 'ललियाना' को इनके शिष्य–प्रशिष्य नए घराने के रूप में 'ललियाना घराना' के नाम से सम्बोधित कर अपने आपको गर्व एवं हर्ष महसूस करते हैं जिसे अभी तक संगीत समाज में मान्यता नहीं प्राप्त हो सकी है। उनके शिष्यों का एक बड़ा परिवार हैं। उसमें से कुछ ख्याति प्राप्त कलाकारों का नाम है सर्वश्री उस्ताद अमीर हुसैन खाँ (भांजा), गुलाम हुसैन खाँ (भतीजा), उ. अहमद जान थिरकवा, उ. हबीबुद्दीन खाँ, शमसुद्दीन खाँ, नज़ीर खाँ पानीपत वाले, सादिक हुसैन खाँ, अब्दुल रहीम बहादुर, पं. सुब्बा राव (गोवा) इत्यादि जैसे चोटी के कलाकार उनके मार्गदर्शन एवम तालीम के जरिए निर्माण हो सके। आप 11 सितम्बर 1937 ई. को पैगम्बरवासी हुए।

उस्ताद अमीर हुसैन खाँ

सुप्रसिद्ध तबला विद्वान एवं रचनाकार उ. अमीर खाँ का जन्म मेरठ जनपद के बनखेड़ा नामक ग्राम में सन 1899 में प्रख्यात सारंगी वादक अहमद बख्श के पुत्र रूप में जन्में अमीर खाँ ने प्रारम्भिक शिक्षा अपने पिता से प्राप्त की, जिन्हें हैदराबाद दरबार का राजाश्रय प्राप्त था। बालक अमीर का बाल्यकाल पिता के पास

हैदराबाद में ही बीता। बम्बई (मुम्बई) के सुप्रसिद्ध कलाविद उस्ताद मुनीर खाँ बालक अमीर के मामा थे और वे प्रायः हैदराबाद आया करते थे। अपने प्रवास काल में वे अपने भांजे अमीर खाँ की तबले की ओर बढ़ती रूचि से प्रभावित होकर उन्होंने इसे अपना शिष्य बना लिया। चूकि मुनीर खाँ बम्बई में रहते थे, उनके बम्बई वापस चले जाने पर यह क्रम टूट जाता था। अतः किशोरवयी अमीर खाँ ने शिक्षा का क्रम सुचारू रूप से जारी रखने हेतु मुम्बई में ही रहने का निर्णय लिया और 1914 में वह बम्बई आ गये। गुरू के ज्ञान भंडार और उदार स्वभाव पर शिष्य की ज्ञान प्राप्ति निर्भर होती है। उ. अमीर हुसैन खाँ के गुरू उ. मुनीर खाँ एक 'गुलदस्ता' कलाकार थे और विद्यादान में भी मशहूर थे। इस वजह से सब घरानों के विविध वादन–प्रकारों का बड़ा भंडार उन्हें अपने गुरू से प्राप्त हुआ। कठोर रियाज, चिंतन और मनन के जरिए उ. अमीर हुसैन खाँ ने उस तबले को न केवल सीखा, कंठस्थ किया, बल्कि उसको सिद्धहस्त भी किया।

सन 1923 में जब अमीर खाँ साहब चौबीस वर्ष के थे, आपने रायगढ़ में चमत्कारी तबला वादन करके समकालीन कला पारखी नरेश चक्रधर सिंह से आशीर्वाद एवं बड़ी राशि पुरस्कार में प्राप्त किया था। उस्ताद अमीर हुसैन खाँ का कार्यक्षेत्र मुख्यतः बम्बई रहा। वहां रहकर खाँ साहब ने सैकड़ों शिष्य तैयार किए और महाराष्ट्र में तबले का खूब प्रचार किया। उ. मुनीर खाँ के अलावा उनको प्रभावित करने वाला एक और व्यक्ति उनके जीवन में आया और वह थे दिल्ली घराने के प्रतिभावान तबला वादक उस्ताद नत्थू खाँ। उ. अमीर हुसैन खाँ उ. नत्थू खाँ साहब के विषय में अत्यन्त आदर पूर्वक कहा करते थे कि उनकी दिल्ली शैली के प्रभाव फलस्वरूप उन्होंने दो उंगलियों के 'तेटे' और 'तिरकिट' शब्दों पर इतना रियाज किया कि ये दोनों शब्द उनके वादन में महत्वपूर्ण शब्दों के रूप में आने लगा और इन कारणों से उ. अमीर हुसैन खाँ अपने लखनऊ, फर्रूक्खाबाद घराने के तबले के साथ ही साथ दिल्ली घराने का तबला भी आत्मसात कर अत्यन्त कुशलतापूर्वक प्रस्तुत किया करते थे। वे एक अद्‌भुत रचनाकार और विलक्षण वादक थे। उनकी प्रशंसा मे उस्ताद हबीबुद्दीन खाँ ने कलकत्ते की एक महफिल में कहा था कि मेरठ ने हिन्दुस्तान को बहुत आला दर्जे के तबला वादक दिए, लेकिन अमीर हुसैन जैसा बजायक, बनायक, बतायक और आदमी अभी तक पैदा नही किया। किसी कलाकार के चतुर्मुखी प्रशंसा में इससे अधिक कहा ही क्या जा सकता है। खाँ साहब का अर्न्तमन में संगीत जगत में तबला वादकों और तबला वादन का उचित सम्मान और मूल्यांकन न किए जाने का एक टीस भरा दर्द था। पहले तो खाँ साहब संगत भी किया करते थे, परन्तु जीवन के उत्तरार्द्ध में केवल सोलो वादन के कार्यक्रम ही दिया करते थे। सहृदयी उ. अमीर खाँ साहब रचनाकार के रूप में श्रेष्ठ थे। गुरू की हैसियत से भी वे उतने ही श्रेष्ठ थे। आज महाराष्ट्र भर में कम–से–कम असंख्य विद्यार्थी उ. अमीर हुसैन खाँ साहब का तबला जिम्मेदारी के साथ बजा रहे हैं और शिष्यों को सिखा रहे हैं। खाँ साहब को अच्छे–अच्छे शेरो शायरी उनके जुबान पर रहते थे। खाँ साहब को मुस्लिम कलाकारों के कुरैशी जमात का 'चौधरी' होने का सम्मान भी प्राप्त था।

उस्ताद अमीर खाँ ने दिल्ली और फर्रूखाबाद के विपुल भंडार को अपनी रचनाओं के योग से विपुलतम बना दिया। 1961 में गान्धर्व महाविद्यालय मंडल ने आपका सम्मान किया था। खाँ साहब के सोलो वादन का एक लांग प्ले (LP) रिकार्ड भी उपलब्ध हैं। उस्ताद अमीर हुसैन खाँ के प्रमुख शिष्यों में सर्वश्री पद्मभूषण पं. निखिल घोष, पं. अरविन्द मुलगांवकर, पंढरीनाथ नागेशकर, गुलाम रसूल, पं. यसवंत केरकर, उ. बाबा साहब मिरजकर, पं. पाडुरंग सोलंकी, शरीफ अहमद, आनन्द बोडल, पं. सुधीर संसारे के अतिरिक्त बम्बई की पारसी महिला तबला वादिका डा. अबान ई. मिस्त्री भी है।

तबला क्षेत्र का यह सूर्य 5 जनवरी 1969 को, बम्बई में सदा के लिए अस्त हो गया।

उस्ताद अहमदजान थिरकवा

उस्ताद थिरकवा खाँ के नाम से प्रसिद्ध हुए उस्ताद अहमदजान उन सौभाग्यशाली और विरले कलाकारों में से थे। जिन्हें उनके जीवनकाल में ही अप्रतिम लोकप्रियता और प्रसिद्धि प्राप्त हो गई थी। अपने जीवन काल में ही उन्होने वह सब कुछ पा लिया था, जिसका सपना आंखों में बसाए होता है कोई भी कलाकार।

उत्तर प्रदेश के मुरादाबाद नामक स्थान पर पारम्परिक संगीतज्ञों के एक परिवार में सन 1891 के लगभग जन्में अहमदजान को संगीत के संस्कार घर में ही मिले। पिता हुसैन बख्श, चाचा शेर खाँ, नाना कलन्दर बख्श, मामा फैयाज खाँ व बसवा खाँ गुणी कलाकार थे और अहमदजान ने इनसे संगीत सीखा, लेकिन संगीत शिक्षा प्राप्त करने की उनकी प्यास तब बुझी, जब उन्होंने उस्ताद मुनीर खाँ की शागिर्दी कबूल की।

तबले पर अपनी थिरकती उंगलियों के कारण 'थिरकवा' नाम से प्रसिद्धि के शिखर को स्पर्श करने वाले अहमदजान को प्रारम्भिक लोकप्रियता तब मिली, जब उन्होंने बाल गन्धर्व की प्रसिद्ध 'महाराष्ट्र नाटक कम्पनी' में तबला वादन शुरू किया। उस्ताद को रामपुर सहित अनेक राजाओं का राज्याश्रय प्राप्त था। बाद में वह लखनऊ स्थित भातखण्डे हिन्दुस्तानी संगीत महाविद्यालय में सहायक प्राध्यापक (विभागाध्यक्ष) पद पर आसीन हुए।

'पेशकार' वादन के उपरान्त उ. थिरकवा खाँ कुछ दिल्ली, अजराड़ा एवं फर्रूखाबाद के कायदे प्रस्तुत किया करते थे। दिल्ली के कायदे प्रस्तुत करते समय, दिल्ली घराने की अपेक्षित लय का ही इस्तेमाल वे किया करते थे। 'कायदे' का विस्तार वे मर्यादित तरीकों से किया करते थे। उनके हाथ का वजन अप्रतिम होने से उनके वादन से श्रोताओं को श्रेष्ठ स्तर का आनन्द प्राप्त होता था।

थिरकवा खाँ साहब चारों पट के तबला वादक थे। स्वतंत्र वादन और संगति दोनों में ही वह दक्ष थे। दिल्ली और फर्रूखाबाद बाज उन्हें विशेष प्रिय था और इन दोनों ही वादन शैलियों में उन्हें पूर्ण दक्षता प्राप्त थी। पारम्परिक विशेषताओं का पूरी तरह पालन करते हुए भी वादन को शुरू से अन्त तक रोचक और सरस बनाए रखना उनकी विशेषता थी। थिरकवा साहब उस पीढ़ी के कलाकार थे, जहां से तबला वादकों को समुचित और वास्तविक सम्मान मिलना शुरू हुआ। आपको अनेक सम्मान एवं उपाधियां मिली। उनमें से 1953–54 में राष्ट्रपति पुरस्कार और 1970 में भारत सरकार द्वारा 'पदमभूषण' (गौरतबल है कि

आप तबला वादक में प्रथम कलाकार हैं जिन्हें यह सम्मान मिला है) की उपाधि मुख्य है। आपके जीवन पर एक वृतचित्र भी बना है। जिनमें उनके जीवन्त वादन की झलक आज भी मिलती है। आप स्वतंत्र वादन के लिए अधिक प्रसिद्ध थे क्योंकि घराने की परम्परा निर्वाह पर अधिक ध्यान रखते थे। उनकी पढ़ंत अत्यन्त आकर्षक होती थी।

खाँ साहब वृद्धावस्था में भी चुस्त दुरूस्त रहा करते थे। जीवन के अन्तिम दिनों में संगीत के क्षेत्र में सक्रिय रहने वाले थिरकवा साहब के वादन के कई रिकार्ड आकाशवाणी के पास सुरक्षित है। आपके सोलो वादन के कई ग्रामोफोन उपलब्ध है। HMV से भी आपके स्वतंत्र वादन की LP रिकॉर्ड प्रकाशित की गई है। देश के सभी प्रतिष्ठित संगीत सम्मेलनों, आकाशवाणी के राष्ट्रीय कार्यक्रमों में लगातार भाग लेते रहे। बड़े मुख के तबले पर उस्ताद की थिरकती उंगलियों का जादू किसी को भी रस मग्न कर सकता था।

खाँ साहब के तीन पुत्र जिनका नाम नबी जान, मुहम्मद जान और अली जान है। आपके शिष्यों मे पदमभूषण निखिल घोष, शमसुद्दीन खाँ, लालजी गोखले, प्रेम बल्लभ, सूर्यकान्त गोखले, एम.बी. मिंडे, नारायण राव जोशी, मोहन लाल जोशी, प्रो. सुधीर वर्मा, अहमद मियां, सरवत हुसैन, राम कुमार शर्मा आदि प्रमुख है।

उ. थिरकवा साहब अपने अन्तिम समय में कुछ दिनों के लिए बम्बई चले गये थे परन्तु वे लखनऊ से बेहद प्यार करते थे। अपने जीवन के संध्याकाल में अपनी दो ही इच्छा व्यक्त किया करते थे। एक कि जब तक जिन्दा रहूं तबला बजाता रहूं और दूसरा ये कि अन्तिम सांस लखनऊ में ही लूं। मां सरस्वती के इस साधक पुत्र की दोनों ही इच्छाएं पूरी हुई। वे मुहर्रम करने लखनऊ आए। पुनः बम्बई जाने की तैयारी की, बच्चों को दुआएं दी, सवारी पर बैठे, खुदा हाफिज कहकर इस नश्वर संसार से विदा हो गए। वह अशुभ दिन 13 जनवरी सन 1976 का था।

उस्ताद हबीबुद्दीन खाँ

अपने तबला वादन के माध्यम से अजराड़ा घराने को ख्याति दिलाने वाले सुप्रसिद्ध उस्ताद हबीबुद्दीन खाँ का जन्म मेरठ (उत्तर प्रदेश) में सन 1899 में हुआ। आपके पिता उस्ताद शम्मू खाँ, पितामह फस्सू खाँ और प्रपितामह काले खाँ अजराड़ा घराने के प्रसिद्ध कलाकार थे। आपने तबले की प्रारम्भिक शिक्षा अपने पिता उस्ताद शम्मू खाँ से और बाद में दिल्ली घराने के उस्ताद नत्थू खाँ से विधिवत प्राप्त की थी।

उ. हबीबुद्दीन खाँ के वादन में गतिमानता सौन्दर्य का साकार हुआ करता था। बायें पर आपका पूर्ण अधिकार था। और 'धाऽऽघेतग धिनधि नागिन धातिगे घेतग तिनति नाकिना जैसे कायदे के विस्तार, शब्द प्रयोग वे प्रचंड तैयारी में और कर्ण मधुर नादों (ध्वनियों) के जरिए प्रस्तुत किया करते थे। अपने प्रस्तुतिकरण में वे प्रथमतः दिल्ली घराने के 'कायदे' दिल्ली शैली में बजाया करते थे।

अखिल भारतीय संगीत सम्मेलन लखनऊ में 'संगत सम्राट' की उपाधि से सम्मानित किये गये। उत्तर प्रदेश संगीत नाटक अकादमी, लखनऊ ने भी सन् 1970 में आपको पुरस्कृत किया।

सन 1940 से 1960 तक उस्ताद हबीबुददीन खाँ साहब का तबला वादन चर्मोत्कर्ष पर था। उन्होंने राष्ट्रीय स्तर के संगीत सम्मेलनों में तहलका मचा रखा था। बाद में पक्षाघात (लकवा) से ग्रसित होने के कारण आपका स्वास्थ्य गिरता गया। अधिक समय से अस्वस्थ होने के कारण आर्थिक विपन्नता से जूझते हुए जुलाई माह सन् 1972 में आपका देहान्त हो गया।

उस्ताद हबीबुददीन खाँ के एकमात्र पुत्र का नाम मंजू खाँ है जो तबला वादक है। भतीजे (स्वर्गीय) रमजान खाँ के अलावा आपके अन्य शिष्यों में स्वर्गीय लोकमान (दिल्ली), प्रो. सुधीर कुमार सक्सेना (बड़ोदा), हजारीलाल (कत्थक), यशवंत केलकर (गोवा), पप्पन खाँ, अमीर मोहम्मद, महाराजा बैनर्जी, बुन्दू खाँ, सोहन लाल (कत्थक), सुभाष लक्ष्मी कीर्तिकर, रामध्रुवे एवं मनमोहन दीक्षित का नाम विशेष रूप से उल्लेखनीय है।

उस्ताद शमसुद्दीन खाँ

अपने समय के सुप्रसिद्ध तबला विद्वान उस्ताद शमसुद्दीन खाँ का जन्म 1890 में उत्तर प्रदेश के अलीगढ़ के छोटे से प्रान्त में इल्मिया खाँ के पुत्र के रूप में हुआ। आपके पूर्वज एक सम्पन्न जमींदार थे। परन्तु कला का दिवाना बालक शमसुद्दीन पारिवारिक सुख–सुविधाओं को त्याग कर संगीत ज्ञानार्जन और साधना में लग गया। आपका बचपन मुरादाबाद में बीता और यहीं आपने तबलावादन की प्रारम्भिक शिक्षा उस्ताद फैय्याज खाँ मुरादाबादी से लिया। हैदराबाद में आपकी भेंट रहीम बख्श नामक एक गुणी से हुई, जो संगीत की सभी विधाओं में पारंगत थे। शमसुद्दीन खाँ वर्षों तक उनके ज्ञान का लाभ उठाया। आपने दिल्ली घराने के उस्ताद तेज जाफ़र खाँ जो उस्ताद फजली खाँ के शिष्य थे, उनसे भी तबले की तालीम ली। दिल्ली घराने के खलीफा उस्ताद नत्थू खाँ से भी तबला वादन की शिक्षा का लाभ आपने प्राप्त किया। उस्ताद अहमदजान 'थिरकवा' के मामा उस्ताद फैय्याज खाँ की प्रेरणा से वे फर्रुखाबाद घराने के विख्यात गुरू उस्ताद मुनीर खाँ की शिष्यता ग्रहण कर ली और

10–11 वर्षों तक उनसे बम्बई (मुंबई) निवास में विधिवत शिक्षा प्राप्त की और बम्बई को ही अपना कर्मस्थल बना लिया।

आपने गायन की भी विधिवत शिक्षा किराना घराना के उस्ताद मसीद खाँ और उस्ताद अब्दुल अजीज से प्राप्त की थी। आपके तबला वादन में दाएं व बाएं के बोलों का संतुलन देखते बनता था। तैयारी के साथ तबला वादन में मधुरता आपकी विशेष प्रतिभा थी। आपके पास दिल्ली एवं फर्रुखाबाद के रचनाओं का विशाल संग्रह था। उनके बारे में कहा जाता है कि बिना पुनरावृत्ति किए तीनताल में घंटों स्वतंत्र वादन करने की अपार क्षमता थी।

तीनताल के अलावा आप दूसरे तालों में भी विशेष रुचि के तहत शानदार प्रस्तुतियां दिया करते थे। झपताल, आड़ाचौताल, सूलफाक ताल एवं वर्दन ताल (19 मात्रा) उनके प्रिय ताल थे। आड़ा चौताल उनको विशेष प्रिय था जो स्वतंत्र वादन में विशेष रूचि से बजाया करते थे।

आपने संत स्वभाव, विनम्रता और मृदु भाषी होने के कारण उस्ताद शमसुद्दीन खाँ अपने समय के अनेक महान गायकों के प्रिय संगतकार बने रहे। जिनमें प्रमुख हैं–उस्ताद अब्दुल करीम खाँ, रोशन आरा बेगम, विदुषी हीराबाई बड़ोदकर, कृष्ण राव, मोंगूबाई कुर्डीकर इत्यादि। उस्ताद अब्दुल करीम खाँ के साथ तो 12 वर्षों तक आपने संगत की।

आपने कई शिष्य तैयार किए, जिनमें प्रमुख नाम है–सर्वश्री पं. तारानाथ राम राव, पं. रवि बेलारे, बी. के. एटबेडकर, यशवंत आचार्य इत्यादि। ये समर्पित कला साधक 11 अप्रैल 1967 को पैगम्बरवासी हो गये।

उस्ताद मेहबूब खाँ मिरजकर

महाराष्ट्र के ख्याति प्राप्त तबला वादक मेहबूब खाँ का जन्म सन् 1877 में पूना (महाराष्ट्र) में हुआ। आपकी माता का नाम बन्नू बी और पिता का नाम अमीन जी था, जो मिरज के मूल निवासी थे। दोनों को गायन में विशेष रूचि थी। अमीन जी ख्वाजा शमनामीर नामक देवस्थान में कार्यरत थे और वहीं से आपको कृषि योग्य भूमि और आवास मिला था। अतः बालक मेहबूब को गायन की कला विरासत में मिली। परन्तु आपको बाल्यकाल से ही तबला और पखावज से अधिक लगाव था। आपने इन दोनों वाद्यों की प्रारम्भिक शिक्षा श्री महेश्वर बुआ और श्री बलवंतराव बर्वे से प्राप्त किया। तबले की गूढ़ शिक्षा प्राप्त करने के लिए आपने जिन दिग्गज गुरुओं की शिष्यता स्वीकार की उनमें से निम्न नाम बहुत महत्व के हैं। प्रथम दिल्ली घराने के खलीफा उस्ताद नन्हें खाँ के शिष्य उस्ताद जुगना खाँ से तत्पश्चात् जयपुर के विख्यात नर्तक

एवं तबला वादक पं. जियालाल महाराज एवं पूरब घराने के खलीफा आबिद हुसैन खाँ के शिष्य उस्ताद जहांगीर खाँ से विधिवत तबला वादन की शिक्षा का ज्ञान लाभ प्राप्त किया।

उस्ताद मिरजकर का घनिष्ट सम्बन्ध उस समय के चोटी के कलाकारों से था। उनमें से अब्दुल करीम खाँ, रोशनआरा बेगम, मल्लिकार्जुन मंसूर, जगन्नाथ बुआ पुरोहित, सवाई गंधर्व एवं गजानन राव जोशी उल्लेखनीय है। कोलम्बिया ग्रामोफोन कम्पनी के लिए आपने अनेक रिकार्डिंग की। उस समय के प्रसिद्ध फिल्म जगत के मास्टर टेबे, हुसनलाल, भगतराम जैसे निर्देशकों के साथ भी आपने काम किया। उस्ताद महसूब खाँ मिरजकर विद्या दान में सदा उदार रहे। आपके मुख्य शिष्यों में बसंतराव भेंडिगिरी, नारायण राव चिकोड़ीकर, अब्बास अवठेकर, बाबा साहब मिरजकर, राजाराम जाधव, पंडित रमाकांत देवलेकर, गणपति पर्वतिकर, शेख दाउद, इलाहाबाद के मधुकर गणेश गोडबोले आदि मुख्य हैं। उस्ताद मेहबूब खाँ के ज्येष्ठ पुत्र अब्दुल कादर, माजिद खाँ, कनिष्क पुत्र हनीफ भाई मिरजकर तथा पौत्र नवाज़ मिरजकर परिवार की परम्परा को आगे बढ़ा रहे हैं।

उस्ताद मिरजकर को जीवन में अनेक मान सम्मान, उपाधियां एवं पुष्पकलियों से सम्मानित किया गया। समाज में उनकी लोकप्रियता का अनुमान इसी से लगाया जा सकता है कि खाँ साहब के मरणोपरान्त नगर महापालिका, पुणे ने उनके निवास मार्ग को मरहूम मेहबूब खाँ साहब पथ नाम रखा। आप पुणे में 28 अगस्त 1965 को पैगम्बरवासी हुए। पुणे में गत कई वर्षों से आपकी स्मृति में उस्ताद मेहबूब खाँ मिरजकर संगीत समारोह का आयोजन संस्थाओं द्वारा होता आ रहा है।

उस्ताद निजामुद्दीन खाँ

सुप्रसिद्ध तबला नवाज उस्ताद निजामुद्दीन खाँ का स्मरण उनके चमत्कारिक तबला वादन हेतु अत्यन्त आदर और सम्मान के साथ किया जाता है। जावरा (मध्य प्रदेश) में सन् 1932 में निजामुद्दीन खाँ का जन्म प्रतिष्ठित संगीतज्ञ परिवार में हुआ था। पिता उस्ताद अजीम बख्श खाँ जावरे वाले दिल्ली घराने के प्रसिद्ध उस्ताद नन्हें खाँ, लखनऊ घराने के उस्ताद आबिद हुसैन खाँ एवं फर्रूखाबाद घराने के उस्ताद मसीत खाँ के शागिर्द थे। निजामुद्दीन खाँ ने तबला वादन की उच्चस्तरीय शिक्षा अपने पिता से प्राप्त की। आपके पिता जी ने आपको दिल्ली घराने के खलीफा उस्ताद गामी खाँ से भी इन्हें गंडा बंध शागिर्द कराया। इनकी प्रतिभा को देखते हुए उस्ताद गामी खाँ ने कहा कि ये अच्छा बजाता है, इसका तबले की दुनिया में नाम होगा। निजामुद्दीन खाँ को कुछ दिल्ली घराने की कायदा बताई पर ज्यादा इन्हें समय न दे सके।

प्रतिभावान निजामुद्दीन खाँ ने तबले के विभिन्न घरानों की बारीकियों को आत्मसात किया, परन्तु दिल्ली एवं लखनऊ घराने पर आपका विशेष अधिकार था जो वे विशेष रूचि से वादन किया करते थे। आपके वादन में दाएं–बाएं का सुन्दर समन्वय, लग्गी–लड़ी का काम और संतुलित संगति उल्लेखनीय है। आपने गायन की शिक्षा अपने नाना जो उस समय के प्रसिद्ध गायक थे, उस्ताद हाफीज खाँ एवं उस्ताद बशीर खाँ से लिया। जब आप हैदराबाद में थे तो आपने उस्ताद सरदार खाँ से भी ख्याल एवं ठुमरी की तालीम ली। उस्ताद बड़े गुलाम अली खाँ के प्रिय तबला वादक उस्ताद निजामुद्दीन खाँ ने उनके साथ अनेक लॉग प्ले रिकॉर्ड में तबला वादन किया। एच॰एम॰वी॰ ग्रामोफोन में भी आपकी कई दिग्गज कलाकारों के साथ तबला संगति के रिकॉर्ड उपलब्ध है। विरज़ीन म्यूजिक कम्पनी ने आपके स्वतंत्र वादन की कैसेट एवं सीडी भी प्रकाशित की है।

अनेक मान–सम्मान और पुष्पकलियों से सम्मानित उस्ताद निजामुद्दीन खाँ को 'महाराष्ट्र गौरव पुरस्कार', संगीत पीठ रायपुर से 'खलीफा उस्ताद' की उपाधि एवं 'स्वर साधना रत्न' तथा 'ताल विलास' प्रमुख है। मुम्बई में आपके कई शिष्य हैं जिनमें दीपक मेरूनकर, विक्रम भोराड़े, मगन, उत्तम जी, जमीर अहमद (सहारनपुर), रहमान खाँ (अहमदाबाद) एवं पुत्र कमालुद्दीन खाँ एवं संगरूद्दीन (चंदन) प्रमुख हैं। पुत्र कमालुद्दीन उन्हीं के पद चिन्हों पर अग्रसर हैं।

आपने फिल्म जगत के रौशन लाल, नौशाद, शंकर जयकिशन, लक्ष्मीकांत प्यारेलाल, रविन्द्र जैन एवं राजेश रौशन जैसे दिग्गज संगीत निर्देशकों के साथ भी काम किया है। आपने फिल्म जगत में जिन कलाकारों के साथ तबला वादन किया है उनमें से निम्नलिखित फिल्म के नाम एवं गीत बहुत महत्व के हैं:–

(1) फिल्म 'ममता' (1966), संगीत निर्देशक रौशन लाल, गायिका लता मंगेशकर'–'चाहे तो मोरा जिया ले ले'।

(2) फिल्म 'नूरजहाँ' (1987), संगीत निर्देशक रौशन, गायिका सुमन कल्याणपुरी–'शराबी शराबी ये सावन का मौसम'।

(3) फिल्म 'मुगले आजम'–संगीत निर्देशक नौशाद, गायक बड़े गुलाम अली खाँ–'प्रेम जोगन बन के'।

(4) फिल्म 'जीवन मृत्यु' (1970), संगीत निर्देशक लक्ष्मीकांत प्यारेलाल –'जमाने में कहीं ऐसे नादान होते हैं।'

(5) फिल्म 'शराफत' (1970), संगीत निर्देशक लक्ष्मीकांत प्यारेलाल, गायिका–लता मंगेशकर–'शराफत छोड़ दी मैंने'।

(6) फिल्म 'सन्यासी' (1975), संगीत निर्देशक शंकर जयकिशन, गायिका लता मंगेशकर–'शाम–ए–फुरकत'।

(7) फिल्म 'नया दिन नयी रात' (1974), संगीत निर्देशक लक्ष्मीकांत प्यारेलाल–'सनम न जाओ अभी'।

(8) फिल्म 'पाक़ीजा' (1977), संगीत निर्देशक गुलाम मोहम्मद और नौशाद, गायिका–लता मंगेशकर–'ठारे रहियो'।

(9) फिल्म 'आधा दिन आधी रात' (1977), संगीत निर्देशक लक्ष्मीकांत प्यारेलाल–'काहे को बियाही विदेश'।

(10) फिल्म 'स्वामी', फिल्म निर्देशक राजेश रौशन, गायक यसुदास– 'का करूँ सजनी आए ना बालम'।

(11) फिल्म 'मैं तुलसी तेरे आंगन की' (1978), संगीत निर्देशक लक्ष्मीकांत प्यारेलाल, गायिका–शोभा गुर्टू–'सैयां रूठ गये मैं मनाती रही'।

(12) फिल्म 'नौकर बीबी का', 'ओ मेरे सजना'।

(13) फिल्म 'सत्यम शिवम सुन्दरम'–(1978), लक्ष्मीकांत प्यारेलाल, लता मंगेशकर, 'भोर भए पनघट पे मोहे नटखट श्याम'।

(14) फिल्म 'ऐय्याश' (1982), रविन्द्र जैन–'अय्यास हूँ मैं'।

(15) फिल्म 'राम तेरी गंगा मैली', रविन्द्र जैन, लता मंगेशकर–'एक राधा एक मीरा दोनों ने श्याम को चाहा'।

उस्ताद निजामुददीन खाँ ने शास्त्रीय संगीत के मूर्धन्य कलाकारों के साथ भी संगति प्रदान की है जिनमें प्रमुख नाम है–उस्ताद अमीर खाँ, उस्ताद बड़े गुलाम अली खाँ, उस्ताद विलायत खाँ, उस्ताद अली अकबर खाँ, पं. भीमसेन जोशी, पं. मल्लिकार्जुन मंसूर, वासव राज राजगुरू, पं. जसराज, बेगम अख्तर, बेगम परवीन सुल्ताना, गिरिजा देवी, निर्मला देवी, लक्ष्मी शंकर, नसीर अहमद, हीरा देवी मिश्रा, शोभा गुर्टू, इमरत खाँ, गोपी कृष्ण, रौशन कुमारी, सितारा देवी, उस्ताद अमजद अली इत्यादि।

यह समर्पित कला साधक 22 जून 2000 को पैगम्बरवासी हो गये।

उस्ताद हिदायत खाँ

सुप्रसिद्ध तबला वादक उस्ताद हिदायत खाँ का जन्म जयपुर में 1933 के लगभग में हुआ। आपने तबला वादन की प्रारम्भिक शिक्षा जयपुर घराने के विद्वान आचार्य चिरंजी लाल से प्राप्त की। बाद में आपने अशरफ खाँ से और दिल्ली घराने के सुप्रसिद्ध उस्ताद नन्हें खाँ के शिष्य उस्ताद अज़ीम बख्श खाँ जावरे वाले एवं उस्ताद गामी खाँ से भी शिक्षा प्राप्त की। आपके पास तबले के खास बंदिशों में गत, टुकड़ा, चक्रदार का अक्षय भंडार था। हिदायत खाँ ने देश और विदेश की अनेक महफिलों को अपने तबला वादन से रंगीन किया है। आप संगत एवं स्वतंत्र वादन दोनों में प्रवीण रहे। आपका कार्यक्षेत्र मुख्यतः मुम्बई रहा

है। आपने आकाशवाणी के मुम्बई केन्द्र में एक विभागीय कलाकार के रूप में भी सेवा प्रदान की थी। आपका एकलवादन आकाशवाणी के अखिल भारतीय कार्यक्रम में भी प्रसारित हुआ है। कई ग्रामोफोन कम्पनी द्वारा आपके संगत वादन का रिकार्ड उपलब्ध है।

उस्ताद हिदायत खाँ ने अनेक नामचीन कलाकारों के साथ संगत किए हैं जिनमें प्रमुख हैं उस्ताद अमीर खाँ, उस्ताद विलायत खाँ, उस्ताद अली अकबर खाँ, उस्ताद गुलाम मुस्तफा खाँ, पं. अरविन्द पारिख इत्यादि।

आपने अनेक शिष्यों को उदार भाव से शिक्षा दी है जिनमें प्रमुख हैं दिल्ली घराने के यशस्वी तबला वादक उस्ताद फैय्याज खाँ (दिल्ली), लतीफ खाँ (मुम्बई) एवं आपके दो पुत्र हैं हनीफ खाँ एवं जफर खाँ जो आपके परम्परा को आगे बढ़ा रहे हैं। अन्तिम अवस्था में आप जयपुर में ही रहे और यहीं 23 अगस्त 2013 को पैगम्बरवासी हुए।

पंडित सुभाष निर्वाण

दिल्ली के संगीतमय वातावरण में पले यशस्वी तबला वादक पंडित सुभाष निर्वाण का जन्म 1953 में हुआ। आपने तबला वादन की प्रारम्भिक शिक्षा अपने पिताश्री मोतीलाल निर्वाण एवं चाचा जी श्री चमनलाल से 7 वर्ष की आयु से लेनी प्रारम्भ की। तदुपरान्त आपने अपने पितामह पं. गोपालदास निर्वाण से भी तबले की बारीकियों को ग्रहण किया। दिल्ली घराने के वादन एवं निकास के अनुसार कायदा एवं रेला आदि तैयारी एवं सफाई से पेश करना सुभाष निर्वाण की विशेषता थी। गायन, वादन एवं नृत्य तीनों विधाओं के संगति में महारत प्राप्त पं. सुभाष निर्वाण ने हर क्षेत्र के शीर्षस्थ कलाकारों के साथ संगति की है। भारत के लगभग सभी प्रतिष्ठित संगीत समारोहों व आकाशवाणी के राष्ट्रीय कार्यक्रमों में प्रस्तुति दे चुके पंडित सुभाष निर्वाण यूरोपियन ज़ाज़ संगीत के साथ भी सफल संगति कर चुके हैं। चार बार इंग्लैण्ड के सांस्कृतिक समारोहों में वादन कर चुके सुभाष निर्वाण 15 जुलाई 1985 के लंदन के क्वीन एलिजाबेथ हॉल में सम्पन्न इण्टरनेशनल बी.बी.सी. म्यूजिक एण्ड डांस फेस्टिवल एवं 1986 में सोवियत संघ में सम्पन्न भारत महोत्सव में भी वह वादन कर चुके हैं। इसके अतिरिक्त विदेशों में आपने सोवियत संघ, जापान, फ्रांस, ग्रेट ब्रिटेन, पश्चिम जर्मनी, स्विटजरलैण्ड, इटली, पुर्तगाल, नार्वे, नीदरलैण्ड, बेल्जियम, पाकिस्तान, बांग्लादेश, इण्डोनेशिया, थाइलैण्ड, सिंगापुर और अनेक अफ्रीकी देशों में वह शिरकत कर चुके हैं।

आपने जिन सुप्रसिद्ध कलाकारों के साथ संगत किया है, उनमें कुछ प्रमुख नाम हैं—गायन में पं. जसराज, विदुषी गिरिजा देवी, विदुषी शोभा गुर्टू, डॉ. बाल मुरली कृष्णन इत्यादि। वाद्य में पं. रविशंकर,

पं. वी.जी. जोग, पं. रामनारायण, डॉ. एन. राजम, पंडित एम.एस. गोपाल कृष्णन, पं. हरिप्रसाद चौरसिया, पं. टी.एन. कृष्णन, विदुषी शरण रानी, पं. बुद्धदेव दास गुप्ता, उस्ताद अमजद अली खाँ, उस्ताद शाहिद परवेज इत्यादि।

नृत्य में–विदुषी सितारा देवी, पं. बिरजू महाराज, पं. दुर्गालाल, विदुषी उमा शर्मा इत्यादि। ताल वाद्य कचेहरी में आपने विद्वान टी.वी.एस. गोपाल कृष्णन एवं विद्वान उमयालपुरम् वी.के. शिवारमन के साथ भी तबला वादन किया है। सुभाष जी को अच्छे–अच्छे शेरो शायरी उनके जुबान पर रहते थे।

हंसमुख एवं विनम्र स्वभाव के धनी पं. सुभाष जी ने कई शिष्यों को प्रशिक्षित किया है, जिनमें आपके सुपुत्र सुरज निर्वाण एवं हरिमोहन शर्मा प्रमुख हैं। पं. सुभाष जी ने दिल्ली विश्वविद्यालय के संगीत संकाय में तबला वादक के पद पर कार्य किया और वहीं से 2013 में सेवा निवृत्त हुए। अंतिम क्षणों में कैंसर हो जाने के कारण 3 अप्रैल 2014 को ताल का यह अनन्य साधक नादब्रह्म में लीन हो गया।

जनाब रफीउद्दीन साबरी

चर्चित तबला वादक रफीउद्दीन साबरी का जन्म 14 जुलाई 1967 को प्रतिष्ठित संगीतज्ञ परिवार में हुआ। रफीउद्दीन साबरी ने तबला वादन की शिक्षा प्रतिष्ठित तबला वादक उस्ताद अब्दुल वहीद खान एवं ताऊ उस्ताद नजीर अहमद खाँ से प्राप्त की। आपके पिता उस्ताद साहगीर अहमद खान एक प्रतिष्ठित गायक थे। आपके दादा उस्ताद अब्बू खाँ 'गोन्डर जलवाना' जो करनाल के पास है, सम्मानित कलाकार थे। आपके दादा उस्ताद अब्बू खाँ दिल्ली घराना के खलीफा उस्ताद नत्थु खाँ के अभिन्न मित्र थे। जनाब रफीउददीन साबरी के अनुसार इनका ताल्लुकात 'गोन्डर जलवाना' घराने से है, परन्तु आपने विशेष रुचि के तहत अपने वादन में दिल्ली घराने के वादन शैली को आत्मसात किया है और इसमें सफल भी हैं। इसलिए आपके वादन में दो ऊंगलि के दिल्ली घराने के शैली के अनुसार कायदे में तेटे और तिरकिट वादन की स्पष्ट झलक मिलती है। अत्यधिक तैयारी में भी सहज रूप से नाद का संयमित वादन आपकी विशेष प्रतिभा है।

1984 में आकाशवाणी द्वारा आयोजित अखिल भारतीय संगीत प्रतियोगिता में प्रथम स्थान प्राप्त किया और 19 वर्ष की आयु में ही आकाशवाणी के प्रथम श्रेणी के कलाकार बन गए, जो इनके लिए बड़ी सफलता थी। देश–विदेश के विभिन्न प्रतिष्ठित मंचों के साथ–साथ विभिन्न टेलीविजन चैनल्स के विभिन्न कार्यक्रमों सहित उनके शीर्षक संगीत में भी इनके तबले का हुनर सुना जा सकता है। इन्होंने जिन टेलीविजन चैनल्स में तबला वादन किया है, उनमें प्रमुख नाम है–द वर्ल्ड दिस वीक, इंडिया क्विज,

वाईल्ड कलेक्शन, ए यू रूपी मोर, टू नाइट, इलेक्शन–विश्लेषण, स्टार न्यूज, ए बिजनेस ऑफ इंडिया, एन.डी.टी.वी. इंडिया इत्यादि।

भारत के विभिन्न प्रतिष्ठित मंचों के साथ–साथ रफीउद्दीन अनेक अमेरिकी, अरब, यूरोपीय और एशियाई देशों में अपनी कला का जादू दिखा चुके हैं। आपके वादन का ध्वन्यांकन विभिन्न व्यावसायिक कम्पनियों ने भी किया है। देश के साथ–साथ विदेशों में भी इनके कैसेट्स और सीडीज लोकप्रिय है।

रफीउद्दीन साबरी ने सुप्रसिद्ध कलाकारों के साथ संगत किया है, जिनमें प्रमुख नाम है–पं॰ शिव कुमार शर्मा, पं. हरिप्रसाद चौरसिया, उस्ताद अमजद अली खाँ, पं॰ विश्वमोहन भट्ट, डॉ॰ एन. राजम, पं. जसराज, उस्ताद सुलतान खाँ, उस्ताद सुजात हुसैन, उस्ताद गुलाम अली, ए. हरिहरण और रेमो फर्नाडिस इत्यादि। पाश्चात्य देशों के कई कलाकारों के साथ इनके फ्यूजन कार्यक्रम भी खूब लोकप्रिय हुए हैं।

सम्प्रति जनाब रफीउद्दीन साबरी 'साज–ओ–आवाज' सांस्कृतिक संस्था के अध्यक्ष के रूप में संगीत के विद्यार्थियों को प्रशिक्षित कर रहे हैं।

संदर्भ सूची

1. ताल प्रसून : पं. छोटे लाल मिश्र
2. ताल प्रबन्ध : पं. छोटे लाल मिश्र
3. ताल कोश : प्रो. गिरीशचन्द्र श्रीवास्तव
4. पखावज और तबला के घराने एवं परम्पराएं : डॉ. अबान ई. मिस्त्री
5. तबले का उदगम, विकास और वादन शैलियां : योगमाया शुक्ला
6. तबला वादन कला और शास्त्र : श्री सुधीर माईणकर
7. तबला पुराण : पं. विजय शंकर मिश्र
8. संगीत शिक्षण के विविध आयाम : डॉ. कुमार ऋषितोष

4

वर्तमान समय में दिल्ली घराने के कलाकारों की भूमिका एवं अन्य घरानों की तुलना में दिल्ली घराने का स्थान

संसार एक रंगभूमि है और उस पर हर मनुष्य अपनी–अपनी भूमिकाएं अदा करता है। यह तत्वज्ञानात्मक विधान अत्यन्त सार्थक एवं महत्वपूर्ण है, क्योंकि हर एक व्यक्ति को जीवन में अलग–अलग भूमिकाएं अदा करनी पड़ती है। उदाहरण के लिए परिवार के बुजुर्ग को कुटुम्ब–प्रमुख की हैसियत से अपनी भूमिका अदा करने के साथ–ही–साथ पति, पुत्र, पिता आदि अलग–अलग रिश्तों के अनुसार भिन्न–भिन्न भूमिकाएं भी अदा करनी पड़ती है। यही नहीं तो अगर वह नौकरी कर रहा हो, तो सम्बंधित व्यवसाय में उसे नौकर की भी भूमिका अदा करनी पड़ती है और इन विविध भूमिकाओं को वह समझदारी एवं कुव्वत के अनुसार निभाता है।

'भूमिका' की संकल्पना नाट्यक्षेत्र में से आई है। जब कोई अभिनेता नाट्य की एकाध व्यक्तिरेखा प्रस्तुत करता है, तब वह अपने स्वत्व को भुलाकर तथा उक्त पात्र की व्यक्तिरेखा से एकरूप होकर अपनी भूमिका अदा करता है। किसी कुशल नट को जब एकाध खलनायक की व्यक्तिरेखा प्रस्तुत करनी होती है, तो वह उसे इस ढंग से पेश करता है कि दर्शकों के मन में उसके प्रति चिढ़, द्वेष, क्रोध उत्पन्न हो। मूलतः एक सज्जन व्यक्ति होने पर भी, खलनायक की भूमिका के अनुरूप उसके द्वारा व्यक्त किए भावों को देखकर दर्शक तहेदिल से उसकी प्रशंसा करके उसे खलनायक की भूमिका के लिए लायक होने का प्रमाण पत्र दे देते है। भूमिका के योग्य आचरण कैसा हो यह बात भूमिका अदा करने वाला व्यक्ति ही यद्यपि तय करता है, तो भी प्रायः उक्त भूमिका से सम्बंधित विविध व्यक्ति एवं सामाजिक घटकों की अपेक्षाओं में से ही उक्त आचरण निर्धारित होता है। उदाहरण के लिए संगीत के एक अध्यापक (गुरु) की भूमिका के बारे में हम संक्षेप में विचार करेंगे। संगीत शिक्षक के रूप में उसकी भूमिका क्या हो, यानि उसका बर्ताव कैसा हो, इस बारे में उससे सम्बंधित विविध व्यक्तियों की भिन्न–भिन्न अपेक्षाएं होती हैं।

रसिकों को संगीतज्ञों की ओर आर्कषित करती है उनकी कला तथा कलाकारों का चिन्तन, दीर्घ अनुभव, संघर्ष, परिवारिक परिवेश आदि भी रसिकों को आकर्षित करती है। यह सर्वविदित है कि जिस प्रकार विश्व संगीत में भारतीय संगीत का एक विशिष्ट स्थान है, उसी प्रकार भारतीय संगीत में तबले का एक विशिष्ट स्थान है। इस संदर्भ में दिल्ली घराने के कलाकारों की भूमिका तबलावादन में महत्वपूर्ण रही है। यहां के कलाकारों ने अपनी कला को अत्यन्त कलात्मकता के साथ नावीन्यपूर्ण रूप में प्रस्तुत किया है एवं विशिष्ट कलाकारों ने दिल्ली घराने की विद्या को अपनी अथक चिन्तन एवं परिश्रम द्वारा (रियाज

के बल पर) शिष्य–प्रशिष्य को समृद्ध किया है। दिल्ली ही तबले का एकमात्र घराना है जिससे निकली कई शाखाएं घराने के रूप में स्थापित हैं। दूसरे शब्दों में हम कह सकते हैं कि घरानों के निमार्ण के पीछे दिल्ली घराने की महत्वपूर्ण भूमिका है। इसलिए अन्य घरानों की तुलना में इसका विशेष स्थान है।

दिल्ली घराने में एक से एक महान तबलावादक हुए हैं। चूंकि तबला वादन की यह शैली मूल रुप से दिल्ली में विकसित हुई। इसलिए इसे दिल्ली बाज कहा जाता है। विद्वानों के अनुसार किसी भी प्रायोगिक कला के प्रस्तुतीकरण का विशिष्ट ढ़ंग उस कला की शैली कहलाता है। कला का प्रायोगिक पक्ष जब एक पीढ़ी में परम्परागत रुप से चलता रहता है तो उसका निरन्तर परिष्कार और संस्कार होता रहता है। आगे चलकर जब यह प्रायोगिक पक्ष परिष्कृत और सुसंस्कृत होकर जनमानस में प्रतिष्ठित हो जाता है तो वह विशिष्ट शैली के रुप में रूढ़ हो जाता है। इस स्वाभाविक प्रक्रिया के अनुसार गायन, वादन व नर्त्तन आदि प्रायोगिक कलाओं की भी भिन्न–भिन्न शैलियां विकसित हो गई है।

शैली के निमार्ण और विकास में जहां एक पीढ़ी के कलाकार को प्राप्त होने वाली संप्रदाय या घराने की शिक्षा का आधार रहता है, वहां उस परम्परा के प्रत्येक कलाकार की स्वयं की अभिरूचि, परिकल्पना और प्रतिभा का भी योगदान रहता है। किसी भी कलाकार की कला प्रस्तुतीकरण में ये दोनों तत्व मिले–जुले रुप में दिखाई पड़ते हैं। इसके अतिरिक्त क्षेत्रीय प्रभाव, जनरुचि और उस कला विशेष या अन्य कलाओं के समकालीन कलाकारों के संसर्ग का प्रभाव भी शैली के विकास में सहायक होता है। तबले का प्रथम स्रोत घराने के रुप में दिल्ली ही है, अतएव इसके अनुसार तबला वादन की शैलियों के विकास में भी एक ओर जहां परम्परागत शिक्षा और कलाकारों की अपनी प्रतिभा का योग रहा है, वहीं दूसरी ओर दिल्ली, लखनऊ, फरुखाबाद, बनारस व अजराड़ा इत्यादि स्थानों के क्षेत्रीय प्रभाव, लोकरुचि तथा पखावज, ढोलक व नक्कारा इत्यादि वाद्यों के वादकों की वादन कला का भी प्रभाव पड़ा। मूलतः संगत वाद्य होने के कारण उन स्थानों के गायकों, तंत्रकारों, नर्त्तकों की कलाओं का भी तबला वादन शैली पर प्रभाव पड़ा है। उदाहरण के लिए लखनऊ में कथक नर्त्तकों की संगति से वहां की तबला वादन शैली पर नृत्य और बनारस में ठुमरी गान की संगति के कारण वहां के तबला वादन पर मूलतः पखावज वादन का प्रभाव होने पर भी लग्गी व लड़ी बजाने का खूब विकास हुआ।

अतएवं कई प्रतिष्ठित घरानों के निर्माण में दिल्ली घराने के कलाकारों की महत्वपूर्ण भूमिका रही है। अजराड़ा, लखनऊ, फर्रुखाबाद व बनारस घरानों के निमार्ण के पीछे दिल्ली घराने के कलाकारों एवं शिष्यों की बहुत बड़ी भूमिका रही है। दिल्ली घराने के संरक्षक एवं मार्गदर्शक उ. सिद्धार खाँ ने वर्षों के अथक परिश्रम एवं चिन्तन मनन से तबले की वादन सामग्री का विकास किया। उ. सिद्धार खाँ ने पखावज का आधार लेकर इस वाद्य में अनेक संशोधन किए। उन्होंने तबले के बाएं भाग पर लगने वाली आटे की पूलिका की जगह दाएं की तरह स्याही का ही प्रयोग करना प्रारम्भ किया ताकि पखावज के अलावा दूसरे वाद्यों के बोल भी इस वाद्य पर निकालना संभव हो सके। पखावज के साथ–साथ ढोलक और नक्कारा आदि ताल वाद्यों पर बजने वाले बोलों का आधार लेकर उन्होंने तबला की अनेक नवीन चीजों की रचना की। विभिन्न अवनद्ध वाद्यों की वादन विशेषताओं को समन्वित कर लेने से तबला वादन की कला में बहुत ही सौन्दर्यात्मक वृद्धि हो गई। उ. सिद्धार खाँ ने तबले का इतना विकास किया और एक लोक वाद्य से उठाकर उसका स्तर इतना ऊंचाई पर ले गए कि उनका नाम सिद्धार खाँ से 'सुधार खाँ' ही पड़ गया। इन्होंने तबले पर ऊंगलियों के रख–रखाव में परिवर्तन किए और चांटी प्रधान कुछ नवीन विस्तारशील रचनाएं जैसे पेशकार, कायदे, रेले, तथा अविस्तारशील रचनाएं जैसे गत, टुकड़े, मुखड़े, मोहरे आदि की

रचना करके एक क्रान्तिकारी कदम उठाया। कालान्तर में उनकी वंश परम्परा और लम्बी समर्थ शिष्य परम्परा ने उस घराने को सुदृढ़ किया, विस्तृत किया जिससे तबला पूरे उत्तर भारत में फैल गया। इसी समय ख्याल गायकी का उदभव हो रहा था। इस गायन शैली की संगति करने के लिए एक उपयुक्त ताल वाद्य की आवश्यकता थी। तबला इस कार्य के लिए सभी तरह से उपयुक्त था। अतः इस वाद्य की ख्याति जल्द ही फैल गई और कलाकारों ने इसे अपना लिया। इस घराने से शिक्षा प्राप्त कर व उसमें स्थानीय विशेषताओं तथा व्यक्तिगत प्रतिभा एवं सृजन क्षमता को समाविष्ट कर इस घराने के द्वारा कई नई परम्पराओं का सुत्रपात हुआ और इस तरह इस वाद्य के कई नवीन घराने अस्तित्व में आए। अतएव अन्य घरानों के मूल प्रवर्त्तक होने का गौरव भी यहां के कलाकारों का श्रेय प्राप्त है। दूसरे शब्दों में हम यह कह सकते हैं कि जिन गुरुओं व उस्तादों ने तबले की वादन शैली अपनी सूझ–बूझ, पसन्द तथा कुछ समय की मांग हेतु नया रुप दिया उस परिवर्त्तित प्रणाली को उन्होंने उस स्थान विशेष का नाम दिया। इस तरह तबले में अजराड़ा, लखनऊ, फर्रुखाबाद और बनारस घराने की नींव पड़ी।

दिल्ली घराने से जो नवीन घराने अस्तिव में आए उसकी यहां मैं चर्चा करना आवश्यक समझता हूं तभी इस घराने की भूमिका की संकल्पना एवं अन्य घरानों की तुलना में दिल्ली घराने का स्थान परिलक्षित व स्पष्ट हो पाएगी।

डा. अबान ई. मिस्त्री के शोध प्रबन्ध से पता चलता है कि उस्ताद सिद्धार खाँ ढाढ़ी का जन्म सम्भवतः 1700 ई. के आस–पास है। इनके जन्म स्थान का कोई उल्लेख नहीं है और उस्ताद सिद्धार खाँ के समय में ही नियामत खाँ 'सदारंग', 'खुसरो खाँ,' खब्बे हुसैन ढोलकिया व पखावजी भवानी सिंह आदि थे। आगे चलकर उ. सिद्धार खाँ के वंश व शिष्य परम्परा ने उसकी नींव दृढ़ की। यहां से आगे निकलकर दो बाज सामने आए। प्रथम पश्चिम बाज एवं दूसरा पूरब बाज, पश्चिम बाज के अन्तर्गत दिल्ली एवं अजराड़ा घराना तथा पूरब बाज के अन्तर्गत लखनऊ, फर्रुखाबाद, एवं बनारस घराना अस्तित्व में आया। आगे कमानुसार घराने के बारे में सर्वप्रथम दिल्ली घराने से चर्चा आरम्भ करते हैं।

दिल्ली घरानाः दिल्ली घराने के प्रवर्त्तक उ. सिद्धार खाँ के तीन पुत्र थे। प्रथम पुत्र घसीट खाँ, दूसरे पुत्र का नाम अज्ञात है और तीसरे पुत्र का नाम बुगरा खाँ था। प्रथम पुत्र घसीट खाँ के वंशज का कोई इतिहास उपलब्ध नहीं है। अनुमानतः उनकी वंश परम्परा नहीं चली। दूसरे पुत्र (जिनका नाम अज्ञात है) उनके दो पुत्र थे प्रथम उ. मोदू खाँ और दूसरा उ. बख्शू खाँ। तीसरे पुत्र उ. बुगरा खाँ के दो पुत्र थे उ. सिताब खाँ एवं गुलाब खाँ। उ. सिद्धार के दो पुत्र जिनमें बुगरा खाँ एवं दूसरा नाम अज्ञात है उनकी तबले के इतिहास में विशेष भूमिका रही है। इनके शिष्य एवं प्रशिष्य यहां से शिक्षा प्राप्त करके देश के दूसरे भागों में फैल गए। वे जिस भाग में बसे वहां की सामाजिक, राजनीतिक तथा स्थानीय परिस्थितियों ने उनकी वादन शैली पर शनैः शनैः प्रभाव डालना शुरु किया और स्वयं की कलाकार की व्यक्तिगत विशेषताओं से वादन शैली में इतना अन्तर आ गया कि एक नवीन बाज और घराने का प्रादुर्भाव हुआ। इस प्रकार इस घराने से शिक्षा प्राप्त किए इनके शिष्य परम्परा ने कई प्रतिष्ठित घरानों के प्रवर्त्तक एवं संरक्षक होने का गौरव प्राप्त किया।

उ. सिद्धार खाँ के तीसरा पुत्र बुगरा खाँ के दो पुत्र थे उ. सिताब खाँ और उ. गुलाब खाँ। उ. सिताब खाँ के पुत्र उ. नजर अली खाँ, वंशज सादिक खाँ और शिष्य कल्लू खाँ (काले खाँ) तथा मीरु खाँ (मीर खाँ) थे। उ. कल्लू खाँ एवं उ. मीरु खाँ ने यहां से शिक्षा प्राप्त करके मेरठ के अजराड़ा नामक गांव में आकर बस गए एवं अजराड़ा घराने की नींव डाली।

उ. सिद्धार खाँ के दूसरा पुत्र जिनका नाम अज्ञात है उनके दो पुत्र थे उ. मोदू खाँ एवं बख्शू खाँ। उ. मोदू खाँ एवं बख्शू खाँ लखनऊ आकर बस गए और लखनऊ घराने की नींव डाली। बनारस के प्रतिभावान

तबलावादक पं. राम सहायजी ने उ. मोदू खाँ से शिक्षा प्राप्त करके बनारस घराना की नींव डाली एवं उ. हाजी विलायत खाँ ने उ. बख्शू खाँ से शिक्षा प्राप्त करके फर्रुखाबाद घराने की नींव डाली। जिसकी विस्तृत चर्चा आगे करेंगे।

इस घराने की वादन शैली की संक्षिप्त भूमिका एवं समीक्षा

1. यह अत्यन्त कोमल एवं मधुर बाज है।
2. यह दो अंगुलियों का बाज है।
3. इसमे तर्जनी एवं मध्यमा अंगुलियों का सर्वाधिक प्रयोग तो होता ही है साथ ही अनामिका का भी प्रयोग होता है।
4. यह बाज चांटी प्रधान बाज है अतः इसे किनार का बाज भी कहते हैं।
5. इस बाज में ध्वनि उत्पत्ति सीमित है इस लिए इसे बंद बाज भी कहते हैं।
6. इस बाज में पेशकार, कायदा, रेला, मुखड़ा–मोहरा, छोटे–छोटे टुकड़े इत्यादि बजाए जाते हैं।
7. इसमें अधिकांशतः चतुरस्त्र जाति की रचनाएं होती हैं।
8. इस बाज में बायां (डग्गा) के वादन में, तर्जनी एवं मध्यमा अंगुली का अधिक प्रयोग होता है।
9. इसमें पूरे पंजे का प्रयोग वर्जित है इसलिए धिरधिर का निकास पूड़ी के अन्दर ही किया जाता है।
10. यह बाज ध्रुपद शैली के गायन तथा नृत्य में पूर्ण सफल नहीं है।

दिल्ली घराने से सम्बंधित जिन तबला वादकों ने अहम भूमिका निभाई है उन प्रमुख तबला वादकों के नाम निम्नलिखित हैं।

उ. बड़े काले खाँ, बोली बख्श खाँ, नत्थू खाँ, मुनीर खाँ, फिरोज खाँ, अहमद जान थिरकवा, अमीर हुसैन खाँ, गुलाम हुसैन खाँ, हबीबुद्दीन खाँ, शमसुद्दीन खाँ, नजीर हुसैन, हिदायत अली खाँ, कुतुब अली, इनायत अली, मदत अली, रहमान खाँ, रहीम खाँ, चांद खाँ, बिजनौरी, सुब्बाराब अंकोडकर, कृपाराम खवास, विष्णु पन्त शिरोडकर, बाबा लाल इस्लामपुरकर, फकीर मोहम्मद, निखिल घोष, अता हुसैन खाँ, पंढरीनाथ नागेशकर, शेख अब्दुल करीम, शेर खाँ, तुफेल, जगन्नाथ बुआ पुरोहित, रोजबेल लायल, गुलाम रसूल, अब्दुल सत्तार, अब्दुल रहमान, बाबा साहब मिरजकर, अबान ई. मिस्त्री इत्यादि।

उ. सिद्धार खाँ के छोटे भाई उ. चांद खाँ के पुत्र उ. लल्ली मसीत खाँ, पुत्र लंगड़े हुसैन खाँ, तथा दो पौत्र घसीट खाँ, व नन्हें खाँ थे। इनकी शिष्य परम्परा में उ. फजली खाँ, गुलाम मोहम्मद, परले खाँ, करम बख्श, रहीम बख्श, अल्लादिया खाँ, पं. बालुभाई रुकड़ीकर, काले खाँ, छम्मा खाँ, महबूब खाँ मिरजकर, जुगना खाँ, अजीम खाँ, निजामुद्दीन खाँ, ज्ञान प्रकाश घोष, शेर खाँ, लंगड़े अहमद अली, हिरेन्द्र किशोर राय चौधरी, अब्दुल करीम खाँ, एवं उ. बुगरा खाँ के पुत्र मोहम्मद खाँ, पौत्र काले खाँ, प्रपौत्र उ. गामी खाँ, व मुन्नू खाँ। उ. गामी खाँ के पुत्र इनाम अली तथा पुत्र गुलाम हैदर खाँ हैं। उ. गामी खाँ के शिष्यों में फकीर मोहम्मद, आदि हैं। इसी परम्परा में लतीफ अहमद खाँ, फैय्याज खाँ, बशीर अहमद, शफात अहमद खाँ तथा राम ध्रुवे इत्यादि।

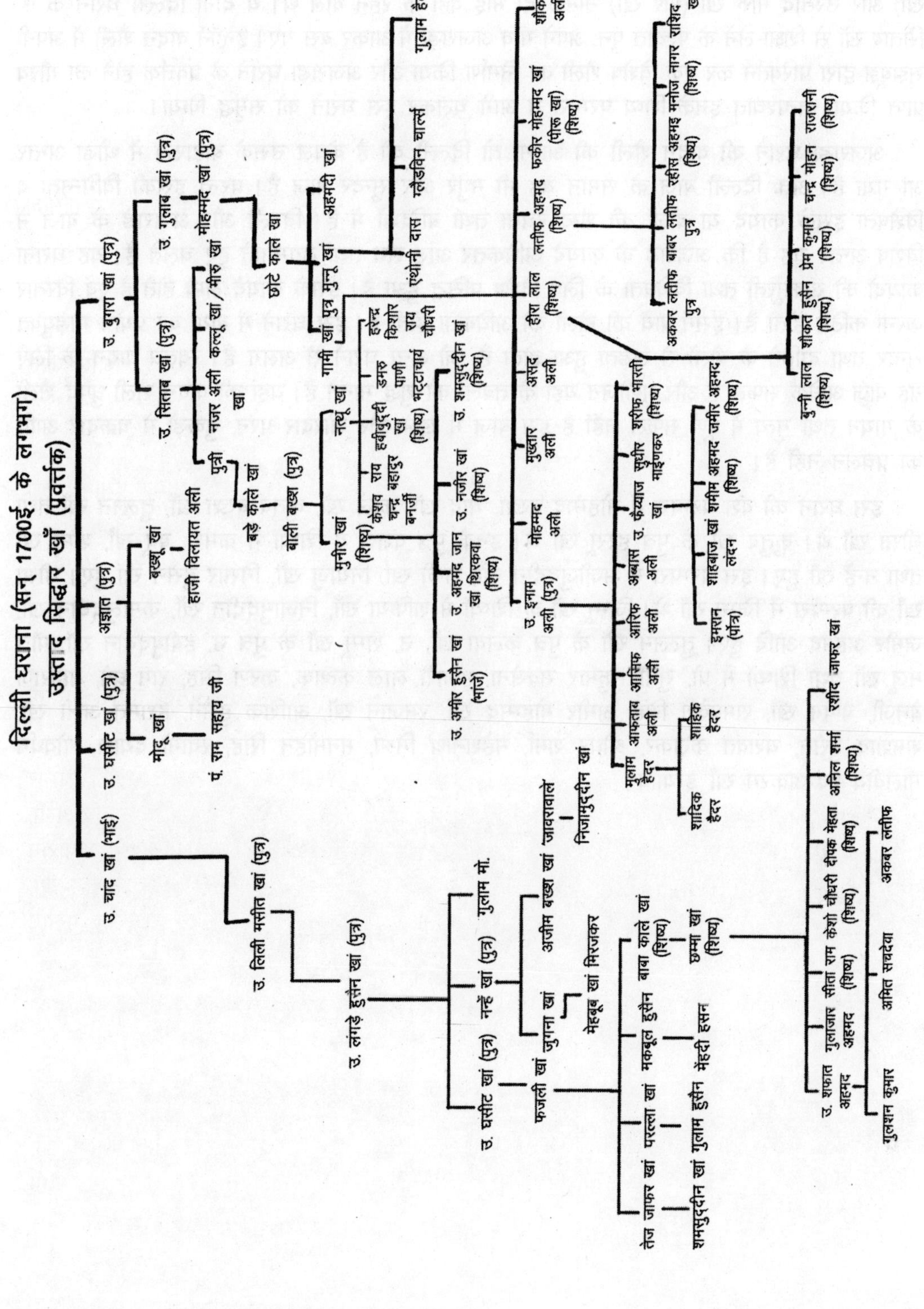
दिल्ली घराना (सन् 1700ई. के लगभग)
उस्ताद सिद्धार खाँ (प्रवर्त्तक)
उ. चांद खां (भाई)
उ. घसीट खां (पुत्र)
अज्ञात (पुत्र)
उ. बुगरा खां (पुत्र)
मोदू खां
बख्शू खां
हाजी विलायत अली
पं. राम सहाय जी
उ. सिताब खां (पुत्र)
उ. गुलाब खां (पुत्र)
मोहम्मद खां (पुत्र)
पुत्री
नजर अली खां
कल्लू खां/मीरु खां
बड़े काले खां
छोटे काले खां
बोली बख्श (पुत्र)
उ. लिली मसीत खां (पुत्र)
उ. लंगड़े हुसैन खां (पुत्र)
मुनीर खां (शिष्य)
नत्थू खां
गामी खां पुत्र मुन्नू खां
अहमदी खां
केशव चन्द्र बनर्जी
राय बहादुर
हबीबुद्दी खां (शिष्य)
डमरु पाणी भट्टाचार्य
हरेन्द्र किशोर राय चौधरी
एंथोनी दास
ग्लैडविन चार्ल्स
गुलाम हैदर
उ. अमीर हुसैन खां (भांजे)
उ. अहमद जान खां थिरकवा (शिष्य)
उ. नजीर खां (शिष्य)
उ. शमसुद्दीन खां (शिष्य)
उ. घसीट खां (पुत्र)
नन्हें खां (पुत्र)
गुलाम मो.
फजली खां
जुगना खां
अजीम बख्श खां 'जावरावाले'
निजामुद्दीन खां
मेहबूब खां मिरजकर
उ. इनाम अली (पुत्र)
मोहम्मद अली
मुख्तार अली
असद अली
हीरा लाल (शिष्य)
लतीफ अहमद (शिष्य)
फकीर मोहम्मद खां (पीरू खां) (शिष्य)
शौकत अली
तेज जाफर खां
परल्ला खां
मकबूल हुसैन
बाबा काले खां (शिष्य)
शमसुद्दीन खां
गुलाम हुसैन
मेंहदी हसन
छम्मा खां (शिष्य)
मुलाम हैदर
आफताब अली
आसिफ अली
आरिफ अली
अब्बास अली
उ. फैय्याज खां
सुधीर माईणकर
शरीफ भारती (शिष्य)
शादिक हैदर
शाहिक हैदर
इमरान (पौत्र)
शाहबाज खां लंदन
शमीम अहमद (शिष्य)
जमीर अहमद (शिष्य)
अकबर लतीफ पुत्र
बाबर लतीफ पुत्र
रहीस अहमद (शिष्य)
मनोज नागर (शिष्य)
राशिद जाफर खां
बुन्नी लाल (शिष्य)
शौकत हुसैन (शिष्य)
प्रेम कुमार (शिष्य)
चन्द्र मोहन (शिष्य)
राजरानी (शिष्य)
उ. शफात अहमद
गुलाजार अहमद
सीता राम (शिष्य)
केशो चौधरी (शिष्य)
दीपक मेहता (शिष्य)
अनिल शर्मा (शिष्य)
रशीद जाफर खां
गुलशन कुमार
अमित सचदेवा
अकबर लतीफ

अजराड़ा घराना: दिल्ली के मेरठ के पास अजराड़ा नामक एक गांव है। उस्ताद कल्लू खाँ (काले खाँ) और उस्ताद मीरु खाँ (मीर खाँ) नामक दो भाई वहां के रहने वाले थे। ये दोनों दिल्ली घराने के उ. सिताब खाँ से शिक्षा लेने के पश्चात पुनः अपने गांव अजराड़ा में आकर बस गए। इन्होंने वादन शैली में अपनी सूझबूझ द्वारा परिवर्तन कर एक विशेष शैली का निर्माण किया और अजराड़ा घराने के प्रवर्त्तक होने का गौरव प्राप्त किया। तत्पश्चात इनके शिष्य परम्परा ने आगे चलकर इस घराने को समृद्ध किया।

अजराड़ा घराने की वादन शैली की आत्मा तो दिल्ली की है केवल उसके बाह्यरूप में थोड़ा अन्तर आ गया है। अतः दिल्ली बाज के समान यह भी मधुर और सुन्दर बाज है। परन्तु इसकी विभिन्नता व विशेषता इसके कायदे या बोलों की शब्द रचना तथा बन्दिशों में है। दिल्ली और अजराड़े के बाज में विशेष अन्तर यह है कि अजराड़े के कायदे अधिकतर आड़ लय तथा डगमगाते हुए चलते हैं। यह घराना कायदों की खुबसूरती तथा विविधता के लिए विशेष प्रसिद्ध हुआ है। इसके कायदे लम्बे होते हैं एवं विस्तार करना कठिन होता है। इसमें बायें की बोलों की अधिकता होती है। इस घराने में बायां का प्रयोग मीड़युक्त सुन्दर तथा दाहिने के बोलों से लड़ता हुआ होता है, जो अन्य घराने से अलग है। स्वतंत्र वादन के लिए यह बाज अधिक सफल है और गुणीजन यहां के तबला को शुद्ध मानते हैं। यहां की वादन शैली ध्रुपद शैली के गायन तथा नृत्य में पूर्ण सफल नहीं है इस बाज में खुले और जोरदार परन, टुकड़ों में चक्रदार आदि का प्रचलन नहीं है।

इस घराने की वंश परम्परा में मोहम्मद बख्श, चांद खाँ, काले खाँ, कुतुब बख्श खाँ, तुल्लन खाँ तथा घीसा खाँ थे। कुतुब खाँ के पुत्र हस्सू खाँ थे। इनके पुत्र वंशज व शिष्यों में क्रमशः बबू खाँ, शम्मू खाँ तथा नन्हें खाँ हुए। इस परम्परा में अजीजुद्दीन खाँ, शफी खां, नियाजु खाँ, निसार हुसैन खां हुए। घीसा खाँ की परम्परा में जिम्मू खाँ थे। जिम्मू खाँ के शिष्यों में शफिया खाँ, निजामुद्दीन खाँ, कमालुद्दीन खाँ, जमीर अहमद आदि हुए। तुल्लन खाँ के पुत्र कलवा खाँ, उ. शम्मू खाँ के पुत्र उ. हबीबुद्दीन खाँ, पौत्र मंजू खाँ तथा शिष्यों मे प्रो. सुधीर कुमार सक्सेना, हजारी लाल कत्थक, करण सिंह, राम ध्रुवे, महाराज बेनर्जी, पप्पन खाँ, रामप्रवेश सिंह, अमीर मोहम्मद खाँ, रमजान खाँ, आशिक हुसैन, हशमत अली खाँ, शमशाद हुसैन, यशवंत केलकर, श्रीधर शर्मा, महेशनाथ मिश्रा, मनमोहन सिंह, स्वामी दयाल, गोवर्धन मालवीय एवं अकरम खाँ इत्यादि।

अजराड़ा घराना (उ. काले खां एवं उ. मीर खां–प्रवर्त्तक)

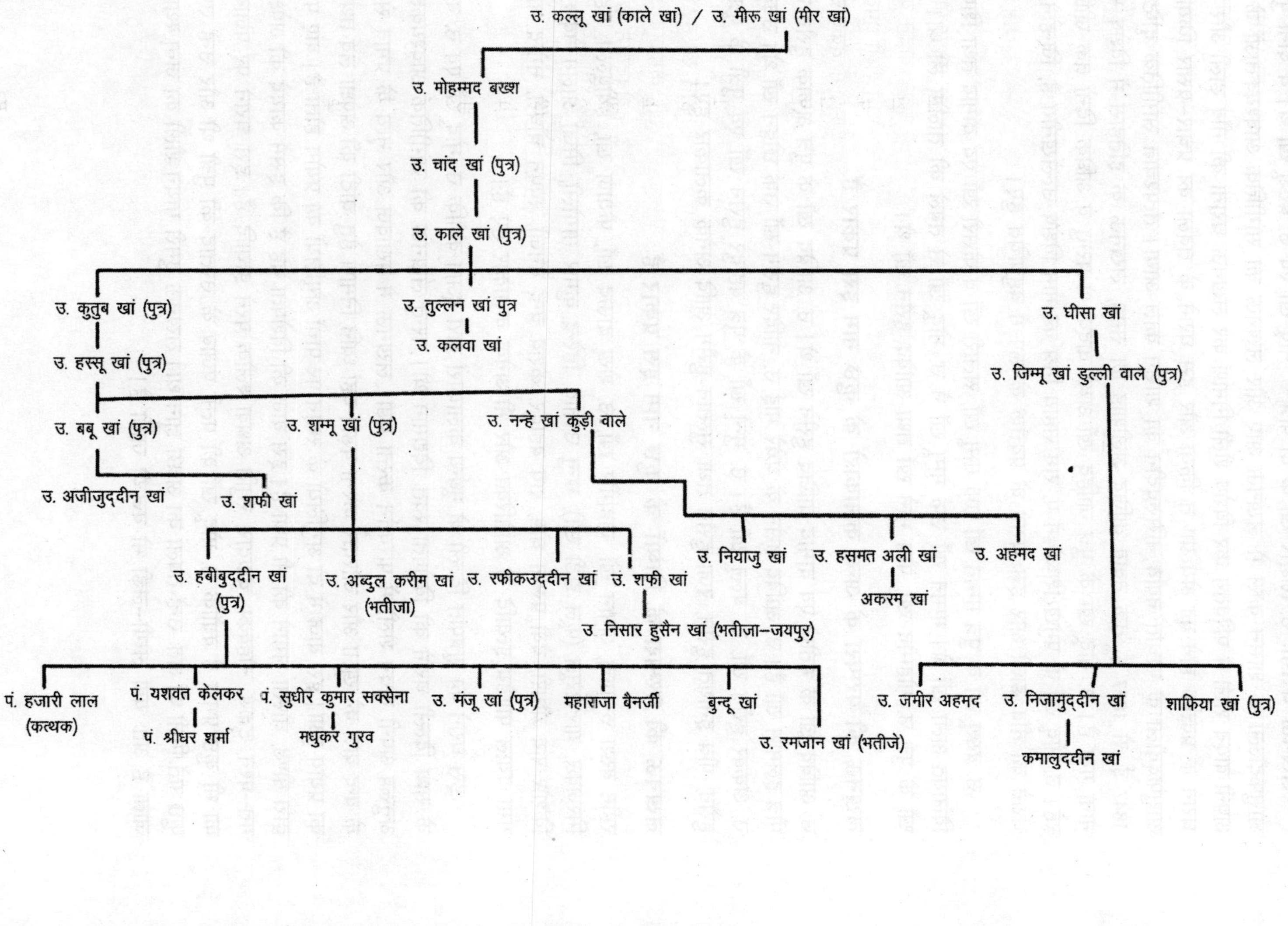

लखनऊ घरानाः उ. सिद्धार खाँ के दो पौत्र उ. मोदू खाँ एवं उ. बख्शू खाँ थे। ये दोनों पुत्र नवाब आसुफदौल्ला के शासन काल में लखनऊ आए और लखनऊ की सांगीतिक आवश्यकताओं के अनुरूप अपनी वादन शैली में परिवर्तन कर विशेष शैली निर्माण कर लखनऊ घराना की नींव डाली और लखनऊ घराने के प्रवर्त्तक होने का श्रेय प्राप् त किया और इस घराने के तबला का प्रचार–प्रसार किया। नवाब आसुफद्दौला के पश्चात् नवाब नसिरुद्दीन का शासन काल आया। तत्पश्चात सांगीतिक दृष्टि से सन् 1847 ई. से 1857 ई. तक नवाब वाजिद अलीशाह का समय, लखनऊ के इतिहास में विशेष महत्वपूर्ण माना गया है। उ. मोदू खाँ के पुत्र जाहिद खाँ अच्छे वादक थे परन्तु वे अधिक दिनों तक जीवित नहीं रहे। उ. मोदू खाँ के प्रमुख शिष्यों में पं. राम सहाय मिश्र का नाम विशेष उल्लेखनीय है, जिन्होंने बनारस घराने की नींव डाली और इस घराने के प्रवर्त्तक के रूप में बहुचर्चित हुए।

उ. बख्शू खाँ के पुत्र मम्मन खाँ उर्फ मम्मू खाँ, सलारी खाँ व केसरी खाँ एवं दामाद तथा शिष्य हाजी विलायत अली खाँ थे। मम्मन खाँ उर्फ मम्मू खाँ ने उ. मोदू खाँ से तबले की तालीम ली थी। उ. मम्मू खाँ के पुत्र उ. मोहम्मद खाँ, पौत्र मुन्ने खाँ तथा आबिद हुसैन खाँ थे।

लखनऊ की परम्परा के अन्य कलाकारों के कुछ नाम इस प्रकार हैं

उ. आबिद खाँ के भतीजे एवं दामाद वाजिद हुसैन खाँ थे। उ. आबिद खाँ के पुत्र अफाक हुसैन खाँ तथा पौत्र इलमास खाँ है। उ. आबिद हुसैन के चचेरे भाई उ. नादिर हुसैन खाँ उर्फ छोट्टन खाँ थे। उनके शिष्य उ. अकबर हुसैन खाँ, उ. बल्लू खाँ हैं। उ. मुन्ने खाँ के पुत्र बहादुर हुसैन खाँ एवं पुत्री के पुत्र नायाब हुसैन, पौत्र इनायत हुसैन, रजा हुसैन तथा सुल्तान हुसैन आदि अनेक कलाकार हुए।

लखनऊ की परम्परा के शिष्यों के कुछ नाम इस प्रकार हैं

रहीम बख्श रुग्गाजी, अमान खाँ, जहांगीर खाँ, उ. शेख दाऊद खाँ, फैयाज खाँ, हबीबुल्ला, महबूब खाँ मिरजकर, यार रसूल (फूल झड़ी खाँ), छन्नु उस्ताद, हिरेन्द्र कुमार गांगोली, मिर्जा आलम नवाब, हिरेन्द्र किशोर राय चौधरी, देवी प्रसन्न घोष, राय बहादुर, केशव चन्द्र बेनर्जी, स्वपन चौधरी, नगेन्द्र नाथ बसु, गंगा दयाल पाण्डेय इत्यादि के अतिरिक्त और भी अनेक कलाकार हुए हैं।

इस घराने का सूत्रपात दिल्ली के मूर्धन्य कलाकारों द्वारा हुआ। क्योंकि उ. मोदू खाँ एवं उ. बख्शू खाँ के साथ दिल्ली घराने की विशेषता स्वतः विद्यमान थी। परन्तु लखनऊ की सांगीतिक आवश्यकताओं के अनुरूप अपनी वादन शैली में परिवर्तन करना पड़ा। लखनऊ में पखावज और नृत्य के प्रभाव से दिल्ली के बन्द बाज को खुला और जोरदार करना पड़ा। यहां ध्वनि निमार्ण हेतु चांटी की अपेक्षा लव तथा स्याही का प्रयोग हुआ। इस बाज में दो अंगुलियों के स्थान पर पांचों अंगुलियों का प्रयोग होता है। बांए पर अंगूठे द्वारा मीण्ड़, घीस्सा लगाने की भी प्रथा है। इस बाज की विशेषता यह है कि इसमें कायदे की अपेक्षा परन, गत–परन, टुकड़े, नोहक्का, चक्रदार, स्तुति अथवा श्लोक परने इत्यादि हैं। इस घराने पर पंजाब घराने का भी कुछ प्रभाव है क्योंकि उ. मोदू खाँ की पत्नी पंजाब के उस्ताद की पुत्री थी और उन्हें उपहार में कुछ गतें मिली थीं अतः उन्हें तबला का अच्छा ज्ञान था। लखनऊ ठुमरी गायन शैली का जन्म स्थान माना जाता है अतः यहां लग्गी–लड़ी भी बजायी जाती है।

लखनऊ घराना (मोदू खां एवं उ. बख्शू खां–प्रवर्त्तक)

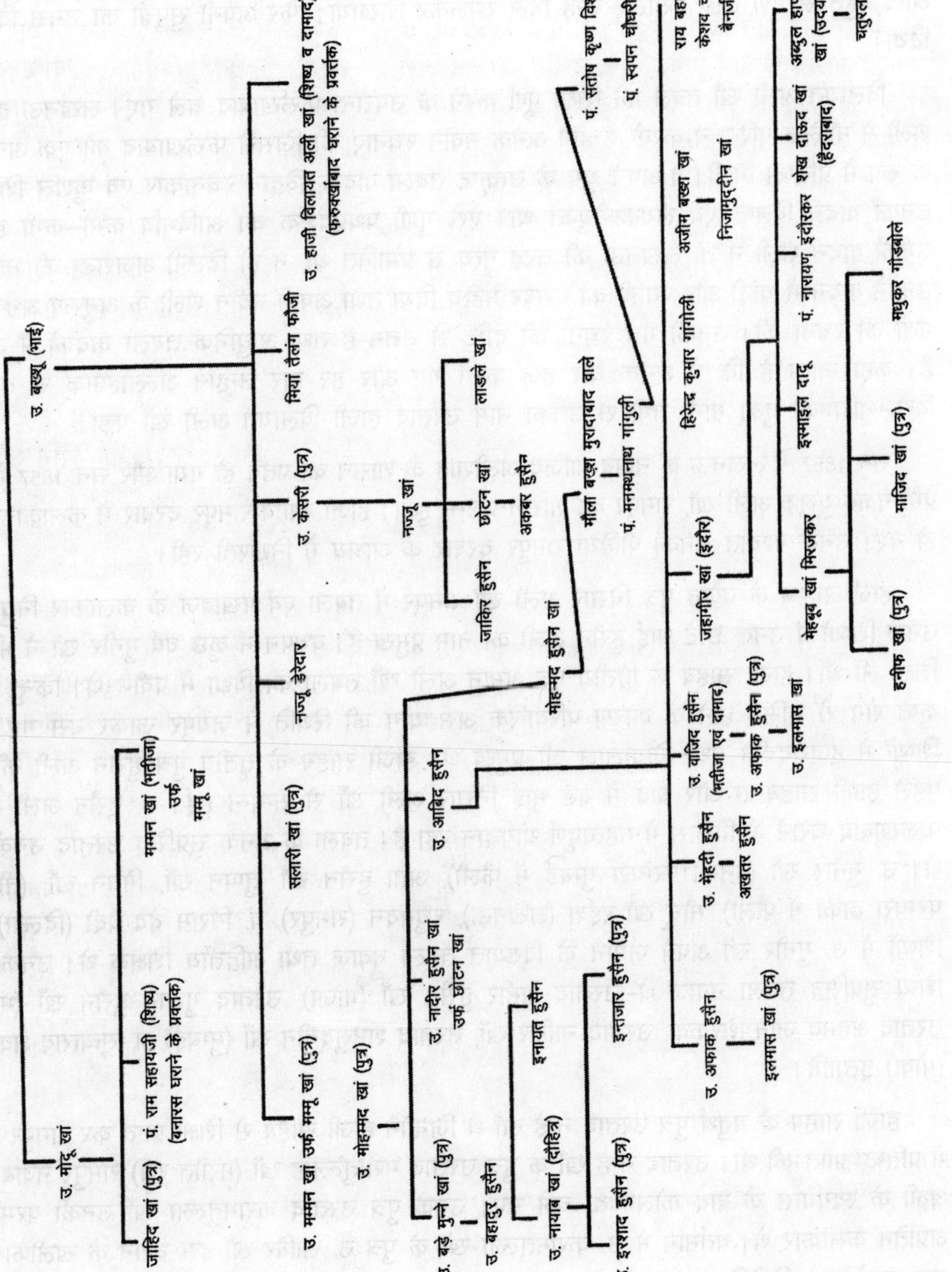

फर्रुखाबाद घराना: फर्रुखाबाद (उत्तर प्रदेश) का एक प्रतिभाशाली युवक विलायत अली को तबला सीखने की इच्छा बचपन से ही थी। सौभाग्य से लखनऊ घराने के प्रवर्त्तकद्वय में से एक उस्ताद बख्शू खाँ ने उन्हें तबला वादन की विधिवत शिक्षा दी। उ. बख्शू खाँ ने विलायत अली में वादन, सर्जन, शिक्षण, आदि बहुत से गुण देखे, इसलिए उन्हें दिल खोलकर सिखाया। फिर अपनी सुपुत्री का उनसे विवाह कर दिया।

विलायत अली खाँ तबले की शिक्षा पूर्ण करने के उपरान्त फर्रुखाबाद चले गए। लखनऊ की वादन शैली में मौलिक परिवर्तन करके उन्होंने अनेक नवीन रचनाएं की जिससे फर्रुखाबाद को एक अन्य घराने के रूप में प्रतिष्ठा मिली। वे अपने युग के उत्कृष्ट तबला वादक, विद्वान रचनाकार एवं कुशल शिक्षक थे। उनका वादन क्लिष्ट एवं लयकारीयुक्त था। ऐसे गुणी पथप्रदर्शक का आविर्भाव कभी–कभी होता है। उनकी वादन शैली न तो लखनऊ की तरह नृत्य से प्रभावित था, न ही दिल्ली अजराड़ा की भांति बंद। उन्होंने वादन में चांटी और स्याही को बराबर महत्व दिया तथा अपनी नवीन शैली के अनुरूप अनेक पृथक गतों की रचना की। उनकी गतें रचना की दृष्टि से उत्तम है तथा आधुनिक तबला वादकों में लोकप्रिय हैं। कहा जाता है कि वे अनेक बार हज करने गए और हर बार उन्होंने अल्लाहपाक से तबले की विद्या–वृद्धि की दुआ मांगी तभी से उनका नाम उस्ताद हाजी विलायत अली खाँ पड़ा।

सन 1857 में लखनऊ के नवाब वाजिद अलीशाह के शासन का पतन हो गया और सन 1857 में संगीत प्रेमी नवाब युसुफ अली खाँ, रामपुर का शासन प्रारम्भ हुआ। हाजी साहब रामपुर दरबार में कलाकार नियुक्त हो गए। उनके पश्चात उनकी पीढ़ियां रामपुर दरबार के आश्रय में निखरती रही।

हाजी साहब के ज्येष्ठ पुत्र निसार अली खाँ रामपुर में तबला एवं पखावज के कलाकार नियुक्त थे। उनके शिष्यों में उनके छोटे भाई हुसैन अली का नाम प्रमुख है। बचपन में कुछ वर्ष मुनीर खाँ ने भी उनसे शिक्षा ली थी। हाजी साहब के द्वितीय पुत्र अमान अली खाँ तबला की विद्या में प्रवीण थे। किन्तु असमय कुष्ठ रोग से ग्रसित होने के कारण परिवारिक असहयोग की स्थिति में जयपुर जाकर बस गए। इनके शिष्यों में हुजुरुद्दीन तथा जियालाल जी प्रमुख थे। हाजी साहब के तृतीय पुत्र हुसैन अली की शिक्षा पहले हाजी साहब से और बाद में बड़े भाई निसार अली खाँ से सम्पन्न हुई। उ. हुसैन अली खाँ का फर्रुखाबाद घराने के विकास में महत्वपूर्ण योगदान रहा है। तबला के अनेक सुप्रसिद्व उस्ताद उनके शिष्य थे। उ. मुनीर खाँ (इनकी परम्परा मुम्बई में फैली), अता हुसैन खाँ, तुप्पन खाँ, मियन खाँ, (तीनों की परम्परा ढाका में फैली), मोघू खाँ रईश (लखनऊ), रघुनंदन (रामपुर), पं. मिराम देव वेदी (दिल्ली) इनके शिष्यों में उ. मुनीर खाँ अपने जमाने के विख्यात तबला नवाज तथा अद्वितीय शिक्षक थे। उनके प्रमुख शिष्य सुप्रसिद्व तबला नवाज थे–उस्ताद अमीर हुसैन खाँ (भांजा), उस्ताद गुलाम हुसैन खाँ (भतीजा), उस्ताद अहमद जान थिरकवा, उस्ताद नासिर खाँ, उस्ताद शमसुद्दीन खाँ (मुम्बई), पं. सुब्बाराव अकोडकर (गोवा) इत्यादि।

हाजी साहब के चतुर्थ पुत्र उस्ताद नन्हें खाँ थे जिन्होंने हाजी साहब से शिक्षा प्राप्त कर रामपुर दरबार में प्रतिष्ठा प्राप्त की थी। उस्ताद नन्हें खाँ के पुत्र उस्ताद मसीतुल्लाह खाँ (मसीत खाँ) रामपुर नवाब हमीद अली के स्वर्गवास के बाद कोलकाता चले गए। उनके पुत्र उस्ताद करामतुल्ला खाँ उनकी परम्परा के अप्रतिम कलाकार थे। वर्तमान में उ. करामतुल्ला खाँ के पुत्र उ. साबिर खाँ इस घराने के खलीफा हैं जो इस घराने का प्रतिनिधित्व कर रहे हैं। उस्ताद मसीत खाँ के शिष्यों में श्री रामचन्द्र बोराल, पंडित ज्ञान

प्रकाश घोष, हिरेन्द्र किशोर राय चौधरी (मैमन सिंह), उस्ताद मुन्ने खाँ (लखनऊ), उस्ताद आजिम खाँ जवरेवाले इत्यादि के नाम विशेष रूप से उल्लेखनीय है। पं. ज्ञान प्रकाश घोष ने कोलकाता में अनेक उत्कृष्ट शिष्यों को तैयार किया है। इनके प्रमुख शिष्यों में पं. कन्हाई दत्त पं. शंकर घोष, पं. श्यामल बोस, पं. अनिन्दो चट्र्जी इत्यादि हैं।

हाजी साहब के दामाद उस्ताद हुसैन बख्श हैदराबाद के निवासी थे जिन्होंने फर्रुखाबाद की विद्या दक्षिण में फैलाई। उस्ताद हुसैन बख्श के शिष्यों में उनके दामाद अल्लादिया खाँ उर्फ अलाउद्दीन खाँ, अलाउद्दीन खाँ के पुत्र मोहम्मद खाँ एवं छोटे खाँ और मोहम्मद खाँ के शिष्य शेख दाऊद के नाम उल्लेखनीय है। हाजी साहब के शिष्यों व परम्परा में चुड़ियावाले इमाम बख्श, बेचाराम चट्टोपाध्याय, मुबारक अली (पटना), उस्ताद करम इत्तला खाँ (उ. अहमदजान थिरकवा के नाना), इनके पुत्र फैयाज खाँ, छुन्नु खाँ इत्यादि। फर्रुखाबाद घराना ने संगीत जगत को एक से एक मुर्धन्य कलाकार, रचनाकार, शिक्षक प्रदान किया है। इस घराने के उत्कृष्ट विद्वानों ने अपना नाम घराने से जोड़कर घराने की विपुल विद्या भण्डार को संचित एवं समृद्ध किया है। आज के भावी साधकों के लिए, परोक्ष एवं प्रत्यक्ष दोनों ही रूप में, वे पथप्रर्दशक बने हुए हैं। इस घराने में शिष्य–प्रशिष्यों का बहुत बड़ा परिवार है। इनमें कादिर बख्श (मुर्शिदाबाद), बाबासाहेब मसेलकर (महाराष्ट्र), निखिल घोष एवं इनके पुत्र नयन घोष, पंठरीनाथ नागेशकर आदि (मुम्बई), हफीज खाँ (उदयपुर), तारा नाथ राव (मंगलोर), शरद खरगोनकर (इंदौर), गजानन ताड़े, केदारनाथ हालदार, मतीन्द्र मोहन बेनर्जी, शंकर घोष, श्यामल बोस, कन्हाई दत्त, उ. साबिर खाँ, (वर्तमान में इस घराने के खलीफा), पं. आनन्दो चट्र्जी इत्यादि कोलकाता, रामप्रवेश सिंह (दरभंगा), अरविंद मुलगांवकर, डा. अबान ई. मिस्त्री, (मुम्बई) इत्यादि प्रमुख हैं।

फर्रुखाबाद घराने के वादन की विशेषता यहां के तबला वादन में स्याही, लव और चांटी को समान महत्व दिया गया, इसलिए न तो बहुत जोरदार और न ही बहुत मुलायम बल्कि इनके मध्य की शैली बन गई। इस घराने में कायदा, पेशकार, रेला, व रेले के नवीन रुप 'रौ' अथवा रविश अधिक बजाए जाते हैं। यहां की सर्वाधिक विशेषता यहां की गते है। उ. हाजी विलायत खाँ, उ. सलारी खाँ, उ. चुड़िया वाले इमाम बख्श आदि की गतों को तबला विद्वान वहुत सम्मान देते हैं। गतों के लयकारी के विभिन्न दर्जों में बजाने का प्रचलन है तथा तकतक, धिरधिर आदि बोलों का विशेष प्रयोग मिलता है। स्वतंत्र वादन के लिए यह उत्तम बाज है। इस घराने के अनेक श्रेष्ठ तबला वादकों ने स्वतंत्र वादन के सुन्दर प्रस्तुतिकरण में बहुत नाम किया है। संगत में भी यह बाज संयत एवं उपयुक्त है।

फर्रुखाबाद घराना
उ. हाजी विलायत अली खां (प्रवर्त्तक)

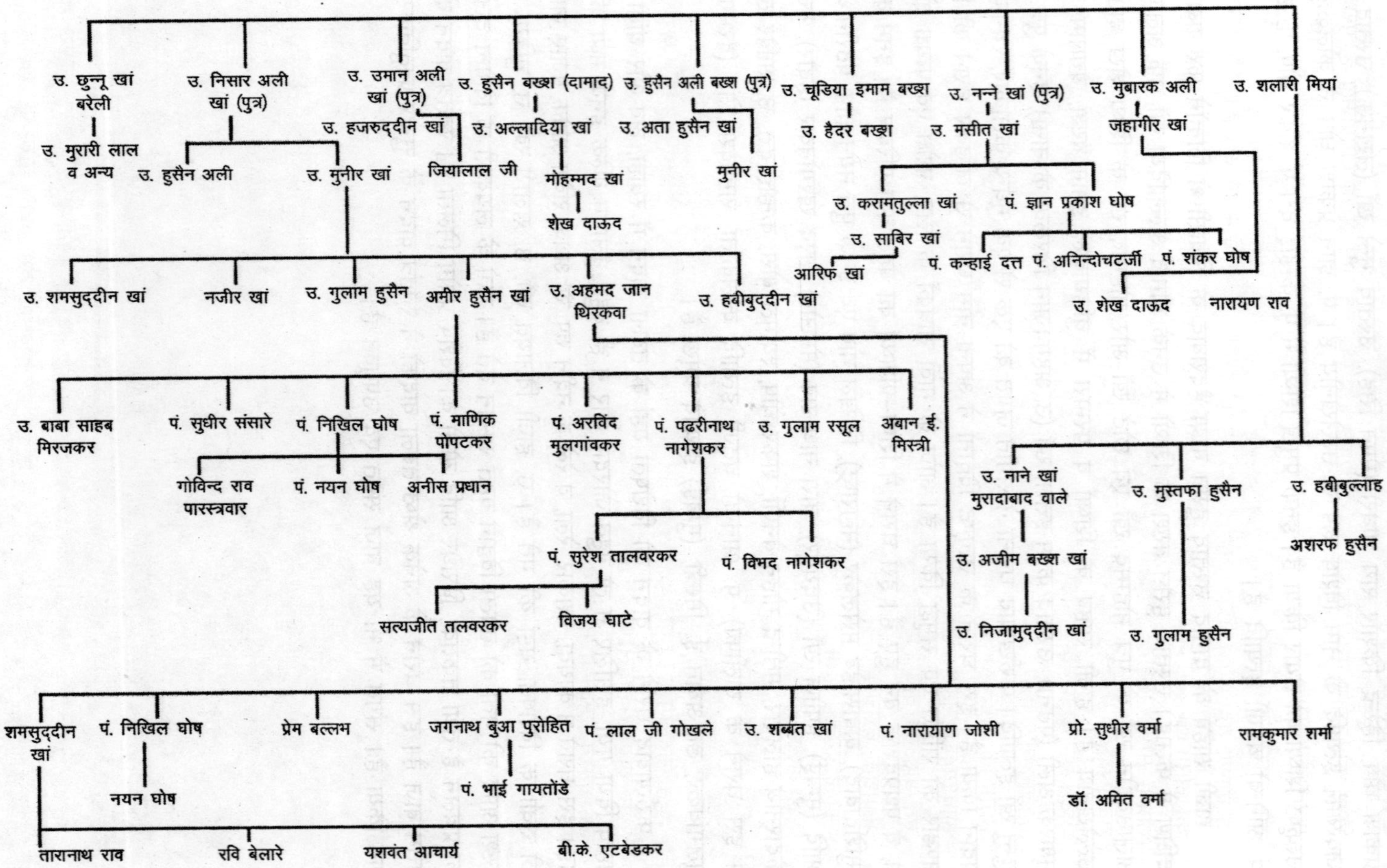

बनारस घराना

विद्या की प्राचीन नगरी काशी जो वाराणसी व बनारस के नाम से भी जगप्रसिद्ध है, पुरातन काल से ही भारत की सांस्कृतिक पवित्र पृष्ठभूमि रहा है। संगीत और संस्कृति का प्रधान केन्द्र होने के कारण संगीत की समस्त विधाएं यहां पल्लवित और पुष्पित होती रही हैं। हिन्दू देवी–देवताओं एवं धार्मिक स्थल होने के कारण यहां का संगीत अध्यात्म तक पहुँचने का सशक्त माध्यम भी रहा है। यही कारण है कि संगीत का आयोजन यहां मंदिरों में भी बखूबी देखने को मिलता है। संगीतज्ञ बिना कोई धन की लालसा के अपनी संगीत साधना मंदिरों में अर्पित कर अपने आपको सौभाग्यशाली समझता है। इस अध्याय के तहत तबला वादन में बनारस घराने की वादन शैली जानने के पहले हमें यह जानना आवश्यक होगा कि तबला वादन की कला क्या पंडित रामसहाय के उस्ताद मोदू खां (लखनऊ घराना के प्रवर्त्तक) से शिष्यत्व होने के बाद शुरू हुआ या यहां पहले भी तबला वादन होता रहा। साथ ही साथ यह भी जानना अति आवश्यक होगा कि तबला वादन की कला उस्ताद मोदू खां से सीखने के बाद पं. राम सहाय जी को क्यों आवश्यकता महसूस हुई या क्या कारण रही जिससे रामसहाय जी को बनारस घराने की नींव रखनी पड़ी एवं यहां की वादन शैली में भिन्नता लाने की जरूरत महसूस हुई। जिससे इस घराने को तबला वादन में पृथक घराने के रूप में मान्यता प्राप्त हुई। ये सभी कारणों का उचित तथ्यों के आधार पर रखने का सफल प्रयास किया गया है जिससे यहां की वादन शैली, निकास विधि एवं विशेषताओं को इस अध्याय तक पहुंचने में सार्थक सिद्ध होगा।

बनारस घराने का तबले का इतिहास तबला के महान प्रवर्त्तक पंडित रामसहाय के काल से प्रारम्भ माना जाता है, किन्तु तबला वादन की परम्परा यहां काफी पहले से रही है। भले ही उस परम्परा को बहुत महत्व नहीं मिला। तबले का इतिहास साक्षी है कि पं. रामसहाय बचपन से ही अपने पिता पं. प्रकाश मिश्र और चाचा से तबला वादन की शिक्षा प्राप्त करते रहे और लखनऊ घराने के उस्ताद मोदू खां से सीखने के पूर्व बाल्यावस्था में ही वे अपने मधुर तबला वादन से लोगों को आकृष्ट करने लगे थे।

पंडित रामसहाय जी

पं. रामसहाय के पूर्वज मूलरूप से हंडिया (इलाहाबाद) के निवासी थे, परन्तु बनारस में आकर बस गये थे। 1797 ई. में जन्मे रामसहाय जब दो वर्ष के शिशु थे, तभी अपने चाचा के तबले को घंटों बजाते रहते

थे। तबले के प्रति उनकी ऐसी रुचि को देखकर उनके परिवार के लोग अति प्रसन्न हुए और तबले की शिक्षा प्रारम्भ कर दी गई। पहले अपने पिताजी से तत्पश्चात् 5 वर्ष की अवस्था में अपने चाचा से विधिवत शिक्षा लेनी प्रारम्भ हुई। आप अपनी 9 वर्ष की अल्पायु में ही इतना प्रभावी तबला वादन करने लगे थे कि जिसे सुनने से ऐसा प्रतीत होता था कि यह बालक नहीं अपितु कोई सधा हुआ तबलावादक वादन कर रहा हो।

किसी संगीत कार्यक्रम के अवसर पर रामसहाय अपने पिता के साथ लखनऊ गए हुए थे, वहां लखनऊ घराने के खलीफा एवं विद्वान उस्ताद मोदू खां जो लखनऊ (अवध) के नवाब आसुफद्दौला के दरबार के प्रमुख कलाकारों में से थे, उन्होंने बालक रामसहाय का आकर्षक तबला वादन सुना तो वे इनसे बहुत प्रभावित हुए और रामसहाय के पिता से विशेष आग्रह करके उन्हें शिक्षा देने की इच्छा स्वयं प्रकट की थी। क्योंकि तब तक मोदू खां के युवा पुत्र जाहिद खां का निधन हो चुका था और वे स्वयं समस्त विद्वता के बावजूद तबले में तैयारी न होने के कारण बिरादरियों में 'परकटे कबूतर' के नाम से उपहास के पात्र बने हुए थे, जो फड़फड़ा तो सकता है, किंतु आकाश में उड़ान नहीं भर सकता। अतः उन्होंने किसी मुसलमान को तबला वादन की शिक्षा न देने की प्रतिज्ञा की थी। यही कारण है कि उस्ताद मोदू खां के शिष्यों में किसी अन्य कलाकार का नाम नहीं मिलता। ऐसे में उन्हें बालक रामसहाय में आशा की एक किरण दिखाई दी क्योंकि उस्ताद मोदू खां ने बालक रामसहाय में वादन, सर्जन, कुशाग्रता, शिक्षण आदि बहुत से गुण देखें। घरानेदार एवं विद्वान कलाकार के रूप में मोदू खां की ख्याति थी ही, अतः रामसहाय के पिता द्वारा इन्कार किए जाने का प्रश्न ही नहीं था। शुभ मुहुर्त देखकर उस्ताद मोदू खां साहब ने रामसहाय को अपने शिष्यत्व में तबला वादन की शिक्षा देना प्रारम्भ कर दिया। इस प्रकार कई वर्ष हो गये।

एक बार उस्ताद मोदू खां किसी कार्यवश अपनी ससुराल (पंजाब) गए हुए थे, तब रामसहाय अपने उस्ताद की बैठक में अकेले बैठे–बैठे रोने लगे तो उस्ताद की पत्नी ने उनसे रोने का कारण पूछा तो वे रोते हुए बोले कि अब मुझे तबला कौन सिखाएगा? यह सुनकर वे हंसने लगी। रामसहाय को धैर्य देते हुए उन्होंने कहा कि "तुम चिन्ता मत करो, मेरे वालिद जान (पिता जी) ने मुझे 500 गतें बताई है जो मैं तुम्हें सिखला दूंगी।" चार माह में ही उन सभी गतों को उन्होंने सिखला दिया। उल्लेखनीय है कि पं. रामसहाय के परम्परा में पंजाबी गतें एवं लाहौरी गतें भी बजाने का विशेष रूप से प्रचलन वर्तमान में भी व्याप्त है। आखिरकार उस्ताद मोदू खां के पंजाब से लखनऊ वापस आने पर उनकी शिक्षा पुनः प्रारम्भ हो गई। इस प्रकार लगभग बारह वर्षों तक राम सहाय जी ने उस्ताद मोदू खां साहब से शिक्षा ग्रहण की और 20–20 घंटे दैनिक अभ्यास करके उनसे प्राप्त विद्या को उच्च शिखर तक पहुंचाया।

बारह वर्षों तक तालीम प्राप्त कर रामसहाय 21 वर्ष के हो गए, तब उस समय के तत्कालीन नवाब गाजीउद्दीन हैदर अवध के गद्दी पर आसीन हुए एवं इनके ताजपोशी की खुशी में एक विशाल संगीत समारोह का आयोजन किया गया। जिसका शुभारम्भ उस्ताद मोदू खां के अनुरोध पर पं. रामसहाय के स्वतंत्र तबला वादन से हुआ जो सात दिनों तक हुआ था। वह कार्यक्रम प्रतिदिन संध्याकाल से प्रारम्भ होकर प्रातःकाल तक चलता था। रामसहाय का वादन सात दिनों तक होता रहा और उसमें उन्होंने पुनरावृत्ति किए बिना अपनी चीजों को प्रस्तुत किया। वहाँ अनेक गायक, वादक तथा नर्तक आमंत्रित किए गए थे। इस जलसे में पं. रामसहाय जी ने अपनी कला–कौशल द्वारा श्रोताओं तथा उपस्थित गुणीजन को आश्चर्यचकित तथा आत्मविभोर कर दिया।

उस्ताद मोदू खां ने नवाब साहब को सम्बोधित करते हुए कहा–'हुजूर यहां जितने भी तबला या मृदंग वादक मौजूद हैं, मैं उन लोगों से कोई रंजिश नहीं रखता, मगर उनके पास ईमान हो तो वे साफ–साफ बताएं कि रामसहाय के बाद कोई तबला बजा सकता है, नवाब साहब के उत्तर देने के पूर्व ही सब कलाकार बोल उठे कि नहीं खाँ साहब! हम लोग ईमान से कह रहे हैं कि अब रामसहाय जी के बाद तबला या मृदंग बजाने का हौसला हममें से कोई नहीं रखता। सभी घरानों के कलाकारों ने स्वीकारा कि पं. रामसहाय सर्वश्रेष्ठ और अद्वितीय तबलावादक हैं। तत्पश्चात् वहां उपस्थित लोगों ने पं. रामसहाय जी की भुजाओं पर फूल–माला चढ़ाकर तथा उन्हें चूमकर सीने से लगा लिया। बुजुर्गों ने आशीर्वाद दिए और छोटों ने उनके पैर छुए तथा उपस्थित विद्वानों ने उन्हें अपने–अपने घराने की दुर्लभ बन्दिशें भेंट की। रामसहाय की यह सफलता वास्तव में मोदू खां की सफलता थी। इस कार्यक्रम के बाद अगर रामसहाय तबला के सम्राट और नायक के रूप में स्वीकारे गए तो मोदू खां महानायक। जलसा समाप्त होने के पश्चात् नवाब साहब ने मोदू खां से रामसहाय को दूसरे दिन इनाम लेने के लिए आने को कहा और खुद महल में चले गए।

"पं. रामसहाय सम्भवतः लखनऊ घराने के ही अनुयायी बनकर रह जाते, किन्तु नियति को कुछ और ही मंजूर था और परिस्थितियों के आगे नतमस्तक पं. रामसहाय को बनारस आकर बनारस घराने की नींव डालने के लिए विवश होना पड़ा। दरअसल हुआ यह कि लखनऊ में आयोजित जलसे में नवाब साहब के समक्ष सभी ने स्वीकार किया था कि अब पं. रामसहाय के बाद कोई भी वादन करने के लिए तैयार नहीं है। परन्तु बाद में खां साहब से उनके सम्बन्धी आदि विशेष नाराज हो गए। रामसहाय के कारण मुसलमान तबला वादकों में इस बात का आतंक छा गया कि अभी तक मात्र उन तक ही सीमित रहने वाली कला एक हिन्दू ब्राह्मण के पास चली गई और वह भी एक मुसलमान के द्वारा। उस पर तुर्रा यह कि वह वर्षों से स्थापित उस्ताद और खलीफों को पछाड़कर एकदम से आकाश में जा पहुंचा। बंद कमरे में गंभीर तिचार–विमर्श के बाद बिरादरी में हुक्का पानी बंद करने की धमकी देकर मोदू खां को इस बात के लिए विवश कर दिया गया कि वे गुरू दक्षिणा में रामसहाय से यह मांग करे कि उनकी सिखलाई हुई शिक्षा का कहीं प्रदर्शन न करें तथा किसी शिष्य को भी न सिखलाएं। बिरादरी के हाथों मोदू खां बंधे हुए थे। शिष्य के इस प्रदर्शन के बाद गुरु दक्षिणा उन्हें मिलनी ही थी। इस दबाव से मोदू खां विहवल हो उठे और लाचार होकर उन्हें यह प्रस्ताव स्वीकार करना पड़ा।"[1]

"दूसरी ओर रामसहाय जी दरबार से प्राप्त लाखों रुपये की धनराशि गुरु चरणों में अर्पित करने के बाद उन्हें अचरज भरी आंखों से देख रहे थे, क्योंकि इतना कुछ पाने के बाद भी उस्ताद ने गुरु दक्षिणा की मांग की थी। रामसहाय बोले–'कहिए उस्ताद क्या नजर करूं आपको? फिर हाथ में गंगाजल और तुलसी का पत्ता लेकर बोले वे–'मैं उस्ताद को....... ' 'उनकी सारी विद्या दान करता हूँ.....' वाक्य पूरा किया मोदू खां ने। रामसहाय पर तो बिजली गिर पड़ी..... काटो तो खून नहीं.......... यकीन नहीं आ रहा था कि समय उनके साथ इतनी बड़ी साजिश भी कर सकता है। पल भर में ही सौभाग्य दुर्भाग्य बन सकता है। लेकिन जो होना था वह हो चुका था। मोदू खां ने अपनी बात पूरी की–'आज के बाद न तो तुम मेरी विद्या का प्रदर्शन करोगे, न ही किसी को सिखाओगे ही...... ।'[2]

वचनबद्ध रामसहाय जब लखनऊ से बनारस पहुंचे तो उनका तबला वादन सुनने और उनसे सीखने के लिए लोगों की भीड़ उमड़ पड़ी। लेकिन पं. रामसहाय उन्हें टालते रहे। आखिर यह सूचना धीरे–धीरे लखनऊ से बनारस तक पहुंच ही गई कि पं. रामसहाय अपने उस्ताद को गुरु–दक्षिणा में दिए वचन से बंधे हुए हैं और तब रामसहाय को एक अलग घराने के निमार्ण का निर्णय लेना पड़ा। आखिर मोदू खाँ

से सीखने के पूर्व भी तो वे तबला बजाते थे। फिर दूसरे घरानों के प्रतिष्ठित उस्तादों द्वारा भेंट की गईं अनेक अनुपम बन्दिशें भी तो उनके पास हैं। और सबसे बड़ी बात उनकी सृजनात्मक प्रतिभा थी। अतः पं. रामसहाय ने एक नवीन वादन शैली का सृजन करते हुए बनारस घराने की नींव डाली।

सर्वप्रथम उन्होंने दाहिने हाथ की अनामिका अंगुली को अर्ध चन्द्राकार मोड़कर तबले के स्याही और चांटी के मध्य में रख कर जोरदार वादन शैली का सूत्रपात किया। इन नवीन–वादन शैली में मृदंग, ताशा, नक्कारा, दुक्कड़, हुडुक इत्यादि वाद्यों की वादन विशेषताओं का समावेश किया और और अपने गुरु मां से प्राप्त गतों का आधार भी लिया, केवल अन्तर यही रखा कि पंजाब के जो बोल तबले पर बंद करके प्रयोग होते थे उसे इन्होंने खोलकर वादन प्रारम्भ कर दिया, फलस्वरूप बनारस बाज के वादन का असीमित विस्तार हो गया। अर्थात् तबला स्वतंत्र वादन के अतिरिक्त गायन शैली की सभी विधाओं जैसे ध्रुपद–धमार, ख्याल, टप्पा, ठुमरी, तराना, गीत, भजन, गजल आदि एवं तन्त्र वाद्य में सितार, सरोद, वीणा आदि तथा नृत्य इन सभी के साथ बेजोड़ संगत करने के लिए विभिन्न रचनाएं की तथा स्वतन्त्र वादन हेतु कायदा, बांट, रेला, टुकड़ा, परण, चक्रदार, लग्गी, लड़ी, उठान, गत, फर्द, छन्द का काम, स्तुति परण आदि। पंडित रामसहाय जी के द्वारा निर्मित यह अद्‌भुत अद्वितीय विलक्षण नवीन शैली ही 'बनारस बाज' के नाम से जग प्रसिद्ध हुई जो आज भी संगीत क्षेत्र में अपना विशिष्ट स्थान बनाए हुए है।

बनारस घराने के तबला विद्वान पंडित छोटेलाल मिश्र का कथन द्रष्टव्य एवं तथ्य ध्यान देने योग्य है कि जिस प्रकार नदी की धारा का स्रोत जहां से प्रवाहित होती है और यह धारा जैसे–जैसे आगे बढ़ती जाती है, वैसे–वैसे धारा का फैलाव एवं गहराई भी अथाह होती जाती है। यह बात तबला वादन के विद्या के ऊपर भी लागू होती है। तबला वादन में दिल्ली घराना नदी के स्रोत के रूप में प्रथम स्थान रहा। इस स्रोत से निकले कई घराने अस्तित्व में आए, जिसके फलस्वरूप वादन के साथ–साथ तबला वादन की विद्या में उत्तरोत्तर वृद्धि हुई। बनारस तबला वादन में पृथक घराना बना, जिसे पं. रामसहाय ने अद्‌भुत, अद्वितीय, विलक्षण नवीन शैली का सूत्रपात किया एवं अनेक बंदिशों की रचना की जिससे बनारस बाज के वादन शैली का असीमित विस्तार हो गया जो आज भी अपना विशिष्ट स्थान बनाए हुए हैं। गौरतलब है कि जहां हर 35–40 वर्ष में एक नए घराने की नींव पड़ जाती थी, वहीं बनारस बाज की स्थापना के 195 वर्ष बाद भी किसी नए घराने की नींव नहीं पड़ी। बनारस घराना अपने स्वतंत्र रूप में अपनी मौलिक विशेषताओं के कारण ही अस्तित्व में आया और यहां से शिक्षा प्राप्त कर कई गणमान्य मूर्धन्य कलाकारों ने अथक परिश्रम एवं चिंतन द्वारा विश्व के मानस पटल पर संगीत जगत में इसकी ख्याति एवं प्रतिष्ठा में उत्तरोत्तर वृद्धि की।

पं. रामसहाय के अद्‌भुत तबला वादन से प्रभावित, सम्मोहित एवं चमत्कृत यों तो लगभग पूरा बनारस ही उनसे सीखने को इच्छुक था, किन्तु उन्होंने काफी सोच समझकर 5 लोगों को अपना शिष्य बनाया। जिनसे आगे चलकर इनके शिष्य परम्परा ने घराने को समृद्ध एवं सुदृढ़ किया। इन 5 कालजयी शिष्यों के नाम इस प्रकार हैः–पं. भगत जी, पं. रामशरण, पं.प्रताप महाराज, पं. बैजू एवं पं. यदुनन्दन। इन पांच शिष्यों के अलावा उन्होंने अपने अनुज पं. जानकी सहाय को नृत्य छुड़ाकर उन्हें भी तबला वादन की उच्चस्तरीय शिक्षा दी। इन्होंने अपने अन्तिम दिनों में अपने अनुज पं. गोरी सहाय के पुत्र पं. भैरव को अपना अन्तिम शिष्य बनाया। पं. रामसहाय का निधन 46 वर्ष की अल्पायु में सन 1843 में हुआ।

बनारस घराने की वंश परम्परा एवं शिष्य परम्परा की लम्बी व समृद्ध श्रृंखला है। पं. जानकी सहाय जी के शिष्य परम्परा में गोकुल जी, विश्वनाथ जी, युसुफ जी, वासुदेव प्रसाद जी थे। पं. विश्वनाथ जी के पुत्र भगवान दास जी, पौत्र बीरु जी थे। पं. बीरू जी के शिष्य बासुदेव प्रसाद जी उनके पुत्र लच्छू जी व शिष्य केदारनाथ भौमिक है। पं. दुर्गा सहाय जी के शिष्य पं. श्याम लाल जी और पं. श्याम लाल जी के शिष्य प्रो. लाल जी श्रीवास्तव एवं प्रो. लालजी श्रीवास्तव के शिष्यों में प्रो. गिरीश चन्द्र श्रीवास्तव, प्रभुदत्त बाजपेयी, अनुपम राय प्रमुख हैं। पं. भैरो सहाय जी एवं पं. बलदेव सहाय जी के शिष्य एवं वंशज पं. हरी महाराज, पं. कंण्ठे महाराज, गणेश दास तथा बेनी माधव जी थे। पं. हरी जी महाराज के पुत्र पं. किशन महाराज (पदम विभूषण) पौत्र पूरन महाराज हैं। पं. कंठे महाराज के शिष्य एवं भतीजा पं. किशन महाराज शिष्य पं. शारदा सहाय, पं. रामशंकर सहाय, यदुनाथ सुपकार, आशुतोष भट्टाचार्य, कृष्ण कुमार गांगोली (नाटू बाबू), विश्वनाथ बोस, पं. बद्री महाराज, पं. अमरनाथ जी महन्त, कामेश्वर नाथ मिश्र आदि हुए। पं. किशन महाराज के शिष्य पं. कुमार बोस, सुखविंदर सिंह नामधारी, कपिलदेव सिंह (पटना), संदीप दास, नन्दन मेहता एवं शुभ शंकर इत्यादि हैं। पं. आशुतोष भट्टाचार्य के शिष्य पं. गोविन्द चक्रवर्ती इत्यादि।

पं. रामसहाय जी के शिष्य पं. भगत जी को तबले का कोषाध्यक्ष कहा जाता था। क्योंकि पं. रामसहाय जी की शिष्य परम्परा में जितनी चीजें उनको याद थीं, उतनी दूसरे को नहीं अर्थात् उनके पास तबले की बंदिशों का अक्षय भंडार था। पं. भगत जी के प्रमुख शिष्यों में पं. भैरो प्रसाद, ढाका के अता हुसैन खाँ, पं. दीनू मिश्र, पं. बुन्दी महाराज, पं. मौलवी राम मिश्र, पं. दामोदर मिश्र, राजा मियां, नज्जू मियां इत्यादि। पं. भैरो प्रसाद जी के शिष्यों में पं. अनोखे लाल मिश्र का नाम अविस्मरणीय व जगत विख्यात है। वे 'ना धिं धिं ना' के जादूगर कहे जाते थे। पं. भैरो प्रसाद जी के अन्य शिष्यों में पं. महादेव मिश्र, सुन्नू महाराज, महावीर भांट आदि थे। पं. अनोखे लाल जी के शिष्य परमारा में पुत्र पं. रामजी मिश्र, शिष्य पं. महापुरुष मिश्र, पं. नागेश्वर प्रसाद मिश्र, पं. छोटे लाल मिश्र, पं. ईश्वर लाल मिश्र, पं. रमेश जी, पं. छक्कन लाल मिश्र, दाऊ मिश्र, पं. काशीनाथ खाण्डेकर, पं. काशीनाथ खाण्डेकर के शिष्य श्री विनोद लेले, अशोक पाण्डेय, पं. खगेनदास (आसाम), पं. खगेनदास के शिष्य सुकुमार बोडठाकुर। पं. महादेव मिश्र के शिष्यों में पं. आनन्द गोपाल बन्दोपाध्याय एवं पुत्र श्री गणेश मिश्र है।

पं. रामजी मिश्रा के शिष्यों में पुत्र संजय कुमार मिश्र, शिष्य देवकिशोर बैनर्जी, कुबेर नाथ मिश्र, किशनराम डोहकर, ललित कुमार, पियो लाल, स्टीफेन (अमेरिका) नारायण मिश्र इत्यादि।

पंडित छोटे लाल मिश्र के शिष्यों में क्रमशः सर्वश्री रामकुमार मिश्र, गिरीन्द्र चन्द्र पाठक 'पप्पू जी', सुरेन्द्र चन्द्र पाठक, अविनाश कुमार रतनमन, उदय सिंह, रोहित मिश्रा, देव किशोर बैनर्जी, सौम्यकांति मुखर्जी, प्यारेलाल, डॉ. पार्थ चक्रवर्ती, डॉ. प्रेम नारायण सिंह, गोविन्द शुक्ला, संजय कुमार मिश्र, डॉ. महेन्द्र शर्मा 'बमबम', डॉ. कुमार ऋषितोष, डॉ. अरूप चट्र्जी, डॉ. शिवेन्द्र प्रताप त्रिपाठी, डॉ. अजय कुमार, रजनीश पाण्डेय, दीपक मिश्र, धनजंय मिश्र, दिवाकर, दीपक सिंह, डॉ. नरेन्द्र पाठक, ओमप्रकाश श्रीवास्तव, लाइपोबम सुर्यचन्द्र शर्मा, जगरनाथ सिंह, शैलेन्द्र कुमार सिन्हा, विजय सम्बयाल 'रंगीले ठाकुर', मनीष पाण्डेय, शिवकुमार शुक्ला, पंकज सिंह, नवल सिंह, आकाश श्रीवास्तव, प्रिया तिवारी, पं. शारदा सहाय के शिष्यों में संजू (विष्णु) सहाय, दीपक सहाय, दीनानाथ मिश्र, किशोर मिश्र, श्याम कुमार मिश्र, रामू पंडित, फ्रांसिस शेफर्ड, शॉन मतिवेत्स्की इत्यादि। विदेशी शिष्यों में क्रमशः सर्वश्री हेनरी रित्जमेन (जर्मनी),

होमनाथ, अच्युत राम भंडारी, अतुल पी. गौतम (नेपाल), मैथ्यू (अमेरिका), चौंग सू किम (कोरिया), डेनियल (स्वीट्जरलैण्ड), नरेश कुमार पंडित, रूपक पंडित (हॉलैण्ड), एड्रियन (इंग्लैण्ड), पीटर (स्वीडन), सैनियो (जापान), चिलटेस दयावान, चन्द्रलाल, रंजन प्रदीप (श्री लंका), ओमरी (इजरायल), मारिया स्टार्लिन (अमेरिका), अकाश विण्टरमायर (जर्मनी) इत्यादि प्रमुख हैं।

पं. ईश्वर लाल मिश्र के शिष्य पुत्र धनंजय मिश्र, काशीनाथ मिश्र, पुंडलिक भागवत, आमत फ्रेंडरिक (फ्रांस), स्टीवेन स्लावेक (अमेरिका), स्टीव (स्वीटजरलैण्ड), संदीप भट्टाचार्य इत्यादि।

पं. रामसहाय जी के शिष्य पं. रामशरण जी के पुत्र पं. दरगाही जी, पौत्र पं. विक्रमादित्य उर्फ विक्कू जी, प्रपौत्र पंडित गामा जी एवं उनके पुत्र पं. रंगनाथ मिश्र. पं. सुरेन्द्र नाथ मिश्र, पं. विजय शंकर मिश्र आदि, पं. विक्कू जी के शिष्यों में पं. सामता प्रसाद उर्फ गुदई महाराज, मुन्नू जी मृदंगाचार्य, शत्रुजंय प्रसाद सिंह उर्फ लल्लन बाबू आदि हैं।

पं. रामसहाय जी के शिष्य पं. प्रताप जी उर्फ परतप्पू जी अत्यन्त प्रतापी कलाकार हुए, प्रताप जी के पुत्र पं. जगनाथ मिश्र, पौत्र शिवसुन्दर मिश्र और हरिसुन्दर मिश्र उर्फ बाचा मिश्र थे। बाचा मिश्र के पुत्र पं. गोदई महाराज एवं पौत्र पं. कुमार लाल मिश्र इत्यादि हैं। इन सभी कलाकारों ने अपनी ख्याति व यश से बनारस घराने के गौरव में निरन्तर वृद्धि कर रहे हैं।

इस घराने में बोलों की निकास पद्धति में गंभीरता होती है। यहां की जनानी गतें, मर्दानी गतें, फर्द, बांट, परन, उठान, पड़ाल, लग्गी, लड़ी, मुखड़ा–मोहरा, रेला, स्तुति परन, तथा छंदों को अधिक महत्व दिया जाता है। यहां के वादन 'उठान' से प्रारम्भ होता है जबकि अन्य घरानों का पेशकार से।

बनारस घराना
पं. राम सहायजी (प्रवर्त्तक)

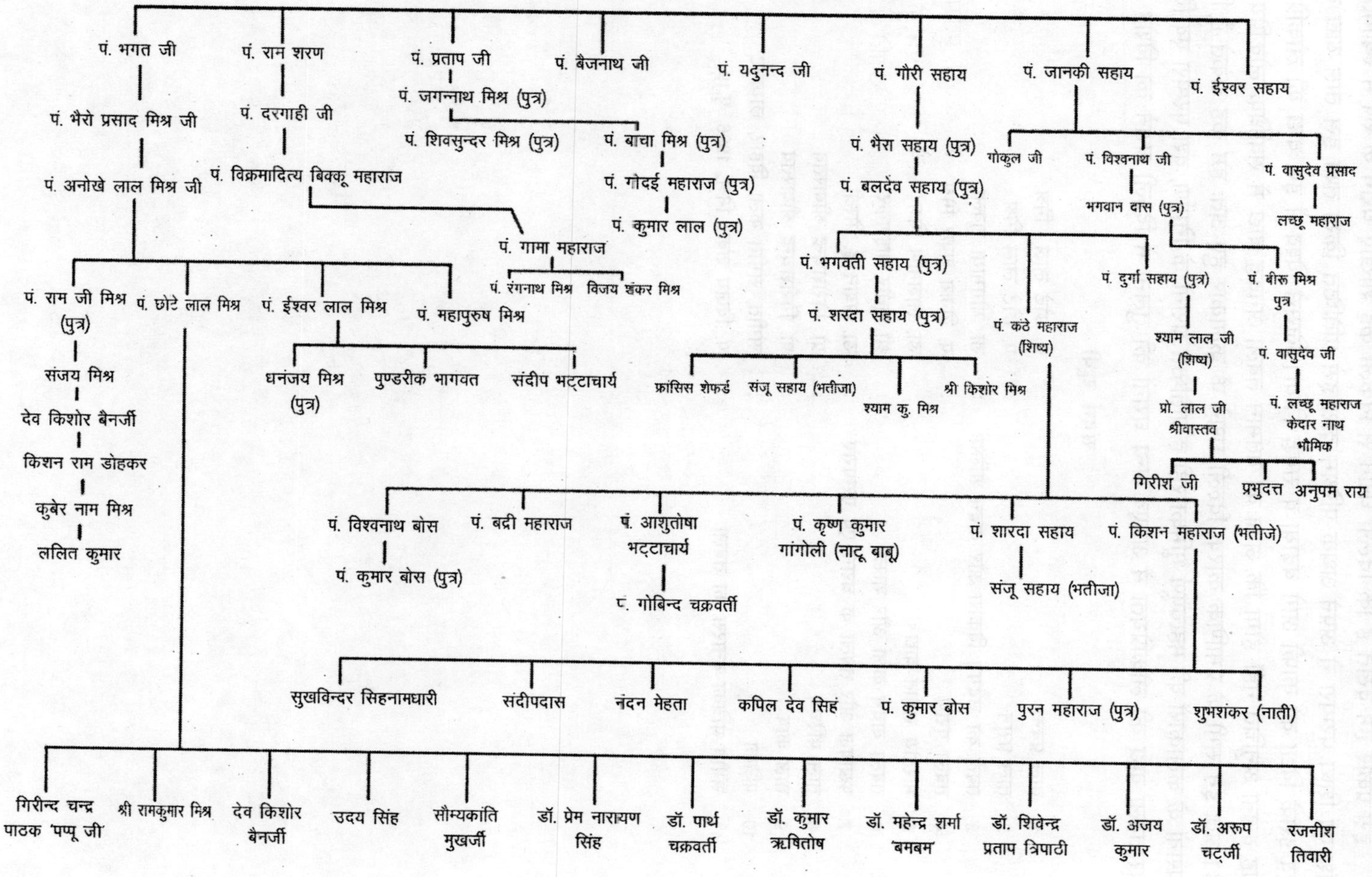

इस प्रकार हम देखते हैं कि दिल्ली घराने से निकली कई शाखाएं घराने के रुप में स्थापित हुई और वंश एवं शिष्य परम्परा ने अपने अथक परिश्रम द्वारा इसे प्रतिष्ठित किया तथा इस ताल वाद्य तबला को एवं इसके विद्या को काफी आगे बढ़ाया व समृद्ध किया। जिससे विश्व में इस वाद्य की लोकप्रियता हुई। यह कहना अनुचित नहीं होगा कि आज का वर्तमान तबला अनवद्ध वाद्य में सर्वाधिक लोकप्रिय तालवाद्य है। अतः इन सभी के प्रमाणिक कारक दिल्ली घराने के कलाकार हुए अतः हम कह सकते हैं कि दिल्ली घरानों के कलाकारों की महत्वपूर्ण भूमिका रही है प्रतिष्ठित घरानों के निर्माण, वंश परम्परा एवं विश्व पटल पर तबला वाद्य की लोकप्रियता में अतएवं अन्य घरानों की तुलना में दिल्ली घराने का विशेष स्थान है।

संदर्भ सूची

1. ताल प्रबन्ध : पं. छोटे लाल मिश्र
2. ताल प्रसून : पं. छोटे लाल मिश्र
3. तबले का उदगम विकास और वादन शैलियां : डा. योगमाया शुक्ला
4. तबला पुराण : पं. विजय शंकर मिश्र
5. भारतीय संगीत वाद्य : डा. लालमणि मिश्र
6. तबला वादन कला और शास्त्र : श्री सुधीर माईणकर
7. पखावज और तबला के घराने एवं परम्पराएं : डा. अबान ई. मिस्त्री
8. ताल परिचय : प्रो. गिरीशचन्द्र श्रीवास्तव
9. ताल कोष : प्रो. गिरीशचन्द्र श्रीवास्तव
10. पत्रिका : संगीत, संगीत कला विहार, छायानट
11. संगीत पत्रिका बनारस का तबला : पं. विजय शंकर मिश्र, 1996, पृ.19

5

तबला वादन में विभिन्न घरानों के कलाकारों द्वारा दिल्ली घराने की वादन शैली का अनुकरण एवं समीक्षा

अनुकरण एक ऐसा व्यवहारिक शब्द है जिसका प्रयोग सामान्यतः किसी धर्म, पंथ अथवा किसी मार्ग विशेष के वैचारिक प्रतिमानों की स्पष्टता के अर्थ में किया जाता है। साथ ही हम यह भी कह सकते हैं कि 'अनुकरण' परम्पराओं अथवा घरानों के सैद्धान्तिक पक्ष को व्यवहारिकता में रुपान्तरित करने का प्रयास करता है। अगर शास्त्रों का सैद्धान्तिक पक्ष अनुकरणीय न होता, तो सारे वेद–वेदान्त, धर्म–दर्शन, उपनिषद, सांख्य सब ऐसे ही बेकार हो जाते, फिर भारतीय जीवन पद्धति में उनका कोई औचित्य नहीं रह जाता। अतएव, आदि से लेकर अब तक हमारे पास जो कुछ भी प्राप्य–अप्राप्य है, सब हमारे पूर्वजों अथवा ऋषियों के स्मरण एवं अनुकरण की ही परम्परा से सम्भव हो पाया है। शास्त्र हमेशा अनुकरण, अनुगमन और अनुशीलन के लिए प्रेरित करते हैं। शास्त्रों ने मनुष्य को हमेशा कर्म में सक्रिय रखने के लिए परम्पराओं के अनुकरण पर बल दिया है। वैज्ञानिक तथ्य भी कुछ इसी ओर इंगित करता है कि हमारे दिमाग की संरचना ही कुछ ऐसी है कि वह हमेशा हमसे कुछ रचनात्मक कर्म की अपेक्षा रखती है। यही गुण हमें धरती के हर जीवधारियों से अलग करता है। कुरुक्षेत्र के रणभूमि में भगवान श्री कृष्ण भी अर्जुन को उपदेश देते हुए परम्पराओं के अनुकरण की बात करते हैं। सतत् कर्म में प्रयत्नशील रहने की व्याख्या के दौरान स्वयं को भी सृष्टि–संरचना में क्रियाशील बताते हैं। कारण कि यदि वे किंकर्त्तव्यविमूढ़ होकर बैठ जाएं, तो सारे लोग तो उन्हीं का अनुकरण करने लगेंगे। ऐसे में सृष्टि का व्यापार विनिमय कैसे चल पायेगा। इसीलिए शास्त्र हमेशा चैरेवेति, चैरेवेति की रट लगाते हैं। अर्थात् चलते चलो, बढ़ते चलो। लेकिन किस–किस मार्ग पर चलने का अभ्यास या अनुकरण करो, जिन मार्गो के बारे में शास्त्रों के सिद्धान्त ने हमें निर्देशित किया है, वही मार्ग पकड़ो अथवा किसी महापुरुष के पदचिन्हों का अनुकरण करो। यह सिद्धान्त पाश्चात्य देशों में भी लागू होता है, वहां के राष्ट्र भी अपने National Hero का अनुकरण करते नजर आते हैं। अपने राष्ट्रनेता के पीछे अपना सर भी कटाने को तैयार रहते हैं। अतः अनुकरण की ही पटरी पर सभ्यताएं अपना ट्रैक बदलती हैं। लेकिन वर्तमान समय में तो इस तरह के राष्ट्र नायकों और धर्म नायकों की बाढ़–सी आ गई है। इतने पथ और पंथ हो चुके हैं, जिनकी गणना भी संभव नहीं है। आज अनुकरण करने वाले अनुयायियों की संख्या इतनी बढ़ती जा रही है, जिसमें यह तय कर पाना कठिन हो जाता है कि वर्तमान के लिए कौन प्रासंगिक है? और कौन अप्रासंगिक है? या फिर किसका

औचित्य महत्वपूर्ण है। ऐसे विभ्रम की स्थिति में व्यक्तियों की प्रमाणिकता से कहीं अधिक प्राचीन शास्त्रों और सिद्धान्तों की प्रमाणिकता उपयुक्त लगती है। हर व्यक्ति अनुकरणीय नहीं हो सकता, हर पथ और पंथ का अनुगमन नहीं किया जा सकता। ऐसे में कौन अनुकरणीय है इसके लिए समझदारी की आवश्यकता हो जाती है। थोड़ा सा स्थिर मति से विचार करने पर यही महसूस होता है कि आधुनिक और प्रगतिशील सिद्धान्तों की अपेक्षा प्राचीन और पारम्परिक अभी भी ज्यादा ठोस और प्रमाणिक है।

अतः भारतीय संगीत में नई शैलियों और परम्पराओं की अपेक्षा, प्राचीन और पारम्परिक घरानों की प्रमाणिकता आज भी प्रासंगिक है। इसलिए कि घरानों के सिद्धान्तों का अनुकरण करने वाले अनुयायियों ने अपने घराने की विशेषताओं को सुरक्षित और क्रियाशील रखने में खुद को एक कठिन अनुशासन में बांधकर एक परम्परा विशेष का अनुकरण किया है।

वर्तमान में बहुत से कलाकार एवं संगीत समीक्षक द्वारा सुनते हुए पाया जा सकता है कि दिल्ली घराना उस्ताद शफात अहमद खां तक ही था, उनके जाने के बाद अब दिल्ली घराने का भविष्य खतरे में है। आज के समय में कोई स्थापित कलाकार दिल्ली घराने का नहीं है जो इस घराने का प्रतिनिधित्व कर सके। अन्य घरानों में जैसे फर्रुखाबाद, बनारस एवं पंजाब घराने के कलाकार देश के अन्य भागों में फैले हैं, उसके वनिस्पत दिल्ली घराने के वादक नहीं मिलते, आखिर क्यों? प्रश्न जितना सरल है उतना ही गंभीर भी।

वर्तमान में राष्ट्रीय स्तर का दिल्ली घराने का कोई कलाकार नहीं है जो इस घराने के वादन वैशिष्ट्यों को अपने वादन से सिद्ध करके अपनी बात को रख सके। गौरतलब है कि कुछ दिन पहले हमारे पास केन्द्रिय संगीत नाटक अकादमी के किसी अधिकारी का मेरे पास फोन आया था कि संगीत नाटक अकादमी भविष्य में तबला वादन के सभी घराने के शीर्षस्थ तबला वादक का एक समारोह करना चाह रहे हैं, कृपया सुझाव के तौर पर आप कुछ कलाकारों का नाम दें। मैं सोच में पड़ गया। मैंने निष्कर्ष निकाला कि फर्रुखाबाद, पंजाब व बनारस घराने के तबला वादक जितने बहुतायत में हैं उस हिसाब से अन्य घराने में बहुत ही कम हैं। मैं तो यहां दिल्ली घराने की बात करना चाहूंगा। यदि दिल्ली घराने की बात करें तो वर्तमान में उ. फैयाज खां के बाद मुझे उनके समकालीन कोई तबला वादक दिख नहीं रहा जिनसे 50–60 मिनट का तबला सुना जा सके। विडम्बना है कि उ. फैयाज खां एक बार लकवा से ग्रसित हुए थे इस वजह से वे भी अभी स्वतंत्र वादन में सक्षम नहीं हैं। कुछ कम उम्र के युवक बजा रहे हैं लेकिन शीर्षस्थ तबला वादक के बीच में उनकी गणना भी नहीं हो सकती। वर्तमान में शुद्धता भी खत्म हो रही है। बताने वाले भी नहीं हैं। जिनके पास मालूमात है उनके पास नए लोग सीखने की जरुरत भी नहीं समझते। आजकल रिकार्डिंग की सुविधा होने की वजह से टेप से ही उड़ाने की फिराक में रहते हैं, जिससे सतही जानकारी का अभाव होता दिख रहा है। विद्वतजन से यह भी सुनने को मिलता है जो कि तर्कसंगत भी है। उनके अनुसार भले ही अन्य घरानों के कलाकार स्थापित हैं घराने का नाम रोशन कर रहे हैं लेकिन कहीं न कहीं से दिल्ली घराने की वादन शैली का अनुकरण अवश्य करते हैं। अन्य घराने के बंदिशों में दिल्ली घराने की छाप दिखाई पड़ती है, लेकिन प्रत्यक्ष रुप से स्वीकारने में रुढ़ है।

सर्वविदित है कि घराने के रुप में दिल्ली प्रथम घराना है तो इसके अनुकरण के संदर्भ में विभिन्न घराने के कलाकारों द्वारा इसके वादन शैली का अनुकरण एवं दूसरे घरानों के बंदिशों में भी दिल्ली घराने की वादन शैली का अनुकरण अवश्य मिलता है, जो स्वाभाविक है। लेखक यहां बनारस घराना के अनुकरण के संदर्भ में यह कहना चाहता है कि तबले के घरानों में बनारस ही स्वतंत्र एवं पृथक घराना

बना। जिसके रचनाओं व शैली में दूसरे घराने की छाप नहीं दिखती है। भले ही उन्होंने दिल्ली घराना के प्रवर्त्तक उ. सिद्धार खां के पौत्र एवं लखनऊ घराना के प्रवर्त्तक उ. मोदू खां साहब से तबला सीखे थे। लेकिन किसी परिस्थितिवश इन्हें बनारस घराने की नींव डालनी पड़ी और उन्होंने अपने विशेष प्रतिभा के तहत बोलों के निकास एवं रचनाओं में मूल परिवर्तन कर नये घराने का सूत्रपात किया। जिससे यहां का तबला सबसे अलग हो गया, उक्त विवरण पिछले अध्याय में मैंने विस्तृत जानकारी देने की कोशिश किया है। बनारस ही अपनी निजी शैली से स्वतंत्र एवं पृथक घराना बना, जिसका उसके किसी घराने से कहीं मेल नहीं खाता। जो आज भी संगीत के क्षेत्र में अपना विशिष्ट स्थान बनाए हुए है। इस घराने की सफलता का रहस्य यह भी कारण है कि जहां हर 35–40 वर्ष में एक नए घराने की नींव पड़ जाती थी। वहीं बनारस बाज की स्थापना के 195 वर्ष बाद भी किसी नए घराने की नींव नहीं पड़ी। दूसरे शब्दों में आवश्यकता महसूस नहीं हुई। सभी घराने की शुरुआत पेशकार से होती है तो बनारस में उठान से।

पहले हमारे संगीतज्ञों को राजा के यहां राजाश्रय प्राप्त था। विभिन्न घरानों के कलाकारों द्वारा दरबार में संगीत की महफिले सजती थी। कलाकारों द्वारा आपस में रचनाओं का भी आदान–प्रदान होता था। यही कारण था कि पहले के कलाकार दूसरे घराने के होते हुए भी अमुक घराने की रचना को विशेष रुचि से पेश करते थे। क्योंकि चौमुखी प्रतिभा होने के कारण कलाकारों में उनकी विशेष योग्यता मानी जाती थी। वैसे कलाकार को विद्वानों की श्रेणी में लिया जाता था। क्योंकि उनके पास तबला वादन शैली का अक्षय भंडार हुआ करता था। राजा के तरफ से भी विशेष धन पुरस्कार के रुप में प्राप्त होता था। जो भी महान तबला वादक हुए हैं उन्होंने तबला वादन में निहित विशेष बन्दिशों को या किसी भी घराने का हो अपनी निजी विशेष रुचि एवं प्रतिभा के बल पर दूसरे घराने की बन्दिशों को अपने तबला कोश में वादन सामग्री सम्मिलित कर बोल रुपी विद्या को गुलदस्तों की तरह सजाया है। दूसरे शब्दों में हम कह सकते हैं कि जब एक व्यक्ति के पास अनेक प्रकार की सुंदर रचनाएं जमा होती हैं तो तबले की दुनिया में उसे ऐसे व्यक्ति को 'गुलदस्ता वादक' के नाम से पुकारा जाता है।

मेरे कहने का तात्पर्य यह है कि भावुकता को टालकर वस्तुनिष्ठता के साथ उसका मूल्यांकन हो। सर्वप्रथम तबला वादन में बनारस घराने पर दृष्टि डालते है तो हम पाते हैं कि बनारस की वादन शैली व रचनाओं में अंतर एवं निकास अलग होने के बावजूद यहां के भी कुछ महान कलाकार हुए हैं जिन्होंने बनारस घराने की बन्दिशों को जितने शुद्ध रुप में वादन किया है उतना ही अन्य घरानों के बन्दिशों को भी आत्मसात कर उन बन्दिशों का सम्मान करते हुए उसी निकास एवं वज़न के साथ चमत्कारिक एवं प्रभावपूर्ण वादन कर 'चारों पट के वादक' होने का गौरव प्राप्त किया है। इनमें से कुछ नाम विशेष हैं–सर्वश्री पं. अनोखेलाल मिश्र, पं. सामता प्रसाद, पं. शारदा सहाय, पं. छोटे लाल मिश्र, पं. रामजी मिश्र, पं. ईश्वर लाल मिश्र एवं पं. कुमार बोस इत्यादि। इनके द्वारा बजाई गई दिल्ली घराने की बन्दिशों को हम आगे उल्लेख करेंगे।

बनारस के अलावा दूसरे घराने के भी महान कलाकार हुए हैं जिन्होंने तबले की विद्या में हर घराने की बन्दिशों का संकलन कर अपने वादन कोश समृद्ध किया है। जैसे–सर्वश्री उ. मुनीर खां, उ. अमीर हुसैन खां, उ. अहमद जान थिरकवा, उ. हबीबुददीन खां, उ. करामतुल्ला, उ. शेख दाऊद, उ. अफाक हुसैन खां, उ. निजामुददीन खां, उ. लतीफ अहमद खां, उ. जाकिर हुसैन, पं. स्वपन चौधरी, उ. साबिर खां एवं पं. अनिन्दो चट्र्जी इत्यादि।

अतः मैंने इस अध्याय को दो भागों में विभक्त कर इसका हल निकालने का एक अभिनव प्रयास किया है।

1. **दिल्ली घराने के बोलों का प्रभाव विभिन्न घरानों की रचना में।**
2. **विभिन्न घरानों के कलाकारों द्वारा दिल्ली घराने की वादन शैली का प्रभाव एवं अनुकरण।**

1. दिल्ली घराने के बोलों का प्रभाव विभिन्न घरानों की रचना में

दिल्ली घराने में कुछ बोल इतने प्रचलित हैं कि इसका अंश बाकी घरानों में भी दिखता है। चूंकि घराने के रुप में दिल्ली प्रथम घराना है अतएव दिल्ली घराने से घराने के रुप में जो शाखाएं सामने आयीं बनारस घराने को छोड़कर सभी घराने में इसका अंश दिखाई पड़ता है। खासकर पंजाब स्वतंत्र घराना होने के बावजूद वहां के रचनाओं में भी दिल्ली का कुछ बोल समूह देखा जा सकता है। जैसे–धाती धागे धिना गिना, तेटे धागे धिना गिना, गिना धागे धिना गिना, धाती गिना तिना किना, धाऽऽधातीधागेन धातीधागेतिनाकिना इत्यादि। यह दिल्ली घराने का सर्वाधिक प्रचलित बोल हैं जो कायदे, पेशकार या कुछ–कुछ गतों में यह बोल समूह लगते हुए हम पाते हैं। अजराड़ा, लखनऊ, फर्रुखाबाद एवं पंजाब घराने के वादन शैली में भी यह बोल सर्वाधिक प्रयोग होता है। ये सभी बोल कायदे, पेशकार या चालों में बजाने का रिवाज है। इसके विपरीत बनारस में धाड़ा गिन तूना कता, धागे नागे तूना कता, धागे नाति केति नाड़ा, धा–तेटे तेटेघिन तकतिंऽ नाड़ इत्यादि। बोल समूह कायदे, बांट इत्यादि रचना में प्रयोग होता है एवं इसके निकास भी अलग है। ये सभी बोल समूह किसी घराने के बंदिश या रचना में प्रयोग होते हुए हम नहीं पाते हैं।

दिल्ली घराने के बोलों का प्रभाव जिन घरानों में हम महसूस करते हैं तथा हमें गुणीजनों से जो भी सुलभ हो सका है उदाहरण के तौर पर मैं यहां कुछ रचनाएं देने जा रहा हूँ।

1. सर्वप्रथम प्रस्तुत है फर्रुखाबाद घराने के कायदे में दिल्ली घराने का प्रभाव–

धाऽतेटे	गिनातेटे	क्रधातेटे	गिनातिना।	
×				
केड़नकतिरकिट	तकताऽतिरकिट	धेटेधागे	तिंनाकिना।	
2				
ताऽतेटे	किनातेटे	क्रतातेटे	किनातिना।	
0				
केड़नकतिरकिट	तकताऽतिरकिट	धेटेधागे	धिंनागिना।	धा
3				×

2. लखनऊ घराने के कायदे में दिल्ली घराने का प्रभाव–

क.	धाऽतिर	किटधिऽ	नागे	धिना।
	×			
	गिना	धागे	तिना	किना।
	2			

	ताऽतिर	किटतिऽ	नाके	तिना।	
	0				
	गिना	धागे	धिना	गिना।	धा
	3				×
ख.	धातिरकिटधा	गिनाधाऽ	धिनाधागे	तूनाऽऽ।	
	×				
	धागेनधा	तिरकिटधिन	गिनाधागे	तिनाकिना।	
	2				
	तातिरकिटता	किनाताऽ	तिनाताके	तूनाऽऽ।,	
	0				
	धागेनधा	तिरकिटधिन	गिनाधागे	धिनागिना।	धा
	3				×

3. अजराड़ा घराने के कायदे में दिल्ली घराने का प्रभाव–

1.	धाति	धागे	नधा	किटतक।	
	×				
	धाति	धागे	तिना	किना।	
	2				
	ताति	ताके	नता	किटतक।	
	0				
	धाति	धागे	धिना	गिना।	धा
	3				×
2.	धा–गिन	धातीधाधा	तिरकिटधाऽतिर	किटतकतिरकिट।	
	×				
	धातीधागे	नधातीधा	गिनधागे	तिनाकिना।	
	2				
	ता–किन	तातीताता	तिरकिटधाऽतिर	किटतकतिरकिट।	
	0				
	धातीधगि	नधातीध	गिनधागे	धिनागिना।	धा
	3				×

4. अन्त में हम पंजाब घराने के कायदे में दिल्ली घराने के प्रभाव पर चर्चा करेगें।

क.	धाऽतिर	किटतक	तिरकिट	धाऽतिर।
	×			
	किटतक	तिरकिट	धाती	धागे।
	2			

	धिना	गिना	धाती	धागे।	
	0				
	धाती	धागे	तिंना	किना।	
	3				
	ताऽतिर	किटतक	तिरकिट	ताऽतिर।	
	×				
	किटतक	तिरकिट	धाती	धागे।	
	2				
	धिंना	गिना	धाती	धागे।	
	0				
	धाती	धागे	धिंना	गिना।	धा
	3				×
ख.	धाधा	गेधे	तेटे	तिधा।	
	×				
	गिना	धागे	धिना	गिना।	
	2				
	धेटे	धेटे	धगि	नधा।	
	0				
	तेटे	धागे	तिना	किना।	
	3				
	ताता	केते	तेटे	तिता।	
	×				
	किना	ताके	तिना	किना।	
	2				
	धेटे	धेटे	धगि	नधा।	
	0				
	तेटे	धागे	धिना	गिना।	धा
	3				×
ग.	धात्रकधे	तेटेगेत्र	कधेतेटे	धातीधागे।	
	×				
	धिनागिना	धातीधागे	धातीधागे	तिनाकिना।	
	2				

	तात्रकते	तेटेकेत्र	कतेतेटे	धातीधागे।	
	0				
	धिनागिना	धातीधागे	धातीधागे	धिनागिना।	धा
	3				×
घ.	धागेधिंना	ऽधातिधा	घेनाधिना	ऽधातिधा।	
	×				
	गिनधाती	धागेधिना	गिनाधागे	तिनाकिना।	
	2				
	ताकेतिंना	ऽतातिता	केनातिंना	ऽधातिधा।	
	0				
	गिनधाती	धागेधिना	गिनाधागे	धिनागिना।	धा
	3				×

2. विभिन्न घरानों के कलाकारों द्वारा दिल्ली घराने की वादन शैली का प्रभाव एवं अनुकरण

विभिन्न घरानों में कई महान कलाकार हुए हैं जिन्होंने अपनी कला को अत्यन्त कलात्मकता के साथ नावीन्यपूर्ण रुप में प्रस्तुत किया है। इन कलाकारों ने अपने–अपने घराने का शैलीगत वादन शुद्ध रुप से बजाते हुए दूसरे घरानों के प्रति समभाव रखते हुए वहां की बंदिशों को विशेष रुचि के तहत अपने वादन में उसे सजाया है। ऐसे मूर्धन्य कलाकार को गुणग्राही रसिक संगीत समाज ने उन्हें 'चारों पट के वादक' के नाम से सुशोभित किया है। इन मूर्धन्य कलाकारों ने भी अन्य घरानों के बंदिशों के अतिरिक्त दिल्ली घराने की विशिष्टता का भी सूक्ष्म रुप से गंभीर चिंतन एवं रुचिपूर्ण चमत्कारिक एवं प्रभावपूर्ण वादन किया है। गौरतलब है कि जब एक कलाकार के पास अनेक प्रकार की सुंदर रचनाएं जमा हो जाती हैं तो तबले की दुनिया में उसे ऐसे कलाकार को 'गुलदस्ता वादक' के नाम से पुकारा जाता है। इनमें से कुछ मूर्धन्य कलाकारों का नाम मैं यहां देने जा रहा हूँ। इनमें से कुछ मूर्धन्य कलाकारों को तो मैंने प्रत्यक्ष भी सुना है, तो कुछ कलाकारों का ध्वनि मुद्रण के माध्यम से सुनने का सौभाग्य प्राप्त हुआ है। कुछ ऐसे भी कलाकार हैं जिन्हें मुझे अपने गुरुओं, बुजुर्गों एवं स्वयं के अध्ययन के तहत जानकारी मिली है। पांचों घरानों के कलाकारों का नाम मैं यहां देने जा रहा हूँ। उदाहरण के तौर पर–

1. **बनारस घराने के कलाकारों में:** सर्वश्री 'ना धिं धि ना' के जादूगर पं. अनोखेलाल मिश्र, पं. सामता प्रसाद उर्फ गोदई महाराज, पं. शारदा सहाय, पं. छोटे लाल मिश्र, पं. रामजी मिश्र, पं. ईश्वर लाल मिश्र, पं. कुमार बोस इत्यादि।

2. **फर्रुखाबाद घराने में:** उ. अमीर हुसैन खां, उ. अहमद जान 'थिरकवा', उ. करामतुल्ला खां, उ. निजामुददीन खां, उ. साबिर खां एवं पं. अनिन्दो चट्र्जी इत्यादि।
3. **लखनऊ घराने में:** उ. आफाक हुसैन खां, उ. शेख दाऊद, पं. स्वपन चौधरी इत्यादि।
4. **अजराड़ा घराने में:** उ. हबीबुददीन खां।
5. **पंजाब घराने में:** उ. जाकिर हुसैन इत्यादि।

मुझे इन मूर्धन्य कलाकारों द्वारा बजाया गया जो भी बोल सुलभ हो सका है। यहां मैं देने का प्रयास कर रहा हूँ।

1. सर्वप्रथम हम बनारस घराने के कलाकारों द्वारा दिल्ली घराने की वादन शैली के प्रभाव पर चर्चा करेंगे।

बनारस घराने के महान तबला वादक पंडित अनोखेलाल मिश्र द्वारा बजाया हुआ दिल्ली घराने का कायदा प्रस्तुत है।

क.	धाते	टेधा	तेटे	धाधा।	तेटे	धागे	तिना	किना।
	ताते	टेता	तेटे	धाधा।	तेटे	धागे	धिना	गिना।

इस कायदे को पं. अनोखेलाल जी ने अपने विलक्षण प्रतिभा से अद्वितीय वादन किया है। तेटे की जो वजन है वो देखते बनता है। इन्होंने इस बोल को दो उंगली से दिल्ली घराने के निकास के अनुसार वादन किया है। इस कायदे को इनसे सुनने के बाद गुणग्राही संगीतज्ञ को भ्रम हो जाता था कि ये बनारस घराने के तबला वादक हैं। इस कायदे के प्रस्तार के रुप में बल भी इनका बहुत ही सुन्दर व प्रभावशाली होता था। ऐसे महान कलाकार का आविर्भाव सदियों में होता है। इनके द्वारा बजाई गई इस कायदे के प्रस्तार से निकली नवनिर्मित कायदा उदाहरण के तौर पर–

कायदा के प्रस्तार से निकली नवनिर्मित कायदा

धेटे	धेटे	धगि	नधा।	तेटे	धागे	धिना	गिना।
धाऽ	ऽधा	तेटे	धाधा।	तेटे	धागे	तिना	किना।
तेटे	तेटे	तकि	नता।	तेटे	ताके	तिना	किना।
धाऽ	ऽधा	तेटे	धाधा।	तेटे	धागे	धिना	गिना।

अर्धविराम देकर इस नवनिर्मित कायदा बजाकर इसकी प्रस्तुति में पं. मिश्र जी विलक्षण सौन्दर्य का निर्माण करते थे।

धाती	धगि	नधा	तिरकिट।	धाति	धागे	तिना	किना।
ताती	तकि	नता	तिरकिट।	धाति	धागे	धिना	गिना।

इस कायदे के बोल जैसे धाती, धगिन, तिरकिट के प्रस्तार में पं. अनोखेलाल जी के कलात्मक सृजनशीलता व विद्वता का परिचय मिलता है। हर प्रस्तार में श्रोता को अद्‌भुत रस का आनन्द प्राप्त होता है। इनके द्वारा बजाया अक्षर 'धगिन'। बाएं में 'गे' इतना सुन्दर प्रतीत होता है कि रोंगटे खड़े हो जाते हैं। इनके द्वारा इस कायदे के प्रस्तार से निकली नवनिर्मित कायदा उदाहरण के तौर पर–

धगि नधा तिरकिट धाती। धाती धागे तिना किना।

तकि नता तिरकिट धाती। धाती धागे धिना गिना।

इस नवनिर्मित कायदे का बजाया हुआ इनका प्रस्तार लम्बे समय तक व सम्मोहक होता था।

2. पं. सामता प्रसाद उर्फ गोदई महाराज द्वारा बजाया हुआ दिल्ली घराने का बोल प्रस्तुत है–

धिनधिनागिन धागेतिरकिट धाऽधेड़नग तिनतिनाकिन।

तिनतिनाकिन ताकेतिरकिट धाऽधेड़नग धिनधिनागिन।

पं. सामता प्रसाद इस बोल को प्रायः संगत या स्वतंत्र वादन में इसे कायदे के रुप में तथा कभी–कभी पेशकार में भी बहुत ही खूबसूरत व आकर्षक प्रस्तुति से दर्शकों को मुग्ध कर देते थे।

धाऽऽधातिधागेन धातिधागेधिनागिना धगिनधातिधागेन धातीधागेधिनागिना

इस बोल को पं. गोदई महाराज स्वतंत्र वादन में ठेके के भराव के समय बीच–बीच में उपयोग में लाते थे। संगत में भी इसे यह प्रायः बजाया करते थे। इस बोल में इनका बाएं–दाएं का लड़गुथाव बहुत ही प्रभावशाली हुआ करता था।

धाति धागे नधा तिरकिट। धाति धागे धिना गिना।

धाऽतिर किटधा तिधा तिरकिट। धाति धागे तिना किना।

ताति ताके नता तिरकिट। ताति ताके तिना किना।

धाऽतिर किटधा तिधा तिरकिट। धाति धागे धिना गिना।

इस कायदे को पं. गोदई महाराज स्वतंत्र वादन में अक्सर रुचिपूर्ण वादन करते थे, जो बहुत ही खूबसूरत हुआ करता था। शास्त्र के दृष्टिकोण से शुद्धता न होने के बावजूद आकर्षक लगने के कारण इस कायदे में इन्होंने अंतिम भाग स्वयं जोड़े थे। जैसे–

धाऽतिर किटधा तिधा तिरकिट। धाति धागे तिना किना।

3. पं. शारदा सहाय द्वारा बजाया हुआ दिल्ली घराने का बोल–

1. धाऽ ऽधा तिधा गिन। धाति धागे धिना गिना।
   धगे नधा तिधा गिन। धाति धागे तिना किना।

	ताऽ	ऽता	तिता	किन।	ताति	ताके	तिना	किना।
	धगे	नधा	तिधा	गिन।	धाती	धागे	धिना	गिना।
2.	धाते	टेधा	तेटे	धाधा।	तेटे	धागे	तिना	किना।
	ताते	टेता	तेटे	धाधा।	तेटे	धागे	धिना	गिना।

स्वतंत्र वादन में यह कायदा उनसे अक्सर सुनने को मिलता था। इस कायदे में ये 'तेटे' उल्टे बजाते थे जैसे 'ते' तर्जनी एवं 'टे' मध्यमा एवं अनामिका के संयुक्त आघात द्वारा। पंडित शारदा सहाय की बजाई हुई ये रचना बहुत ही वीर रस युक्त खूबसूरत हुआ करता था।

4. पंडित छोटे लाल मिश्र द्वारा बजाया हुआ दिल्ली घराने का बोल प्रस्तुत है–

धाऽ	क्रधा	तीधा	गिना।	धाति	धागे	धिना	गिना।
धाऽतिर	किटतक	तकधाऽ	तिरकिट।	धाती	धागे	तिना	किना।
ताऽ	क्रता	तीता	किना।	ताती	ताके	तिना	किना।
धाऽतिर	किटतक	तकधाऽ	तिरकिट।	धाती	धागे	धिना	गिना।

पंडित छोटे लाल मिश्र इस कायदे को अक्सर स्वतंत्र वादन में विशेष रुचि से बजाते थे जो बहुत खुबसूरत हुआ करता था। इस कायदे के प्रस्तार करने के पश्चात् पं. छोटे लाल मिश्र इसे आधे भाग को मुख्य बनाकर नये कायदे के रुप में भी इसे पेश करते थे। जैसे : नवनिर्मित कायदा–

धाऽतिर	किटतक	तकधाऽ	तिरकिट।	धाति	धागे	तिना	किना।
ताऽतिर	किटतक	तकधाऽ	तरकिट।	धाति	धागे	धिना	गिना।

इस कायदे को मुख्य मानकर फिर इसका भी बल वो प्रस्तार के रुप में खोलते थे। ऐसा करने से इस कायदे में नवीनता महसूस होती थी। अन्त में धाऽतिर किटतक तकधाऽ तिरकिट का उलट–पलट कर अद्भुत रस का निर्माण कर श्रोताओं में रोमांच की स्थिति पैदा कर देते थे।

धिनधिनागिन	धागेतिरकिट	धाऽघेड़नग	तिनतिनाकिन।
तिनतिनाकिन	ताकेतिरकिट	धाऽघेड़नग	धिनधिनागिन।

इस कायदे को पं. छोटे लाल मिश्र पेशकार वादन तथा संगत में इसकी बढ़त अच्छी तैयारी में व विद्वतापूर्ण करते थे।

धाते	टेधा	तेटे	धाधा।	तेटे	धागे	तिना	किना।
ताते	टेता	तेटे	धाधा।	तेटे	धागे	धिना	गिना।

इस कायदे को पं. छोटे लाल मिश्र दिल्ली घराने के निकास के अनुसार दो उंगली से मीठा और सुन्दर बजाते थे। इसकी बढ़त भी इनके द्वारा बहुत ही सुन्दर और प्रभावशाली होता थी। इस कायदे को पं. मिश्र जी ठाह के बाद उसे आड़लय में थोड़ा सा अन्तर करके अच्छी तरह के कलात्मक विस्तार के

जरिये अपना तबला वादन पेश करते हुए उसमें विलक्षण सौन्दर्य का निर्माण करते थे। कायदे के मुख्य बोल चतुरस्त्र के बाद तिस्र फिर चतुरस्त्र का विस्तार करते समय वे कभी–कभी विभिन्न जगहों से तिहाई बजाकर उस बंदिश को नए रुप में पेश कर कार्यक्रम को आकर्षक बना देते थे। इनके द्वारा बजाई गई इस कायदे के प्रस्तार से निकली नये कायदे के भी दर्शन प्राप्त होते थे।

कायदा के प्रस्तार से नवनिर्मित कायदा–

धेटे	धेटे	धगि	नधा।	तेटे	धागे	धिना	गिना।
धाऽ	ऽधा	तेटे	धाधा।	तेटे	धागे	तिना	किना।
तेटे	तेटे	तकि	नता।	तेटे	ताके	तिना	किना।
धाऽ	ऽधा	तेटे	धाधा।	तेटे	धागे	धिना	गिना।

अर्धविराम देकर इस नवनिर्मित कायदे बजाने से रचना को नया रुप मिलता था।

धाऽ	क्रधा	तीधा	गिना।	धाती	धागे	धिना	गिना।
धाती	धागि	नाधा	तीधा।	गिना	धागे	तिना	किना।
ताऽ	क्रता	तीता	किना।	ताती	ताके	तिना	किना।
धाती	धगि	नाधा	तीधा।	गिना	धागे	धिना	गिना।

पं. छोटे लाल मिश्र द्वारा स्वतंत्र वादन में इस कायदे को कभी–कभी सुनने को मिलता था। विशेषकर इस कायदे के बोलों में दाएं बाएं का लड़गुथाव व तैयारी में गूंजयुक्त वादन तथा प्रस्तार में उचित शब्दों और अक्षरों पर स्वल्प व अर्धविराम की आकर्षक प्रस्तुति इनके वादन द्वारा देखी जा सकती थी।

5. पं. रामजी मिश्रा द्वारा बजाया हुआ दिल्ली घराने के बोल प्रस्तुत है–

धाते	टेधा	तेटे	धाधा।	तेटे	धागे	तिना	किना।
ताते	टेता	तेटे	धाधा।	तेटे	धागे	धिना	गिना।

पं. रामजी मिश्रा इस कायदे को अक्सर बजाया करते थे। इसका विस्तार अत्यन्त ही खूबसूरत और प्रभावपूर्ण करते थे। इस कायदे के निकास में कभी–कभी दिल्ली के निकास के अनुसार दो उंगली से कभी–कभी इसकी प्रस्तुतियों में तेटे को उल्टे 'ते' तर्जनी और 'टे' मध्यमा, अनामिका उंगली के संयुक्त आघात से बजाकर प्रस्तुति दिया करते थे।

धिनधिनागिन	धागेतिरकिट	धाऽघेड़नग	तिनतिनाकिन।
तिनतिनाकिन	ताकेतिरकिट	धाऽघेड़नग	धिनधिनागिन।

इस कायदे को पं. रामजी मिश्रा विशेष रुचि से अत्यधिक तैयारी में व मीठा बजाया करते थे। इस कायदे के छोटे–छोटे बल भी प्रस्तार के रुप में बहुत ही सुन्दर करते थे तथा इसकी बढ़त भी इनके द्वारा बहुत ही विद्वतापूर्ण होती थी।

6. पं. ईश्वर लाल मिश्र द्वारा दिल्ली घराने का बजाया हुआ बोल प्रस्तुत है–

क.	धाऽ	ऽधा	तिधा	गिन।	धाति	धागे	धिना	गिना।...........
ख.	धगि	नधा	तिधा	गिन।	धाति	धागे	धिना	गिना।..........
ग.	धाऽ	क्रधा	तीधा	गिन।	धाती	धागे	धिना	गिना।...........
घ.	धाते	टेधा	तीधा	गिन।	धाती	धागे	धिना	गिना।.... इत्यादि

इस बोल समूह को पं. ईश्वर लाल मिश्र बहुत ही अच्छा प्रयोग करते हैं। तिहाइयों की प्रभावात्मक प्रस्तुतिकरण में पं. ईश्वर लाल मिश्र की सर्वाधिक विशेषता है। इस बोल में भी संगत में भिन्न–भिन्न जगहों से तिहाई बजाकर मुख्य कलाकार के कार्यक्रम को आकर्षक बना देते हैं।

धिनधिनागिन	धागेतिरकिट	धाऽघेड़नग	तिनतिनाकिन।
तिनतिनाकिन	ताकेतिरकिट	धाऽघेड़नग	धिनाधिनागिन।

यह बोल भी इन्हें सर्वाधिक प्रिय रहा है। पेशकार या चाल में इस बोल को बहुत ही अच्छे से सजाकर विद्वतापूर्ण प्रस्तुत करते हैं।

7. पं. कुमार बोस द्वारा दिल्ली घराने का बजाया हुआ बोल प्रस्तुत है–

धाऽ	क्रधे	तेटे	गिना।	धाती	गिना	तिना	किना।
ताऽ	क्रते	तेटे	किना।	धाती	गिना	धिना	गिना।

आड़ लय

धाऽक्रधेतेटे	गिनतिनाकिन	ताऽक्रतेतेटे	गिनधिनागिना।

इस कायदे को पं. कुमार बोस पहले ठाह उसके बाद आड़ एवं बाद में दुगुन में प्रस्तुत करते हैं। इस कायदे में पं. कुमार बोस गमक का प्रयोग अच्छी तैयारी में बहुत ही सुन्दर करते हैं।

धाते	टेधे	तेटे	गिना।	धाति	गिना	तिना	किना।
ताते	टेते	तेटे	किना।	धाति	गिना	धिना	गिना।

इस कायदे से निर्मित रेला–

धाऽतिर	किटधेर	धेरधेर	किटतक।
धाऽतिर	किटतक	तिऽनाऽ	किटतक।
ताऽतिर	किटधेर	धेरधेर	किटतक।
धाऽतिर	किटतक	धिऽनाऽ	किटतक।

सर्वाधिक प्रचलित इस रचना को पं. कुमार बोस ने बहुत ही खूबसूरती से कायदे के बाद इससे निर्मित रेला का वादन किया है।

अब हम फर्रुखाबाद घराने के कलाकारों द्वारा दिल्ली घराने की वादन शैली के प्रभाव पर चर्चा करेंगे।

उस्ताद अमीर हुसैन खां द्वारा दिल्ली घराने का बजाया हुआ बोल प्रस्तुत है–

धाऽतिरकिट	तकतिरकिट	धाऽतिऽगिऽ	नऽगिऽनऽ।
धाऽतिऽगेऽ	नऽधाऽतिऽ	धाऽतिऽकिऽ	नऽकिऽनऽ।
ताऽतिरकिट	तकतिरकिट	ताऽतिऽकिऽ	नऽकिऽनऽ।
धाऽतिऽगेऽ	नऽधाऽतिऽ	धाऽतिऽगिऽ	नऽगिऽनऽ।

इस कायदे को उ. अमीर खां ने अच्छी तैयारी में गमकयुक्त बहुत ही खूबसूरत एवं विद्वतापूर्ण हुआ करता था।

उस्ताद अहमद जान थिरकवा द्वारा दिल्ली घराने का बजाया हुआ बोल निम्नलिखित है।

1.	धाऽगिन	तकधिन	धिनागिना	तकधिन।
	धिनागिन	धाऽगिन	तकतिन	तिनाकिन।
	ताऽकिन	तकतिन	तिनाकिना	तकधिन।
	धिनागिन	धाऽगिन	तकधिन	धिनागिन।

2.	धाते	टेधा	तेटे	धाधा।	तेटे	धागे	तिना	किना।
	ताते	टेता	तेटे	धाधा।	तेटे	धागे	धिना	गिना।

ये सभी कायदे थिरकवा खां साहब अपनी विलक्षण प्रतिभा से अच्छी तैयारी में व विशेष रुचि से प्रस्तुत करते थे। इनका बजाया दिल्ली घराने का एक और कायदा मैं देने जा रहा हूँ जो उन्हें सर्वाधिक प्रिय था। वह कायदा है–

धाऽधिंऽऽऽधाऽ	तिरकिटधागेत्रक	धिनागिनाधागेत्रक	तकधिनधिनागिन
धागेतिरकिटधा	धिनधिनागिनधागे	तिरकिटतकधिन	तकतिनतिनाकिन
ताऽतिंऽऽऽताऽ	तिरकिटताकेत्रक	तिनाकिनाताकेत्रक	तकतिनतिनाकिन
धागेतिरकिटधा	धिनधिनागिनधागे	तिरकिटतकधिन	तकधिनधिनागिन

दुगुन लय में जिस प्रकार खां साहब इसे बरतते थे, ये इनकी विशेष प्रतिभा थी।

धाते	टेधे	तेटे	गिना।	धाति	गिना	तिना	किना।
ताते	टेते	तेटे	किना।	धाति	गिना	धिना	गिना।

इस कायदे से निर्मित रेला को सर्वाधिक लोकप्रिय करने का श्रेय भी थिरकवा खां साहब को है, इस कायदे से निर्मित रेला है–

धाऽतिर	किटधेर	धेरधेर	किटतक।
धाऽतिर	किटतक	तिंऽनाऽ	किटतक।
ताऽतिर	किटतेर	तेरतेर	किटतक।
धाऽतिर	किटतक	धिऽनाऽ	किटतक।

आज इस रेला को सारे हिन्दुस्तान के तबला वादक बजा रहे हैं।

उ. करामतुल्ला खां द्वारा दिल्ली घराने का बजाया हुआ कायदा प्रस्तुत है।

धाते	टेधा	तेटे	धाधा।	तेटे	धागे	तिना	किना।
ताते	टेता	तेटे	धाधा।	तेटे	धागे	धिना	गिना।

इस कायदे को करामतुल्ला खां ने खूबसूरती से तो प्रस्तुत किया है लेकिन कायदे के प्रस्तार में कुछ बोलों का भी अतिरिक्त प्रयोग किया है। जो प्रभावी होता था।

उ. निजामुददीन खां द्वारा बजाया दिल्ली घराने का बोल निम्नलिखित है–

1.	धाते	टेधे	तेटे	गिन।	धाती	गिन	तिना	किना।
	ताते	टेते	तेटे	किन।	धाती	गिन	धिना	गिना।

प्रस्तार में उन्होंने बजाया है।

क.	धाती	धाती	गिना	धाती।	धाती	गिना	धिना	गिना।
	धाते	टेधे	तेटे	गिन।	धाती	गिना	तिना	किना। ता.
ख.	धाती	गिन	धाती	धाती।	गिन	धाती	धाति	गिन।
	धाते	टेधे	तेटे	गिन।	धाति	गिन	तिना	किन। ता..
ग.	धाती	गिन	धाती	गिन।	धाति	गिन	तिना	किना।
	धाते	टेधे	तेटे	गिन।	धाति	गिन	तिना	किन। ता..

(आदि)

इस कायदे में उ. निजामुददीन खां ने गमक का काम बहुत ही खूबसूरती से प्रयोग किए हैं।

2.	धाऽतिर	किटधाऽ	तगधाऽ	तेटे।	धाति	धागे	तिना	किना।
	ताऽतिर	किटताऽ	तकधाऽ	तेटे।	धाति	धागे	धिना	गिना।

3.	धाऽ	ऽधा	तेटे	धाधा।	तेटे	धागे	धिना	गिना।
	धाते	टेधा	तेटे	धाधा।	तेटे	धागे	तिना	किना।
	ताऽ	ऽता	तेटे	ताता।	तेटे	ताके	तिना	किना।
	धाते	टेधा	तेटे	धाधा।	तेटे	धागे	धिना	गिना।

इस कायदे के प्रस्तार में उन्होंने जो बजाया है वह इस प्रकार है–

क.	धाते	टेधा	धाधा	तेटे।	धाते	टेधा	धाधा	तेटे।
	धाते	टेधा	तेटे	धाधा।	तेटे	धागे	तिना	किना। ता...
ख.	धाते	टेधा	तेटे	धाते।	टेधा	तेटे	धाधा	तेटे ।
	धाते	टेधा	तेटे	धाधा।	तेटे	धागे	तिना	किना। ता...
ग.	धाधा	तेटे	धाधा	तेटे।	धाधा	तेटे	धाधा	तेटे।
	धाते	टेधा	तेटे	धाधा।	तेटे	धागे	तिना	किना। ता...

दिल्ली घराने के कायदे को निजामुददीन खां ने बहुत ही सुन्दर वादन किया है। ये सभी ध्वनि मुद्रण के माध्यम से सुना जा सकता है, जो सभी जगह उपलब्ध है।

अब हम लखनऊ घराने के कलाकारों द्वारा दिल्ली घराने की वादन शैली के प्रभाव पर चर्चा करेंगे।

उस्ताद आफाक हुसैन खां द्वारा दिल्ली घराने का बजाया हुआ बोल कायदे के रुप में प्रस्तुत है–

धाते	टेधा	तेटे	धाधा।	तेटे	धागे	धिना	गिना।
धेटे	धेटे	धाते	टेधा।	तेटे	धागे	तिना	किना।
ताते	टेता	तेटे	ताता।	तेटे	ताके	तिना	किना।
धेटे	धेटे	धाते	टेधा।	तेटे	धागे	धिना	गिना।

ठाह लय में उ. आफाक हुसैन इस कायदे को धागे में 'गे' के जगह पर 'क्र' लगाकर और प्रभावपूर्ण बना देते थे। जैसे–

धाते	टेधा	तेटे	धाधा।	तिट	धाक्र	धिना	गिना......

क्र लगाने से बहुत आनन्ददायक एवं रोचक प्रभाव पड़ता है। उ. आफाक हुसैन द्वारा इस कायदा का बजाया हुआ प्रस्तार–

क.	धाते	टेधा	तेटे	धाधा।	धाते	टेधा	तेटे	धाधा।
	धाते	टेधा	तेटे	धाधा।	तेटे	धागे	तिना	किना। ता.....

ख.	धाते	टेधा	गेधि	नाधा।	तेटे	धागे	धिना	गिना।
	धाते	टेधा	तेटे	धाधा।	तेटे	धागे	तिना	किना। ता......
ग.	धाते	टेधा	तेटे	तेटे।	धाते	टेधा	तेटे	तेटे।
	धाते	टेधा	तेटे	धाधा।	तेटे	धागे	तिना	किना। ता.....

इस कायदे से बना नवनिर्मित कायदा–

धेटेधेटे	धातेटेधा	तेटेधागे	तिनाकिना।
तेटेतेटे	तातेटेता	तेटेधागे	धिनागिना।

अच्छी तैयारी, सुंदर वादन व इस कायदे के आकर्षक प्रस्तार में उ. आफाक हुसैन खां की विद्वता का परिचय मिलता है।

उ. शेख दाऊद द्वारा दिल्ली घराने का बजाया बोल इस प्रकार है–

1.	धाऽ	क्रधे	तेटे	धागे।	त्रक	तिन	तिना	किन।
	तऽ	क्रते	तेटे	धागे।	त्रक	धिन	धिना	गिन।
2.	धाऽ	क्रधा	तीधा	गिना।	तिना	क्रधा	तीधा	गिना।
	धाती	धागे	तिना	क्रधा।	तेटे	धागे	तिना	किना।
	ताऽ	क्रता	तीता	किना।	तिना	क्रता	तीधा	गिना।
	धाती	धागे	धिना	क्रधा।	तेटे	धागे	धिना	गिना।

दोनों कायदे की प्रस्तुतियों में उ. शेख दाऊद की अच्छी तैयारी व प्रभावपूर्ण वादन सुनने को मिलता है। इसका प्रस्तार भी वे विद्वतापूर्ण व आकर्षक करते थे।

पं. स्वपन चौधरी द्वारा दिल्ली घराने का बजाया बोल–

धाते	टेधे	तेटे	गिना।	धाति	गिना	तिना	किना।
ताते	टेते	तेटे	किना।	धाति	गिना	धिना	गिना।

इस मुख्य कायदे को बजाकर पं. स्वपन चौधरी इसका रेला बजाते थे जो इस कायदे से निर्मित है। वह रेला है–

धाऽतिर	किटधेर	धेरधेर	किटतक।
धाऽतिर	किटतक	तिंऽनाऽ	किटतक।
ताऽतिर	किटधेर	धेरधेर	किटतक।
धाऽतिर	किटतक	धिंऽनाऽ	किटतक।

इस कायदे से नवनिर्मित रेला को पं. स्वपन चौधरी विशेष रुचि से बजाते हैं। इनका बजाया हुआ यह रेला आकर्षक एवं प्रभावपूर्ण होता है।

अब हम अजराड़ा घराने के कलाकार द्वारा दिल्ली घराने की वादन शैली के प्रभाव पर चर्चा करेंगे।

अजराड़ा घराना के महान तबला वादक उ. हबीबुददीन खां द्वारा दिल्ली घराने का बजाया हुआ बोल निम्नलिखित है।

1.	धागे	नति	टधा	गेन।	तिट	धागे	तिना	किना।
	ताके	नति	टधा	गेन।	तिट	धागे	धिना	गिना।

इस कायदे के विस्तार में अच्छी तैयारी और हाथ की सफाई के कारण एक ऐसा अक्षर प्रयुक्त करते थे, जिसमें नवीनता महसूस होती थी। जैसे–

धागे	नति	टधा	गेन।	तिट	धागेन	तिना	किना।
ताके	नति	टधा	गेन।	तिट	धागेन	धिना	गिना।

यह कायदा हमें उ. हबीबुददीन खां का बजाया हुआ पं. सुधीर माईणकर द्वारा लिखित 'तबला वादन : कला और शास्त्र' से प्राप्त हुआ है एवं इस कायदे की प्रस्तुति में उ. हबीबुददीन खां के नाम का उल्लेख किया गया है।

उ. हबीबुददीन खां की दिल्ली घराने की सर्वाधिक प्रिय रचना यहां मैं प्रस्तुत करने जा रहा हूँ जो मुझे पूज्य गुरुदेव पं. छोटेलाल मिश्र द्वारा प्राप्त हुआ है। वह कायदा है–

2.	धाऽक्रधा	तिधागिना	धातीधागे	धिनागिना।
	धाऽतिरकिटतक	तकधाऽतिरकिट	धातीधागे	तिनाकिना।
	ताऽक्रता	तिताकिना	तातीताके	तिनाकिना।
	धाऽतिरकिटतक	तकधाऽतिरकिट	धातीधागे	धिनागिना।

इस कायदे का वे बहुत खूबसूरती से प्रभावपूर्ण वादन करते थे। उ. हबीबुददीन खां दिल्ली घराने के बंदिशों का बहुत सम्मान करते थे।

अब हम पंजाब घराने के कलाकार द्वारा दिल्ली घराने की वादन शैली के प्रभाव पर चर्चा करेंगे।

पंजाब घराने के तबला वादक उ. जाकिर हुसैन द्वारा दिल्ली घराने का बजाया हुआ बोल निम्नलिखित है।

धाति	धगि	नधा	तिरकिट।	धाति	धागे	तिना	किना।
ताति	तकि	नता	तिरकिट।	धाति	धागे	धिना	गिना।

इस कायदे को धाति एवं तिरकिट को मुख्य मानकर उ. जाकिर हुसैन ने अपनी कल्पनाशीलता व सृजनशीलता से इस कायदे में विलक्षण सौन्दर्य का निर्माण करते हैं।

धाते	टेधा	तेटे	धाधा।	तेटे	धागे	तिना	किना।
ताते	टेता	तेटे	धाधा।	तेटे	धागे	धिना	गिना।

इस कायदे में उ. जाकिर हुसैन द्वारा प्रस्तुत लय की काट तराश की चमत्कारिक प्रस्तुति श्रोताओं को बरबस अपनी ओर आकर्षित करती है।

यह कायदा उ. जाकिर हुसैन द्वारा अक्सर स्वतंत्र वादन में सुनने को मिलता है।

धाते	टेधे	तेटे	गिना।	धाति	गिना	तिना	किना।
ताते	टेते	तेटे	किना।	धाति	गिना	धिना	गिना।

इस कायदे से निर्मित रेला उनके द्वारा आकर्षक एवं प्रभावशाली होता है। जैसे–

धाऽतिर	किटधेर	धेरधेर	किटतक।
धाऽतिर	किटतक	तिंऽनाऽ	किटतक।
ताऽतिर	किटधेर	धेरधेर	किटतक।
धाऽतिर	किटतक	धिंऽनाऽ	किटतक।

मैंने इस अध्याय में जो भी दिल्ली घराने की वादन शैली का प्रभाव एवं अनुकरण विभिन्न घराने के संदर्भ में देने की कोशिश किया है प्रमाण के तौर पर प्रत्यक्ष में उन कलाकारों का तबला वादन सुना हुआ है एवं कुछ अपने गुरूओं, बुजुर्ग कलाकारों से भी ज्ञान अर्जित किया गया है, साथ–ही–साथ मेरे पास कुछ इन महान कलाकारों द्वारा वादन किया ध्वनि मुद्रण भी उपलब्ध है जो मेरे पास अलभ्य संचय के तौर पर सुरक्षित है। इन सभी के सहयोग द्वारा ही मौलिक विशेषताएं के साथ ही दिल्ली घराने की प्राचीन एवं महान कलाकारों द्वारा प्रस्तुत दुर्लभ बंदिशों को भी रखने का अभिनव प्रयास आगे अध्याय में विस्तारपूर्वक दुर्लभ बंदिशों के संचयन के तौर पर देने का सार्थक प्रयास होगा।

6

तबला वादन में दिल्ली घराने की लुप्त हो रही प्राचीन बंदिशों का संचयन

दिल्ली घराने की बहुत सी बंदिशें लोकप्रिय नहीं हुई। इस शोध प्रबन्ध पुस्तक के माध्यम से मुझे जो भी अपने पूज्य गुरुदेव महर्षिकल्प पंडित छोटे लाल मिश्र एवं दिल्ली घराने के विद्वान एवं गुणी कलाकारों द्वारा रचित बंदिशों में उस्ताद बुगरा खाँ, उ. सिताब खाँ, उ. नजर अली, उ. छोटे काले खाँ, उ. बड़े काले खाँ, उ. नत्थू खाँ, उ. गामी खाँ, उ. मुन्नू खाँ, उ. ईनाम अली, उ. छम्मा खाँ एवं उ. फैय्याज खाँ की रचित बंदिशें प्राप्त हुई है, उसे इस अध्याय में दिल्ली घराने की लुप्त हो रही प्राचीन एवं दुर्लभ बंदिशों को संग्रह के तौर पर रखने का अभिनव प्रयास किया गया है। जिससे लुप्त हो रही प्राचीन बंदिशों का संचयन 'तबला कोष' के रुप में भावी पीढ़ी के तबला वादकों एवं शोधार्थीयों का मार्ग दर्शन करने में सक्षम होगा।

ताल तीनताल में दिल्ली घराने की विस्तारशील एवं अविस्तारशील रचनाएं।

सर्वप्रथम दिल्ली घराने का पेशकार प्रस्तुत है।

1. पेशकार

धाऽऽक्र	धाऽतिट	किटधाऽ	धिऽनाऽ।	धाऽतीऽ	धाऽधाऽ	तीऽधाऽ	धिऽनाऽ।	
×				2				
तेत्तऽधा	ऽगधाऽ	धिऽनाऽ	धाऽतीऽ।	धाऽऽक्र	धाऽतीऽ	धाऽधाऽ	तिऽनाऽ।	
0				3				
ताऽऽक्र	ताऽतिट	किटताऽ	तिऽनाऽ।	ताऽतीऽ	ताऽताऽ	तीऽताऽ	तिऽनाऽ।	
×				2				
तेत्तऽधा	ऽगधाऽं	धिऽनाऽ	धाऽतीऽ।	धाऽऽक्र	धाऽतीऽ	धाऽधाऽ	धिऽनाऽ।	धा
0				3				×

2. पेशकार

धिंऽऽक्र	धिंऽधाऽ	तेटेधाऽ	क्रधिंऽऽ।	धाऽतेटे	धाऽधाऽ	तिटकिट	धिऽनाऽ।	
×				2				
धिंऽधाऽ	ऽऽक्रधिं	धाऽधिंऽ	धाऽतेटे।	धाऽऽक्र	धिंऽधाऽ	धाऽधाऽ	तिऽनाऽ।	
0				3				
तिंऽऽक्र	तिंऽताऽ	तेटेताऽ	क्रतिऽऽ।	ताऽतेटे	ताऽताऽ	तिटकिट	तिऽनाऽ।	
×				2				
धिंऽधाऽ	ऽऽक्रंधिं	धाऽधिंऽ	धाऽतेटे।	धाऽऽक्र	धिंऽधाऽ	धाऽधाऽ	धिऽनाऽ।	धा
0				3				×

3. पेशकार

1.	धाऽऽकड़	धाऽतिर	किटधाऽ	तित्धा	
	×				
	तिरकिट	धातित्	धाधा	तिना।	
	2				
	किटधाऽ	तिरकिट	धाऽतिर	किटधाऽ	
	0				
	तित्धा	धातित्	धाधा	तिना	
	3				
	ताऽऽकड़	ताऽतिर	किटताऽ	तित्ता	
	×				
	तिरकिट	तातित्	ताता	तिना	
	2				
	किटधाऽ	तिरकिट	धाऽतिर	किटधाऽ	
	0				
	तित्धा	धातित्	धाधा	धिना।	धा
	3				×

उ. सिद्धार खाँ द्वारा निर्मित दिल्ली घराने का सर्वप्रथम कायदा

1. कायदा

धा	धा	कत्त	ता।	धा	धा	ति	ना।	
×				2				
ता	ता	कत्त	ता।	धा	धा	धि	ना।	धा
0				3				×

2. कायदा

धाऽतित्	धाऽतित्	धाधा	तिरकिट
×			
धाऽतित्	धाऽतित्	धाधा	तिना
2			
ताऽतित्	ताऽतित्	ताता	तिरकिट
3			
धाऽतित्	धाऽतित्	धाधा	धिना

प्रस्तार

1.

धाऽतित्	धाऽतित्	धाधा	तिरकिट
×			
धाऽतित्	धाऽतित्	धाधा	तिरकिट
2			
धाऽतित्	धाऽतित्	धाधा	तिरकिट
0			
धाऽतित्	धाऽतित्	धाधा	तिना
3			
ताऽतित्	ताऽतित्	ताता	तिरकिट
×			
ताऽतित्	ताऽतित्	ताता	तिरकिट
2			
धाऽतित्	धाऽतित्	धाधा	तिरकिट
0			
ताऽतित्	धाऽतित्	धाधा	धिना
3			

2.

धाऽतित्	धाऽतित्	धाधा	तिरकिट।	धाधा	तिरकिट	धाधा	तिरकिट
×				2			
धाऽतित्	धाऽतित्	धाधा	तिरकिट।	धाऽतित्	धाऽतित्	धाधा	तिना
0				3			
ताऽतित्	ताऽतित्	ताता	तिरकिट।	ताता	तिरकिट	ताता	तिरकिट
×				2			
धाऽतित्	धाऽतित्	धाधा	तिरकिट।	धाऽतित्	धाऽतित्	धाधा	धिना
0				3			

3.

धाऽतित्	धाधा	तिरकिट	धाऽतित्।	धाधा	तिरकिट	धाधा	तिरकिट
×				2			
धाऽतित्	धाऽतित्	धाधा	तिरकिट।	धाऽतित्	धाऽतित्	धाधा	तिना
0				3			
ताऽतित्	ताता	तिरकिट	ताऽतित।	ताता	तिरकिट	ताता	तिरकिट
×				2			
धाऽतित्	धाऽतित्	धाधा	तिरकिट।	धाऽतित्	धाऽतित्	धाधा	धिना
0				3			

4.

धाऽतित्	धाऽतित्	धाधा	धाऽतित।	धाऽतित्	धाधा	धाधा	तिरकिट
×				2			
धाऽतित्	धाऽतित्	धाधा	तिरकिट।	धाऽतित्	धाऽतित्	धाधा	तिना
0				3			
ताऽतित्	ताऽतित्	ताता	ताऽतित्।	ताऽतित्	ताता	ताता	तिरकिट
×				2			
धाऽतित्	धाऽतित्	धाधा	तिरकिट।	धाऽतित्	धाऽतित्	धाधा	धिना
0				3			

5.

धाऽतित्	धाधा	धाऽतित्	धाधा।	धाऽतित्	धाधा	धाधा	तिरकिट
×				2			
धाऽतित्	धाऽतित्	धाधा	तिरकिट।	धाऽतित्	धाऽतित्	धाधा	तिना
0				3			
ताऽतित्	ताता	ताऽतित्	ताता।	ताऽतित्	ताता	ताता	तिरकिट
×				2			
धाऽतित्	धाऽतित्	धाधा	तिरकिट।	धाऽतित्	धाऽतित्	धाधा	धिना
0				3			

6.

धाऽतित्	ऽधा	तिरकिट	धाऽतित्।	ऽधा	तिरकिट	धाधा	तिरकिट
×				2			
धाऽतित्	धाऽतित्	धाधा	तिरकिट।	धाऽतित्	धाऽतित्	धाधा	तिना
0				3			

	ताऽतित्	ऽता	तिरकिट	ताऽतित्।	ऽता	तिरकिट	ताता	तिरकिट
	×				2			
	धाऽतित्	धाऽतित्	धाधा	तिरकिट।	धाऽतित्	धाऽतित्	धाधा	धिना
	0				3			
7.	धाऽतित्	धाऽ	तित्	धाऽतित्।	धाऽ	तित्	धाधा	तिरकिट
	×				2			
	धाऽतित्	धाऽतित्	धाधा	तिरकिट।	धाऽतित्	धाऽतित्	धाधा	तिना
	0				3			
	ताऽतित्	ताऽ	तित्	ताऽतित्।	ताऽ	तित्	ताता	तिरकिट
	×				2			
	धाऽतित्	धाऽतित्	धाधा	तिरकिट।	धाऽतित्	धाऽतित्	धाधा	धिना
	0				3			
8.	धाऽतित्	ऽधा	धाऽतित्	धाऽतित्।	ऽधा	धाऽतित्	धाधा	धाऽतित्
	×				2			
	धाऽतित्	धाऽतित्	धाधा	तिरकिट।	धाऽतित्	धाऽतित्	धाधा	तिना
	0				3			
	ताऽतित्	ऽता	ताऽतित्	ताऽतित्।	ऽता	ताऽतित्	ताता	ताऽतित्
	×				2			
	धाऽतित्	धाऽतित्	धाधा	तिरकिट।	धाऽतित्	धाऽतित्	धाधा	धिना
	0				3			

तिहाई

धाऽतित्	धाऽतित्	धाधा	तिरकिट।	धाऽतित्	धाऽतित्	धाधा	धिना	
×				2				
धा	ऽ	ऽ	ऽ।	धाऽतित्	धाऽतित्	धाधा	तिरकिट	
0				3				
धाऽतित्	धाऽतित्	धाधा	धिंना।	धा	ऽ	ऽ	ऽ	
×				2				
धाऽतित्	धाऽतित्	धाधा	तिरकिट।	धाऽतित्	धाऽतित्	धाधा	धिना	धा
0				3				×

3. कायदा

धाती	ऽधा	तिरकिट	धाधा।	तिरकिट	धाती	धाधा	तिना
×				2			
ताती	ऽता	तिरकिट	धाधा।	तिरकिट	धाती	धाधा	धिना
0				3			

प्रस्तार

1.

धाती	ऽधा	तिरकिट	धाधा।	धाती	ऽधा	तिरकिट	धाधा
×				2			
धाती	ऽधा	तिरकिट	धाधा।	तिरकिट	धाती	धाधा	तिना
0				3			
ताती	ऽता	तिरकिट	ताता।	ताती	ऽता	तिरकिट	ताता
×				2			
धाती	ऽधा	तिरकिट	धाधा।	तिरकिट	धाती	धाधा	धिना
0				3			

2.

धाती	ऽधा	तिरकिट	धाधा।	तिरकिट	धाधा	तिरकिट	धाधा
×				2			
धाती	ऽधा	तिरकिट	धाधा।	तिरकिट	धाती	धाधा	तिना
0				3			
ताती	ऽता	तिरकिट	ताता।	तिरकिट	ताता	तिरकिट	ताता
×				2			
धाती	ऽधा	तिरकिट	धाधा।	तिरकिट	धाती	धाधा	धिना
0				3			

3.

धाती	ऽधा	तिरकिट	धाती।	ऽधा	तिरकिट	धाधा	तिरकिट
×				2			
धाती	ऽधा	तिरकिट	धाधा।	तिरकिट	धाती	धाधा	तिना
0				3			
ताती	ऽता	तिरकिट	ताती।	ऽता	तिरकिट	ताता	तिरकिट
×				2			
धाती	ऽधा	तिरकिट	धाधा।	तिरकिट	धाती	धाधा	धिना
0				3			

4.	धाती	ऽधा	तिरकिट	धाधा।	ऽऽऽऽ	ऽऽऽधा	तिरकिट	धाधा
	×				2			
	धाती	ऽधा	तिरकिट	धाधा।	तिरकिट	धाती	धाधा	तिना
	0				3			
	ताती	ऽता	तिरकिट	ताता।	ऽऽऽऽ	ऽऽऽता	तिरकिट	ताता
	×				2			
	धाती	ऽधा	तिरकिट	धाधा।	तिरकिट	धाती	धाधा	धिना
	0				3			
5.	धाती	ऽधा	तिरकिट	धाधा।	ऽधा	ऽधा	तिरकिट	धाधा
	×				2			
	धाती	ऽधा	तिरकिट	धाधा।	तिरकिट	धाती	धाधा	तिना
	0				3			
	ताती	ऽता	तिरकिट	ताता।	ऽता	ऽता	तिरकिट	ताता
	×				2			
	धाती	ऽधा	तिरकिट	धाधा।	तिरकिट	धाती	धाधा	धिना
	0				3			
6.	धाती	ऽधा	तिरकिट	धाधा।	ऽऽ	ऽऽ	तिरकिट	धाधा
	×				2			
	धाती	ऽधा	तिरकिट	धाधा।	तिरकिट	धाती	धाधा	तिना
	0				3			
	ताती	ऽता	तिरकिट	ताता।	ऽऽ	ऽऽ	तिरकिट	ताता
	×				2			
	धाती	ऽधा	तिरकिट	धाधा।	तिरकिट	धाती	धाधा	धिना
	0				3			
7.	धाती	ऽधा	तिरकिट	धाधा।	तिरकिट	तिरकिट	धाधा	तिरकिट।
	×				2			
	धाती	ऽधा	तिरकिट	धाधा।	तिरकिट	धाती	धाधा	तिना।
	0				3			
	ताती	ऽता	तिरकिट	ताता।	तिरकिट	तिरकिट	ताता	तिरकिट।
	×				2			
	धाती	ऽधा	तिरकिट	धाधा।	तिरकिट	धाती	धाधा	धिना।
	0				3			

तिहाई

धाती	ऽधा	तिरकिट	धाधा।	तिरकिट	धाती	धाधा	धिंना	
×				2				
धा	ऽ	ऽ	ऽ।	धाती	ऽधा	तिरकिट	धाधा	
0				3				
तिरकिट	धाती	धाधा	धिंना।	धा	ऽ	ऽ	ऽ	
×				2				
धाती	ऽधा	तिरकिट	धाधा।	तिरकिट	धाती	धाधा	धिंना।	धा
0				3				×

4. कायदा

धाते	टेधा	तेटे	धाधा।	तेटे	धागे	तिना	किना
×				2			
ताते	टेता	तेटे	धाधा।	तेटे	धागे	धिना	गिना
0				3			

प्रस्तार

1.

धाते	टेधा	तेटे	धाधा।	धाते	टेधा	तेटे	धाधा
×				2			
धाते	टेधा	तेटे	धाधा।	तेटे	धागे	तिना	किना
0				3			
ताते	टेता	तेटे	ताता।	ताते	टता	तेटे	ताता
×				2			
धाते	टेधा	तेटे	धाधा।	तेटे	धागे	धिना	गिना
0				3			

2.

धाते	टेधा	तेटे	धाधा।	तेटे	धाधा	तेटे	धाधा
×				2			
धाते	टेधा	तेटे	धाधा।	तेटे	धागे	तिना	किना
0				3			
ताते	टेता	तेटे	ताता।	तेटे	ताता	तेटे	ताता
×				2			
धाते	टेधा	तेटे	धाधा।	तेटे	धागे	धिना	गिना
0				3			

3.	धाते	टेधा	तेटे	धाते।	टेधा	तेटे	धाधा	धाधा
	×				2			
	धाते	टेधा	तेटे	धाधा।	तेटे	धागे	तिना	किना
	0				3			
	ताते	टेता	तेटे	ताते।	टेते	तेटे	ताता	ताता
	×				2			
	धाते	टेधा	तेटे	धाधा।	तेटे	धागे	धिना	गिना
	0				3			
4.	धाते	टेते	टेधा	तेटे।	तेटे	धागे	धिना	गिना
	×				2			
	धाते	टेधा	तेटे	धाधा।	तेटे	धागे	तिना	किना
	0				3			
	ताते	टेते	टेता	तेटे।	तेटे	ताके	तिना	किना
	×				2			
	धाते	टेधा	तेटे	धाधा।	तेटे	धागे	धिना	गिना
	0				3			
5.	तेटे	धाते	टेते	टेधा।	तेटे	धागे	धिना	गिना
	×				2			
	धाते	टेधा	तेटे	धाधा।	तेटे	धागे	तिना	किना
	0				3			
	तेटे	ताते	टेते	टेता।	तेटे	ताके	तिना	किना
	×				2			
	धाते	टेधा	तेटे	धाधा।	तेटे	धागे	धिना	गिना
	0				3			
6.	तेटे	तेटे	धाते	टेधा।	तेटे	धागे	धिना	गिना
	×				2			
	धाते	टेधा	तेटे	धाधा।	तेटे	धागे	तिना	किना
	0				3			
	तेटे	तेटे	ताते	टेता।	तेटे	ताके	तिना	किना
	×				2			

धाते	टेधा	तेटे	धाधा।	तेटे	धागे	धिना	गिना
0				3			

तिहाई

धाते	टेधा	तेटे	धाधा।	तेटे	धागे	धिना	गिना	
×				2				
धा	ऽ	ऽ	ऽ।	धाते	टेधा	तेटे	धाधा	
0				3				
तेटे	धागे	धिना	गिना।	धा	ऽ	ऽ	ऽ	
×				2				
धाते	टेधा	तेटे	धाधा।	तेटे	धागे	धिना	गिना।	धा
0				3				×

5. कायदा

धाती	धगि	नधा	तिरकिट।	धाति	धागे	तिना	किना
×				2			
ताती	तकि	नता	तिरकिट।	धाती	धागे	धिना	गिना
0				3			

प्रस्तार

1.	धाती	धगि	नधा	तिरकिट।	धाती	धागे	नधा	तिरकिट
	×				2			
	धाती	धगि	नधा	तिरकिट।	धाति	धागे	तिना	किना
	0				3			
	ताती	तकि	नता	तिरकिट।	ताती	तकि	नता	तिरकिट
	×				2			
	धाती	धगि	नधा	तिरकिट।	धाती	धागे	धिना	गिना
	0				3			
2.	धाती	धगि	नधा	तिरकिट।	धगि	नधा	तिरकिट	धाती
	×				2			
	धाती	धागे	नधा	तिरकिट।	धाति	धागे	तिना	किना
	0				3			

	ताती	तकि	नता	तिरकिट।	तकि	नता	तिरकिट	ताती
	×				2			
	धाती	धागे	नधा	तिरकिट।	धाती	धागे	धिना	गिना
	0				3			
3.	धाती	धाती	धगि	नधा।	तिरकिट	धगि	नधा	तिरकिट
	×				2			
	धाती	धगि	नधा	तिरकिट।	धाति	धागे	तिना	किना
	0				3			
	ताती	ताती	तकि	नता।	तिरकिट	तकि	नता	तिरकिट
	×				2			
	धाती	धगि	नधा	तिरकिट।	धाती	धागे	धिना	गिना
	0				3			
4.	धगि	नधा	तिरकिट	धाती।	धाती	धागे	धिना	गिना
	×				2			
	धाती	धगि	नधा	तिरकिट।	धाति	धागे	तिना	किना
	0				3			
	तकि	नता	तिरकिट	ताती।	ताति	ताके	तिना	किना
	×				2			
	धाती	धगि	नधा	तिरकिट।	धाती	धागे	धिना	गिना
	0				3			

नवनिर्मित मुख्य कायदा

धगि	नधा	तिरकिट	धाती।	धाति	धागे	तिना	किना
×				2			
तकि	नता	तिरकिट	ताती।	धाती	धागे	धिना	गिना
0				3			

प्रस्तार

1.	धगि	नधा	तिरकिट	धाती।	धगि	नधा	तिरकिट	धाती
	×				2			
	धगि	नधा	तिरकिट	धाती।	धाति	धागे	तिना	किना
	0				3			
	तकि	नता	तिरकिट	ताती।	तकि	नता	तिरकिट	ताती
	×				2			

	धगि	नधा	तिरकिट	धाती।	धाती	धागे	धिना	गिना	
	0				3				
2.	धगि	नधा	तिरकिट	धाऽतिर।	किटधाऽ	तिरकिट	धाती	धाती	
	×				2				
	धगि	नधा	तिरकिट	धाती।	धाति	धागे	तिना	किना	
	0				3				
	तकि	नता	तिरकिट	ताऽतिर।	किटताऽ	तिरकिट	ताती	ताती	
	×				2				
	धगि	नधा	तिरकिट	धाती।	धाती	धागे	धिना	गिना	
	0				3				
3.	धाती	धागे	धिना	गिना।	धाती	धागे	धिना	गिना	
	×				2				
	धाती	धागे	नधा	तिरकिट।	धाति	धागे	तिना	किना	
	0				3				
	ताती	ताके	तिना	किना।	ताती	ताके	तिना	किना	
	×				2				
	धाती	धगि	नधा	तिरकिट।	धाती	धागे	धिना	गिना	
	0				3				

तिहाई

धाती	धगि	नधा	तिरकिट।	धाती	धागे	धिना	गिना	
×				2				
धा	ऽ	ऽ	ऽ।	धाती	धगि	नधा	तिरकिट	
0				3				
धाती	धागे	धिना	गिना।	धा	ऽ	ऽ	ऽ	
×				2				
धाती	धगि	नधा	तिरकिट।	धाती	धागे	धिना	गिना।	धा
0				3				×

6. कायदा

धाऽतिर	किटधेऽ	तेटे	गिना।	धाती	गिना	तिना	किना
×				2			
ताऽतिर	किटतेऽ	तेटे	गिना।	धाती	गिना	धिना	गिना
0				3			

प्रस्तार

1.	धाऽतिर	किटधेऽ	तेटे	गिना।	धाऽतिर	किटधेऽ	तेटे	गिना
	×				2			
	धाऽतिर	किटधेऽ	तेटे	गिना।	धाती	गिना	तिना	किना
	0				3			
	ताऽतिर	किटतेऽ	तेटे	किना।	ताऽतिर	किटतेऽ	तेटे	किना
	×				2			
	धाऽतिर	किटधेऽ	तेटे	गिना।	धाती	गिना	धिना	गिना
	0				3			
2.	धाऽतिर	किटधेऽ	तेटे	ऽधे।	तेटे	ऽधे	तेटे	गिना
	×				2			
	धाऽतिर	किटधेऽ	तेटे	गिना।	धाती	गिना	तिना	किना
	0				3			
	ताऽतिर	किटतेऽ	तेटे	ऽते।	तेटे	ऽते	तेटे	किना
	×				2			
	धाऽतिर	किटधेऽ	तेटे	गिना।	धाती	गिना	धिना	गिना
	0				3			
3.	धाऽतिर	किटधेऽ	तेटे	धाऽतिर।	किटधेऽ	तेटे	ऽधे	तेटे
	×				2			
	धाऽतिर	किटधेऽ	तेटे	गिना।	धाती	गिना	तिना	किना
	0				3			
	ताऽतिर	किटतेऽ	तेटे	ताऽतिर।	किटतेऽ	तेटे	ऽते	तेटे
	×				2			
	धाऽतिर	किटधेऽ	तेटे	गिना।	धाती	गिना	धिना	गिना
	0				3			
4.	धाऽतिर	किटधेऽ	तेटे	ऽधे।	ऽधे	ऽधे	तेटे	गिना
	×				2			
	धाऽतिर	किटधेऽ	तेटे	गिना।	धाती	गिना	तिना	किना
	0				3			
	ताऽतिर	किटतेऽ	तेटे	ऽते।	ऽते	ऽते	तेटे	किना
	×				2			
	धाऽतिर	किटधेऽ	तेटे	गिना।	धाती	गिना	धिना	गिना
	0				3			

5.	धाऽतिर	किटधेऽ	तेटे	गिना।	धाती	गिना	धाती	गिना	
	×				2				
	धाऽतिर	किटधेऽ	तेटे	गिना।	धाती	गिना	तिना	किना	
	0				3				
	ताऽतिर	किटतेऽ	तेटे	किना।	ताती	किना	ताती	किना	
	×				2				
	धाऽतिर	किटधेऽ	तेटे	गिना।	धाती	गिना	धिना	गिना	
	0				3				
6.	तेटे	गिना	धाती	गिना।	धिना	गिना	तेटे	गिना	
	×				2				
	धाऽतिर	किटधेऽ	तेटे	गिना।	धाती	गिना	तिना	किना	
	0				3				
	तेटे	किना	ताती	किना।	तिना	किना	तेटे	किना	
	×				2				
	धाऽतिर	किटधेऽ	तेटे	गिना।	धाती	गिना	धिना	गिना	
	0				3				
7.	धाती	गिना	धिना	गिना।	धाती	गिना	धिना	गिना	
	×				2				
	धाऽतिर	किटधेऽ	तेटे	गिना।	धाती	गिना	तिना	किना	
	0				3				
	ताती	किना	तिना	किना।	ताती	किना	तिना	किना	
	×				2				
	धाऽतिर	किटधेऽ	तेटे	गिना।	धाती	गिना	धिना	गिना	
	0				3				

तिहाई

धाऽतिर	किटधेऽ	तेटे	गिना।	धाती	गिना	धिना	गिना।	
×				2				
धा	ऽ	ऽ	ऽ ।	धाऽतिर	किटधेऽ	तेटे	गिना।	
0				3				
धाती	गिना	धिना	गिना।	धा	ऽ	ऽ	ऽ ।	
×				2				
धाऽतिर	किटधेऽ	तेटे	गिना।	धाती	गिना	धिना	गिना।	धा
0				3				×

7. कायदा (पंडित छोटे लाल मिश्र द्वारा रचित)

धाऽगेगे	तेटेगेगे	नानागेगे	तेटेगिना।	गेगेतिटे	तेटेगिना	धातीधागे	तिनाकिना
×				2			
ताऽकेके	तेटेकेके	नानाकेके	तेटेकिना।	गेगेतिटे	तेटेगिना	धातीधागे	धिनागिना
0				3			

प्रस्तार

1.	धाऽगेगे	तेटेगेगे	नानागेगे	तेटेगिना।	धाऽगेगे	तेटेगेगे	नानागेगे	तेटेगिना
	×				2			
	धाऽगेगे	तेटेगेगे	नानागेगे	तेटेगिना।	गेगेतेटे	तेटेगिना	धातीधागे	तिनाकिना
	0				3			
	ताऽकेके	तेटेकेके	नानाकेके	तेटेकिना।	ताऽकेके	तेटेकेके	नानाकेके	तेटेकिना
	×				2			
	धाऽगेगे	तेटेगेगे	नानागेगे	तेटेगिना।	गेगेतेटे	तेटेगिना	धातीधागे	धिंनागिना
	0				3			
2.	धाऽगेगे	तेटेगेगे	नानागेगे	तेटेगेगे।	नानागेगे	तेटेगेगे	नानागेगे	तेटेगिना
	×				2			
	धाऽगेगे	तेटेगेगे	नानागेगे	तेटेगिना।	गेगेतेटे	तेटेगिना	धातीधागे	तिंनाकिना
	0				3			
	ताऽकेके	तेटेकेके	नानाकेके	तेटेकेके।	नानाकेके	तेटेकेके	नानाकेके	तेटेकिना
	×				2			
	धाऽगेगे	तेटेगेगे	नानागेगे	तेटेगिना।	गेगेतेटे	तेटेगिना	धातीधागे	धिनागिना
	0				3			
3.	धाऽगेगे	तेटेगेगे	नानागेगे	तेटेगिना।	तेटेगेगे	नानागेगे	नानागेगे	तेटेगिना
	×				2			
	धाऽगेगे	तेटेगेगे	नानागेगे	तेटेगिना।	गेगेतिटे	तेटेगिना	धातीधागे	तिनाकिना
	0				3			
	ताऽकेके	तेटेकेके	नानाकेके	तेटेकिना।	तेटेकेके	नानाकेके	नानाकेके	तेटेकिना
	×				2			
	धाऽगेगे	तेटेगेगे	नानागेगे	तेटेगिना।	गेगेतेटे	तेटेगिना	धातीधागे	धिनागिना
	0				3			

4.	धाऽऽऽ	गेगेतेटे	गेगेनाना	गेगेतेटे।	गेगेनाना	गेगेतेटे	गेगेनाना	गेगेतेटे
	×				2			
	धाऽगेगे	तेटगेगे	नानागेगे	तेटेगिना।	गेगेतेटे	तेटेगिना	धातीधागे	तिनाकिना
	0				3			
	तऽऽऽ	केकेतेटे	केकेनाना	केकेतेटे।	केकेनाना	केकेतेटे	केकेनाना	केकेतेटे
	×				2			
	धाऽगेगे	तेटगेगे	नानागेगे	तेटेगिना।	गेगेतेटे	तेटेगिना	धातीधागे	धिनागिना
	0				3			

नवनिर्मित मुख्य कायदा

गेगेतेटे	तेटेगिना	धातीधागे	तिनाकिना
×			
केकेतेटे	तेटेकिना	धातीधागे	धिनागिन
2			
गेगेतेटे	तेटेगिना	धातीधागे	तिनाकिना
0			
केकेतेटे	तेटेकिना	धातीधागे	धिनागिन
3			

प्रस्तार

1.	गेगेतेटे	तेटेगिना	गेगेतेटे	तेटेगिना।	गेगेतेटे	तेटेगिना	धातीधागे	तिनाकिना
	×				2			
	केकेतेटे	तेटेकिना	केकेतेटे	तेटेकिना।	गेगेतेटे	तेटेगिना	धातीधागे	धिनागिना
	0				3			
2.	गेगेतेटे	तेटेगिना	तेटेगिना	तेटेगिना।	गेगेतेटे	तेटेगिना	धातीधागे	तिनाकिना
	×				2			
	केकेतेटे	तेटेकिना	तेटेकिना	तेटेकिना।	गेगेतेटे	तेटेगिना	धातीधागे	धिनागिना
	0				3			
3.	गेगेतेटे	गेगेतेटे	गेगेतेटे	तेटेगिना।	गेगेतेटे	तेटेगिना	धातीधागे	तिनाकिना
	×				2			
	केकेतेटे	केकेतेटे	केकेतेटे	तेटेकिना।	गेगेतेटे	तेटेगिना	धातीधागे	धिनागिना
	0				3			

4.	गेगेतेटे	तेटेगेगे	तेटेतेटे	गेगेतेटे।	गेगेतेटे	तेटेगिना	धातीधागे	तिनाकिना
	×				2			
	केकेतेटे	तेटेकेके	तेटेतेटे	केकेतेटे।	गेगेतेटे	तेटेगिना	धातीधागे	धिनागिना
	0				3			

तिहाई

गेगेतेटे	तेटेगिना	धातीधागे	धिनागिना	
×				
धा	ऽ	गेगेतेटे	तेटेगिना	
2				
धातीधागे	धिनागिना	धा	ऽ	
0				
गेगेतेटे	तेटेगिना	धातीधागे	धिनागिना।	धा
3				×

8. कायदा (गमक युक्त–पंडित छोटे लाल मिश्र द्वारा रचित)

धाऽगिना	धातीगिना	धातीधागे	धिनागिना
×			
धातीगिना	धातिगिना	धातीधागे	तिनाकिना
2			
ताऽकिना	तातीकिना	तातीताके	तिनाकिना
0			
धातीगिना	धातीगिना	धातीधागे	धिनागिना
3			

प्रस्तार

1.	धाऽगिना	धातीगिना	धातीधागे	धिनागिना।	धाऽगिना	धातीगिना	धातीधागे	धिनागिना
	×				2			
	धाऽगिना	धातीगिना	धातीधागे	धिनागिना।	धातीगिना	धातीगिना	धातीधागे	तिनाकिना
	0				3			
	ताऽकिना	तातीकिना	तातीताके	तिनाकिना।	ताऽकिना	तातीकिना	तातीताके	तिनाकिना
	×				2			
	धाऽगिना	धातीगिना	धातीधागे	धिनागिना।	धातीगिना	धातीगिना	धातीधागे	धिनागिना
	0				3			

2.	धाऽगिना	धातीगिना	धातीधागे	धिनागिना।	धातीधागे	धिनागिना	धातीधागे	धिनागिना
	×				2			
	धाऽगिना	धातीगिन	धातीधागे	धिनागिना।	धातीगिन	धातीगिन	धातीधागे	तिनाकिना
	0				3			
	ताऽकिना	तातीकिना	तातीताके	तिनाकिना।	तातीताके	तिनाकिना	तातीताके	तिनाकिना
	×				2			
	धाऽगिना	धातीगिन	धातीधागे	धिनागिना।	धातीगिन	धातीगिन	धातीधागे	धिनागिना
	0				3			
3.	धाऽगिना	धातीगिना	धाऽगिना	धातीगिना।	धाऽगिना	धातीगिना	धातीधागे	धिनागिना
	×				2			
	धाऽगिना	धातीगिना	धातीधागे	धिनागिना।	धातीगिना	धातीगिना	धातीधागे	तिनाकिना
	0				3			
	ताऽकिना	तातीकिना	ताऽकिना	तातीकिना।	ताऽकिना	तातीकिना	तातीताके	तिनाकिना
	×				2			
	धाऽगिना	धातीगिन	धातीधागे	धिनागिना।	धातीगिना	धातीगिन	धातीधागे	धिनागिना
	0				3			
4.	धाऽगिना	धातीगिना	धाऽगिना	धाऽगिना।	धातीगिना	धातीगिना	धातीधागे	धिनागिना
	×				2			
	धाऽगिना	धातीगिन	धातीधागे	धिनागिना।	धातीगिना	धातीगिना	धातीधागे	तिनाकिना
	0				3			
	ताऽकिना	तातीकिना	ताऽकिना	ताऽकिना।	तातीकिना	तातीकिना	तातीताके	तिनाकिना
	×				2			
	धाऽगिना	धातीगिना	धातीधागे	धिनागिना।	धातीगिना	धातीगिन	धातीधागे	धिनागिना
	0				3			
5.	धाऽगिना	धातीगिना	धातीगिना	धातीगिना।	धातीगिना	धातीगिना	धातीगिना	धातीगिना
	×				2			
	धाऽगिना	धातीगिना	धातीधागे	धिनागिना।	धातीगिना	धातीगिना	धातीधागे	तिनाकिना
	0				3			
	ताऽकिना	तातीकिना	तातीकिना	तातीकिना।	तातीकिना	तातीकिना	तातीकिना	तातीकिना
	×				2			
	धाऽगिना	धातीगिना	धातीधागे	धिनागिना।	धातीगिना	धातीगिना	धातीधागे	धिनागिना
	0				3			
6.	धाऽगिना	धातीगिना	धातीगिना	धातीगिना।	धातीधाती	गिनाधाती	धातीगिना	धातीगिना
	×				2			
	धाऽगिना	धातीगिना	धातीधागे	धिनागिना।	धातीगिना	धातीगिना	धातीधागे	तिनाकिना
	0				3			

ताऽकिना	तातीकिना	तातीकिना	तातीकिना।	तातीताती	किनाताती	तातीकिना	तातीकिना	
×				2				
धाऽगिना	धातीगिना	धातीधागे	धिनागिना।	धातीगिना	धातीगिना	धातीधागे	धिनागिना	
0				3				

तिहाई

धाऽगिना	धातीगिना	धातीधागे	धिनागिना।	धातीगिना	धातीगिना	धातीधागे	धिनागिना	
×				2				
धा	ऽ	ऽ	ऽ।	धाऽगिना	धातीगिना	धातीधागे	धिनागिना	
0				3				
धातीगिना	धातीगिना	धातीधागे	धिनागिना।	धा	ऽ	ऽ	ऽ	
×				2				
धाऽगिना	धातीगिना	धातीधागे	धिनागिना।	धातीगिना	धातीगिना	धातीधागे	धिनागिना।	धा
0				3				×

9. कायदा

धाऽक्रधा	तीधागिना	धातीधागे	धिनागिना।	धातीधागि	नाधातीधा	गिनाधागे	तिनाकिना
×				2			
ताऽक्रता	तीताकिना	तातीताके	तिनाकिना।	धातीधागि	नाधातीधा	गिनाधागे	धिनागिना
0				3			

प्रस्तार

1.	धाऽक्रधा	तीधागिना	धातीधागे	धिनागिना।	धाऽक्रधा	तीधागिना	धातीधागे	धिनागिना
	×				2			
	धाऽक्रधा	तीधागिना	धातीधागे	धिनागिना।	धातीधागि	नाधातीधा	गिनाधागे	तिनाकिना
	0				3			
	ताऽक्रता	तीताकिना	तातीताके	तिनाकिना।	ताऽक्रता	तीताकिना	तातीताके	तिनाकिना
	×				2			
	धाऽक्रधा	तीधागिना	धातीधागे	धिनागिना।	धातीधागि	नाधातीधा	गिनाधागे	धिनागिना
	0				3			
2.	धाऽक्रधा	तीधागिना	धातीधागे	धिनागिना।	धातीधागे	धिनागिना	धातीधागे	धिनागिना
	×				2			
	धाऽक्रधा	तीधागिना	धातीधागे	धिनागिना।	धातीधागि	नाधातीधा	गिनाधागे	तिनाकिना
	0				3			
	ताऽक्रता	तीताकिना	तातीताके	तिनाकिना।	तातीताके	तिनाकिना	तातीताके	तिनाकिना
	×				2			
	धाऽक्रधा	तीधागिना	धातीधागे	धिनागिना।	धातीधागि	नाधातीधा	गिनाधागे	धिनागिना
	0				3			

3.	धाऽक्रधा	तीधाऽधा	तीधाऽधा	तीधागिना।	धातीधागि	नधातीधा	गिनाधागे	तिनाकिना
	×				2			
	ताऽक्रता	तीताऽता	तीताऽता	तीताकिना।	धातीधागि	नधातीधा	गिनाधागे	धिनागिना
	0				3			
4.	धाऽक्रधा	तीधाऽक्र	धातीऽधा	तीधागिना।	धातीधागि	नधातीधा	गिनाधागे	तिनाकिना
	×				2			
	ताऽक्रता	तीताऽक्र	तातीऽता	तीताकिना।	धातीधागि	नधातीधा	गिनाधागे	धिनागिना
	0				3			
5.	धाऽक्रधा	ऽतीऽधा	ऽतीऽधा	तीधागिना।	धातीधागि	नधातीधा	गिनाधागे	तिनाकिना
	×				2			
	ताऽक्रता	ऽतीऽता	ऽतीऽता	तीताकिना।	धातीधागि	नधातीधा	गिनाधागे	धिनागिना
	0				3			
6.	धातीधागि	नधातीधा	गिनाधागे	तिनाकिना।	तातीतकि	नतातीध	गिनधागे	धिनागिना
	×				2			
	धातीधागि	नधातीधा	गिनाधागे	तिनाकिना।	तातीतकि	नतातीध	गिनधागे	धिनागिना
	0				3			
7.	धातीधागि	नधातीध	गिनाधाती	धगिनधा।	गेधिनागि	नधातीध	गिनधागे	तिनाकिना
	×				2			
	तातीताकि	नतातीत	किनताती	तकिनधा।	गेधिनागि	नधातीध	गिनधागे	धिनागिना
	0				3			
8.	धातीऽधा	तीधगिन	धातीऽधा	तीधगिन।	धातीधगि	नधातीध	गिनधागे	तिनाकिना
	×				2			
	ततीऽता	तीतकिन	तातीऽता	तीतकिन।	धातीधगि	नधातीध	गिनधागे	धिनागिना
	0				3			

तिहाई

धातीधागि	नधातीध	गिनाधागे	धिनागिना।	धा	ऽ	धातीधगि	नधातीध	
×				2				
गिनधागे	धिनागिना	धा	ऽ।	धातीधगि	नधातीध	गिनधागे	धिनागिना।	धा
0				3				×

10. कायदा

धाधिंऽ	ऽधा	तिरकिट	धिंधा।	तिरकिट	तकधिन	तकधिन	धिनागिना
×				2			
तक्धड़ा	ऽनधाऽ	तिरकिट	धिंधा।	तिरकिट	तकधिन	तकतिन	तिनाकिना
0				3			

	तातिंऽ	ऽता	तिरकिट	तिंता।	तिरकिट	तकतिन	तकतिन	तिनाकिना
	×				2			
	तकधड़ा	ऽनधाऽ	तिरकिट	धिंधा।	तिरकिट	तकधिन	तकधिन	धिनागिना
	0				3			
1.	धाधिंऽ	ऽधा	तिरकिट	धिंधा।	तिरकिट	तकधिन	तकधिन	धिनागिना
	×				2			
	धाधिंऽ	ऽधा	तिरकिट	धिंधा।	तिरकिट	तकधिन	तकधिन	धिनागिना
	0				3			
	धाधिंऽ	ऽधा	तिरकिट	धिंधा।	तिरकिट	तकधिन	तकधिन	धिनागिना
	×				2			
	तकधड़ा	ऽनधाऽ	तिरकिट	धिंधा।	तिरकिट	तकधिन	तकतिन	तिनाकिना
	0				3			
	तातिंऽ	ऽता	तिरकिट	तिंता।	तिरकिट	तकतिन	तकतिन	तिनाकिना
	×				2			
	तातिंऽ	ऽता	तिरकिट	तिंता।	तिरकिट	तकतिन	तकतिन	तिनाकिना
	0				3			
	धधिंऽ	ऽधा	तिरकिट	धिंधा।	तिरकिट	तकधिन	तकधिन	धिनागिना
	×				2			
	तकधड़ा	ऽनधाऽ	तिरकिट	धिंधा।	तिरकिट	तकधिन	तकधिन	धिनागिना
	0				3			
2.	धाधिं	ऽधा	तिरकिट	धिंधा।	तिरकिट	तकधिन	तकधिन	धिनागिना
	×				2			
	तिरकिट	तकधिन	तकधिनं	धिनागिना।	तिरकिट	तकधिन	तकधिन	धिनागिना
	0				3			
	धाधिं	ऽधा	तिरकिट	धिंधा।	तिरकिट	तकधिन	तकधिन	धिनागिना
	×				2			
	तकधड़ा	ऽनधाऽ	तिरकिट	धिंधा।	तिरकिट	तकधिन	तकतिन	तिनाकिना
	0				3			
	ततिं	ऽता	तिरकिट	तिंता।	तिरकिट	तकतिन	तकतिन	तिनाकिना
	×				2			

	तिरकिट	तकतिन	तकतिन	तिंनाकिना।	तिरकिट	तकतिन	तकतिन	तिनाकिना
	0				3			
	धाधिं	ऽधा	तिरकिट	धिंधा।	तिरकिट	तकधिन	तकधिन	धिनागिना
	×				2			
	तकधड़ा	ऽनधाऽ	तिरकिट	धिंधा।	तिरकिट	तकधिन	तकधिन	धिनागिना
	0				3			
3.	धाधिं	ऽधा	तिरकिट	धाधिं।	ऽधा	तिरकिट	धिंधा	तिरकिट
	×				2			
	धाधिं	ऽधा	तिरकिट	धिंधा।	तिरकिट	तकधिन	तकधिन	धिनागिना
	0				3			
	धाधिं	ऽधा	तिरकिट	धिंधा।	तिरकिट	तकधिन	तकधिन	धिनागिना
	×				2			
	तकधड़ा	ऽनधाऽ	तिरकिट	धिंधा।	तिरकिट	तकधिन	तकतिन	तिनाकिना
	0				3			
	ततिं	ऽता	तिरकिट	तातिं।	ऽता	तिरकिट	तिंता	तिरकिट
	×				2			
	ततिं	ऽता	तिरकिट	तिंता।	तिरकिट	तकतिन	तकतिन	तिनाकिना
	0				3			
	धाधिं	ऽधा	तिरकिट	धिंधा।	तिरकिट	तकधिन	तकधिन	धिनागिना
	×				2			
	तकधड़ा	ऽनधाऽ	तिरकिट	धिंधा।	तिरकिट	तकधिन	तकधिन	धिनाकिना
	0				3			
4.	तिरकिट	तकधिन	तकधिन	धिंनागिना।	तिरकिट	तकधिन	तकधिन	धिनागिना
	×				2			
	तकधड़ा	ऽनधाऽ	तिरकिट	धिंधा।	तिरकिट	तकधिन	तकतिन	तिनाकिना
	0				3			
	तिरकिट	तकतिन	तकतिन	तिनाकिना।	तिरकिट	तकतिन	तकतिन	तिनाकिना
	×				2			
	तकधड़ा	ऽनधाऽ	तिरकिट	धिंधा।	तिरकिट	तकधिन	तकधिन	धिनागिना
	0				3			

5. तकधड़ा	ऽनधाऽ	तिरकिट	धिंधा।	तिरकिट	तकधिन	तकतिन	तिनाकिना
×				2			
तककड़ा	ऽनताऽ	तिरकिट	तिता।	तिरकिट	तकधिन	तकधिन	धिनागिना
0				3			
तकधड़ा	ऽनधाऽ	तिरकिट	धिंधा।	तिरकिट	तकधिन	तकतिन	तिनाकिना
×				2			
तक्कड़ा	ऽनताऽ	तिरकिट	तिंता।	तिरकिट	तकधिन	तकधिन	धिनागिना
0				3			
6. तकधड़ा	ऽनघाऽ	तकधड़ा	ऽनधाऽ।	तकधड़ा	ऽनधाऽ	तिराकिट	धिधा
×				2			
तकधड़ा	ऽनघाऽ	तिरकिट	धिंधा।	तिरकिट	तकधिन	तकतिन	तिनाकिना
0				3			
तक्कड़ा	ऽनताऽ	तक्कड़ा	ऽनताऽ।	तक्कड़ा	ऽनताऽ	तिरकिट	तिता
×				2			
तक्धड़ा	ऽनघाऽ	तिरकिट	धिंधा।	तिरकिट	तकधिन	तकधिन	धिनागिना
0				3			

तिहाई

तकधड़ा	ऽनधाऽ	तिरकिट	धिंधा।	तिरकिट	तकधिन	तकधिन	धिनागिना।
×				2			
धा	ऽ	ऽ	ऽ।	तकधड़ा	ऽनधाऽ	तिरकिट	धिंधा।
0				3			
तिरकिट	तकधिन	तकधिन	धिनागिना।	धा	ऽ	ऽ	ऽ।
×				2			
तकधड़ा	ऽनधाऽ	तिरकिट	धिंधा।	तिरकिट	तकधिन	तकधिन	धिनागिना। धा
0				3			×

11. कायदा (आड़ लय)

धिनधिनागिन	धागेतिटकिट	धाऽघेड़नग	धिनधिनागिन
×		2	
तकघ्ड़ा	धिटधिटकिट	धाघेड़नग	तिनतिनाकिन
0		3	

तिनतिनाकिन	ताकेतिटकिट	ताऽकेड़नक	तिनतिनाकिन
×		3	
तकघ्ड़ां	धिटधिटकिट	धाऽघेड़नग	धिनधिनागिन
0		3	

प्रस्तार

(1)

धिनधिनागिन	धागेतिरकिट	धाऽघेड़नग	धिनधिनागिन।
×			
धिनाधिनागिन	धागेतिरकिट	धाऽघेड़नग	धिनधिनागिन।
2			
धिनधिनागिन	धागेतिरकिट	धाऽघेड़नग	धिनधिनागिन।
0			
तकघ्ड़ां	धिटधिटकिट	धाऽघेड़नग	तिनतिनाकिन।
3			
तिनतिनाकिन	ताकेतिरकिट	ताऽकेड़नक	तिनतिनाकिन।
×			
तिनतिनाकिन	ताकेतिरकिट	ताऽकेड़नक	तिनतिनाकिन।
2			
धिनधिनागिन	धागेतिरकिट	धाऽघेड़नग	धिनधिनागिन।
0			
तकघ्ड़ां	धिटधिटकिट	धाऽघेड़नग	धिनधिनागिन।
3			

(2)

धिनधिनागिन	धागेतिरकिट	धिनधिनागिन	धागेतिरकिट।
×			
धिनधिनागिन	धागेतिरकिट	धाऽघेड़नग	धिनधिनागिन।
2			
धिनधिनागिन	धागेतिरकिट	धाऽघेड़नग	धिनधिनागिन।
0			
तकघ्ड़ां	धिटधिटकिट	धाऽघेड़नग	तिनतिनाकिन।
3			

तिनतिनाकिन	ताकेतिरकिट	तिनतिनाकिन	ताकेतिरकिट।
×			
तिनतिनाकिन	ताकेतिरकिट	ताऽकेड़नक	तिनतिनाकिन।
2			
धिनधिनागिन	धागेतिरकिट	धाऽघेड़नग	धिनधिनागिन।
0			
तकघ्ड़ां	धिटधिटकिट	धाऽघेड़नग	धिनधिनागिन।
3			

(3)

धिनधिनागिन	धागेतिरकिट	धाऽघेड़नग	धिनधिनागिन।
×			
धाऽघेड़नग	धिनधिनागिन	धाऽघेड़नग	धिनधिनागिन।
2			
धिनधिनागिन	धागेतिरकिट	धाऽघेड़नग	धिनधिनागिन।
0			
तकघ्ड़ां	धिटधिटकिट	धाऽघेड़नग	तिनतिनाकिन।
3			
तिनतिनाकिन	ताकेतिरकिट	ताऽकेड़नक	तिनतिनाकिन।
×			
ताऽकेड़नक	तिनतिनाकिन	ताऽकेड़नक	तिनतिनाकिन।
2			
धिनधिनागिन	धागेतिरकिट	धाऽघेड़नग	धिनधिनागिन।
0			
तकघ्ड़ां	धिटधिटकिट	धाऽघेड़नग	धिनधिनागिन।
3			

(4)

धिनधिनागिन	धिनधिनागिन	धिनधिनागिन	धागेतिरकिट।
×			
धिनधिनागिन	धागेतिरकिट	धाऽघेड़नग	धिनधिनागिन ।
2			

धिनधिनागिन	धागेतिरकिट	धाऽघेड़नग	धिनधिनागिन।
0			
तकघ्ड़ां	धिटधिटकिट	धाऽघेड़नग	तिनतिनाकिन।
3			
तिनतिनाकिन	तिनतिनाकिन	तिनतिनाकिन	ताकेतिरकिट।
×			
तिनतिनाकिन	ताकेतिरकिट	ताऽकेड़नक	तिनतिनाकिन।
2			
धिनधिनागिन	धागेतिरकिट	धाऽघेड़नग	धिनधिनागिन।
0			
तकघ्ड़ां	धिटधिटकिट	धाऽघेड़नग	धिनधिनागिन।
3			

नवनिर्मित मुख्य कायदा

तकघ्ड़ां	धिटधिटकिट	धाऽघेड़नग	तिनतिनाकिन।
×			
तकक्ड़ां	तिटतिटकिट	धाऽघेड़नग	धिनधिनागिन।
2			
तकघ्ड़ां	धिटधिटकिट	धाऽघेड़नग	तिनतिनाकिन।
0			
तकक्ड़ां	तिटतिटकिट	धाऽघेड़नग	धिनधिनागिन।
3			

प्रस्तार

(1)

तकघ्ड़ां	धिटधिटकिट	तकघ्ड़ां	धिटधिटकिट।
×			
तकघ्ड़ां	धिटधिटकिट	धाऽघेड़नग	तिनतिनाकिन।
2			
तकक्ड़ां	तिटतिटकिट	तकक्ड़ां	तिटतिटकिट।
0			
तकघ्ड़ां	धिटधिटकिट	धाऽघेड़नग	धिनधिनागिन।
3			

(2)

तकघ्ड़ां	तकघ्ड़ां	तकघ्ड़ां	धिटधिटकिट।
×			
तकघ्ड़ां	धिटधिटकिट	धाऽघेड़नग	तिनतिनाकिन।
2			
तकक्ड़ां	तकक्ड़ां	तकक्ड़ां	तिटतिटकिट।
0			
तकघ्ड़ां	धिटधिटकिट	धाऽघेड़नग	धिनधिनागिन।
3			

(3)

धाऽघेड़नग	धिनधिनागिन	धाऽघेड़नग	धिनधिनागिन।
×			
तकघ्ड़ां	धिटधिटकिट	धाऽघेड़नग	तिनतिनाकिन।
2			
ताऽकेड़नक	तिनतिनाकिन	ताऽकेड़नक	तिनतिनाकिन।
0			
तकघ्ड़ां	धिटधिटकिट	धाऽघेड़नग	धिनधिनागिन।
3			

(4)

धाऽघेड़नग	धाऽघेड़नग	धाऽघेड़नग	धिनधिनागिन।
×			
तकघ्ड़ां	धिटधिटकिट	धाऽघेड़नग	तिनतिनाकिन।
2			
ताऽकेड़नक	ताऽकेड़नक	ताऽकेड़नक	तिनतिनाकिन।
0			
तकघ्ड़ां	धिटधिटकिट	धाऽघेड़नग	धिनधिनागिन।
3			

(5)

धाऽघेड़नग	धिनधिनागिन	धिनधिनागिन	धिनधिनागिन।
×			
तकघ्ड़ां	धिटधिटकिट	धाऽघेड़नग	तिनतिनाकिन।
2			

ताघ्केड़नक	तिनतिनाकिन	तिनतिनाकिन	तिनतिनाकिन।	
0				
तकघ्ड़ां	धिटधिटकिट	धाऽघेड़नग	धिनधिनागिन।	
3				

तिहाई

तकघ्ड़ां	धिटधिटकिट	धाऽघेड़नग	धिनधिनागिन।	
×				
धा	ऽ	तकघ्ड़ां	धिटधिटकिट।	
2				
धाऽघेड़नग	धिनधिनागिन	धा	ऽ ।	
0				
तकघ्ड़ां	धिटधिटकिट	धाऽघेड़नग	धिनधिनागिन।	धा
3				×

12. कायदा (पं. छोटे लाल मिश्र द्वारा रचित)

गिना	धाऽ	गिना	तेटे।	गिना	धागे	धिना	गिना
×				2			
तेटे	गिना	धागे	तेटे।	गिना	धागे	तिना	किना
0				3			
किना	ताऽ	किना	तेटे।	किना	ताके	तिना	किना
×				2			
तेटे	गिना	धागे	तेटे।	गिना	धागे	धिना	गिना
0				3			

प्रस्तार

1.	गिना	धाऽ	गिना	तेटे।	गिना	धागे	धिना	गिना
	×				2			
	गिना	धाऽ	गिना	तेटे।	गिना	धागे	धिना	गिना
	0				3			
	गिना	धाऽ	गिना	तेटे।	गिना	धागे	धिना	गिना
	×				2			

	तेटे	गिना	धागे	तेटे।	गिना	धागे	तिना	किना
	0				3			
	किना	ताऽ	किना	तेटे।	किना	ताके	तिना	किना
	×				2			
	किना	ताऽ	किना	तेटे।	किना	ताके	तिना	किना
	0				3			
	गिना	धाऽ	गिना	तेटे।	गिना	धागे	धिना	गिना
	×				2			
	तेटे	गिना	धागे	तेटे।	गिना	धागे	धिना	गिना
	0				3			
2.	गिना	धाऽ	गिना	तेटे।	गिना	धाऽ	गिना	तेटे
	×				2			
	गिना	धाऽ	गिना	तेटे।	गिना	धागे	धिना	गिना
	0				3			
	गिना	धाऽ	गिना	तेटे।	गिना	धागे	धिना	गिना
	×				2			
	तेटे	गिना	धागे	तेटे।	गिना	धागे	तिना	किना
	0				3			
	किना	ताऽ	किना	तेटे।	किना	ताऽ	किना	तेटे
	×				2			
	किना	ताऽ	किना	तेटे।	किना	ताके	तिना	किना
	0				3			
	गिना	धाऽ	गिना	तेटे।	गिना	धागे	धिना	गिना
	×				2			
	तेटे	गिना	धागे	तेटे।	गिना	धागे	धिना	गिना
	0				3			
3.	गिना	धाऽ	गिना	तेटे।	गिना	धागे	धिना	गिना
	×				2			
	गिना	धागे	धिना	गिना।	गिना	धागे	धिना	गिना
	0				3			

गिना	धाऽ	गिना	तेटे।	गिना	धागे	धिना	गिना
×				2			
तेटे	गिना	धागे	तेटे।	गिना	धागे	तिना	किना
0				3			
किना	ताऽ	किना	तेटे।	किना	ताके	तिना	किना
×				2			
किना	ताके	तिना	किना।	किना	ताके	तिना	किना
0				3			
गिना	धाऽ	गिना	तेटे।	गिना	धागे	धिना	गिना
×				2			
तेटे	गिना	धागे	तेटे।	गिना	धागे	धिना	गिना
0				3			

नवनिर्मित कायदा

तेटे	गिना	धागे	तेटे।	गिना	धागे	तिना	किना
×				2			
तेटे	किना	ताके	तेटे।	गिना	धागे	धिना	गिना
0				3			

प्रस्तार

1.	तेटे	गिना	धागे	तेटे।	तेटे	गिना	धागे	तेटे
	×				2			
	तेटे	गिना	धागे	तेटे।	गिना	धागे	तिना	किना
	0				3			
	तेटे	किना	ताके	तेटे।	तेटे	किना	ताके	तेटे
	×				2			
	तेटे	गिना	धागे	तेटे।	गिना	धागे	धिना	गिना
	0				3			
2.	तेटे	गिना	तेटे	गिना।	तेटे	गिना	धागे	तेटे
	×				2			
	तेटे	गिना	धागे	तेटे।	गिना	धागे	तिना	किना
	0				3			

तेटे	किना	तेटे	किना।	तेटे	किना	ताके	तेटे
×				2			
तेटे	गिना	धागे	तेटे।	गिना	धागे	धिना	गिना
0				3			

3.

तेटे	तेटे	गिना	तेटे।	तेटे	गिना	धागे	तेटे
×				2			
तेटे	गिना	धागे	तेटे।	गिना	धागे	तिना	किना
0				3			
तेटे	तेटे	किना	तेटे।	तेटे	किना	ताके	तेटे
×				2			
तेटे	गिना	धागे	तेटे।	गिना	धागे	धिना	गिना
0				3			

तिहाई

तेटे	गिना	धागे	तेटे।	गिना	धागे	धिना	गिना	
×				2				
धा	ऽ	ऽ	ऽ।	तेटे	गिना	धागे	तेटे	
0				3				
गिना	धागे	धिना	गिना।	धा	ऽ	ऽ	ऽ	
×				2				
तेटे	गिना	धागे	तेटे।	गिना	धागे	धिना	गिना।	धा
0				3				×

13. कायदा

धगिनधा	तेटेगिना	धातीधागे	धिनागिना।
×			
तेटेगिना	धातेटेध	गिनाधागे	तिनाकिना।
2			
तकिनता	तेटेकिना	तातीताके	तिनाकिना।
0			
तेटेगिना	धातेटेध	गिनाधागे	धिनागिना।
3			

प्रस्तार

(1)

धगिनधा	तेटेगिना	धातीधागे	धिनागिना।
×			
धगिनधा	तेटेगिना	धातीधागे	धिनागिना।
2			
धगिनधा	तेटेगिना	धातीधागे	धिनागिना।
0			
तेटेगिना	धातेटेध	गिनाधागे	तिनाकिना।
3			
तकिनता	तेटेकिना	तातीताके	तिनाकिना।
×			
तकिनता	तेटेकिना	तातीताके	तनाकिना।
2			
धगिनधा	तेटेगिना	धातीधागे	धिनागिना।
0			
तेटेगिना	धातेटेध	गिनाधागे	धिनागिना।
3			

(2)

धगिनधा	तेटेगिना	धगिनधा	तेटेगिना।
×			
धगिनधा	तेटेगिना	धातीधागे	धिनागिना।
2			
धगिनधा	तेटेगिना	धातीधागे	धिनागिना।
0			
तेटेगिना	धातिटधा	गिनाधागे	तिनाकिना।
3			
तकिनता	तेटेकिना	तकिनता	तेटेकिना।
×			

तकिनता	तेटेकिना	तातीताके	तनाकिना।
2			
धगिनधा	तेटेगिना	धातीधागे	धिनागिना।
0			
तेटेगिना	धातेटेध	गिनधागे	धिनागिना।
3			

(3)

धगिनधा	तेटेगिना	तेटेगिना	तेटेगिना।
×			
धगिनधा	तेटेगिना	धातीधागे	धिनागिना।
2			
धगिनधा	तेटेगिना	धातीधागे	धिनागिना।
0			
तेटेगिना	धातेटेध	गिनाधागे	तिनाकिना।
3			
तकिनता	तेटेकिना	तेटेकिना	तेटेकिना।
×			
तकिनता	तेटेकिना	तातीताके	तिनाकिना।
2			
धगिनधा	तेटेगिना	धातीधागे	धिनागिना।
0			
तेटेगिना	धातेटेध	गिनाधागे	धिनागिना।
3			

(4)

धगिनधा	तेटेधगि	नधातेटे	तेटेगिना।
×			
धगिनधा	तेटेगिना	धातीधागे	धिनागिना।
2			

धगिनधा	तेटेगिना	धातीधागे	धिनागिना।
0			
तेटेगिना	धातेटेध	गिनाधागे	तिनाकिना।
3			
तकिनता	तेटेतकि	नतातेटे	तेटेकिना।
×			
तकिनता	तेटेकिना	तातीताके	तिनाकिना।
2			
धगिनधा	तेटेगिना	धातीधागे	धिनागिना।
0			
तेटेगिना	धातेटेधा	गिनधागे	धिनागिना।
3			

(5)

धगिनधा	तेटेगिना	ऽऽऽधा	तिटगिना।
×			
धगिनधा	तेटेगिना	धातीधागे	धिनागिना।
2			
धगिनधा	तेटेगिना	धातीधागे	धिनागिना।
0			
तेटेगिना	धातेटेध	गिनधागे	तिनाकिना।
3			
तकिनता	तेटेकिना	ऽऽऽता	तेटेकिना।
×			
तकिनता	तेटेकिना	तातीताके	तिनाकिना।
2			
धगिनधा	तेटेगिना	धातीधागे	धिनागिना।
0			

तेटेगिना	धातेटेधा	गिनाधागे	धिनागिना।
3			

(6)

धगिनधा	तेटेगिना	धातीधागे	धिनागिना।
×			
धातीधागे	धिनागिना	धातीधागे	धिनागिना।
2			
धगिनधा	तेटेगिना	धातीधागे	धिनागिना।
0			
तेटेगिना	धातेटेध	गिनाधागे	तिनाकिना।
3			
तकिनता	तेटेकिना	तातीताके	तिनाकिना।
×			
तातीताके	तिनाकिना	तातीताके	तिनाकिना।
2			
धगिनधा	तेटेगिना	धातीधागे	धिनागिना।
0			
तेटेगिना	धातेटेध	गिनाधागे	धिनागिना।
3			

नवनिर्मित मुख्य कायदा

तेटेगिना	धातेटेध	गिनाधागे	तिनाकिना।
×			
तेटेकिना	धातेटेध	गिनाधागे	धिनागिना।
2			
तिटगिना	धातेटेध	गिनाधागे	तिनाकिना।
0			
तेटेकिना	तातेटेध	गिनाधागे	धिनागिना।
3			

प्रस्तार

(1)

तेटेगिना	धातेटेधा	तेटेगिना	धातेटेधा।
×			
तेटेगिना	धातेटेधा	गिनाधागे	तिनाकिना।
2			
तेटेकिना	तातेटेता	तेटेकिना	तातेटेता।
0			
तेटेगिना	धातेटेधा	गिनाधागे	धिनागिना।
3			

(2)

तेटेगिना	तेटेगिना	तेटेगिना	धातेटेधा।
×			
तेटेगिना	धातेटेध	गिनाधागे	तिनाकिना।
2			
तेटेकिना	तेटेकिना	तेटेकिना	तातेटेता।
0			
तेटेगिना	धातेटेध	गिनाधागे	धिनागिना।
3			

(3)

तेटेगिना	तेटेतेटे	गिनातेटे	तेटेगिना।
×			
तेटेगिना	धातेटेध	गिनाधागे	तिनाकिना।
2			
तेटेकिना	तेटेतेटे	किनातेटे	तेटेकिना।
0			
तेटेगिना	धातेटेध	गिनाधागे	धिनागिना।
3			

(4)

तेटेतेटे	गिनातेटे	तेटेगिना	तेटेगिना।
×			
तेटेगिना	धातेटेध	गिनाधागे	तिनाकिना।
2			
तेटेतेटे	किनातेटे	तेटेकिना	तेटेकिना।
0			
तेटेगिना	धातेटेध	गिनाधागे	धिनागिना।
3			

(5)

तेटेतेटे	गिनातेटे	तेटेतेटे	गिनातेटे।
×			
तेटेगिना	धातेटेध	गिनाधागे	तिनाकिना।
2			
तेटेतेटे	किनातेटे	तेटेतेटे	किनातेटे।
0			
तेटेगिना	धातेटेध	गिनाधागे	धिनागिना।
3			

तिहाई

तेटेगिना	धातेटेध	गिनाधागे	धिनागिना।
×			
धाऽऽऽ	ऽऽऽऽ	तेटेगिना	धातेटेध।
2			
गिनाधागे	धिनागिना	धाऽऽऽ	ऽऽऽऽ।
0			
तेटेगिना	धातेटेध	गिनाधागे	धिनागिना।
3			

14. कायदा (पं. छोटे लाल मिश्र द्वारा रचित)

धागेगेगे	नातीधागे	धिनागिना	धातीधागे।	धिनागिना	धागेगगे	नातीधागे	तिनाकिना
×				2			
ताकेकेके	नातीताके	तिनाकिना	धातीधागे।	धिनागिना	धागेगेगे	नातीधागे	धिनागिना
0				3			

प्रस्तार

1.	धागेगेगे	नातीधागे	धिनागिना	धागेगेगे।	नातीधागे	धिनागिना	धातीधागे	धिनागिना
	×				2			
	धागेगेगे	नातीधागे	धिनागिना	धातीधागे।	धिनागिना	धागेगेगे	नातीधागे	तिनाकिना
	0				3			
	ताकेकेके	नातीताके	तिंनाकिना	ताकेकेके।	नातीताके	तिनाकिना	नातीताके	तिनाकिना
	×				2			
	धागेगेगे	नातीधागे	धिनागिना	धातीधागे।	धिनागिना	धागेगेगे	नातीधागे	धिनागिना
	0				3			
2.	धागेगेगे	नातीधागे	धिनागिना	गेगेनाती।	धागेधिना	गिनागेगे	नातीधागे	तिनाकिना
	×				2			
	ताकेकेके	नातीताके	तिनाकिना	गेगेनाती।	धागेधिना	गिनागेगे	नातीधागे	धिनाकिना
	0				3			
3.	धागेगेगे	गेगेधागे	गेगेगेगे	नातीधागे।	धिनागिना	धागेगेगे	नातीधागे	तिनाकिना
	×				2			
	ताकेकेके	केकेताके	केकेकेके	नातीधागे।	धिनागिना	धागेगेगे	नातीधागे	धिनागिना
	0				3			
4.	गेगेगेगे	गेगेनाती	धागेधिना	गिनागेगे।	गेगेगेगे	नातीधागे	नातीधागे	तिनाकिना
	×				2			
	केकेकेके	केकेनाती	ताकेतिना	किनागेगे।	गेगेगेगे	नातीधागे	नातीधागे	धिनागिना
	0				3			
5.	गेगेनाती	गेगेनाती	गेगेनाती	धागेधिना।	गिनागेगे	गेगेगेगे	नातीधागे	तिनाकिना
	×				2			
	केकेनाती	केकेनाती	केकेनाती	ताकेतिना।	किनागेगे	गेगेगेगे	नातीधागे	धिनागिना
	0				3			
6.	गेगेनाती	धागेनाती	धागेनाती	धागेधिना।	गिनागेगे	गेगेगेगे	नातीधागे	तिनाकिना
	×				2			
	केकेनाती	ताकेनाती	ताकेनाती	धागेधिना।	गिनागेगे	गेगेगेगे	नातीधागे	धिनागिना
	0				3			

7.	गेगेनाती	धागेधिना	धागेधिना	धागेधिना।	गिनागेगे	गेगेगेगे	नातीधागे	तिनाकिना
	×				2			
	केकेनाती	ताकेनाती	ताकेतिना	धागेधिना।	गिनागेगे	गेगेगेगे	नातीधागे	धिनागिना
	0				3			
8.	गेगेनाती	धागेधिना	गिनाधागे	धिनागिना।	धागेधिना	गिनागेगे	नातीधागे	तिनाकिना
	×				2			
	केकेनाती	ताकेतिना	किनाताके	तिनाकिना।	धागेधिना	गिनागेगे	नातीधागे	धिनागिना
	0				3			
	धागेधागे	गेगेनाती	धागेधागे	गेगेनाती।	धागेधागे	गेगेनाती	नातीधागे	तिनाकिना
	×				2			
	ताकेताके	केकेनाती	ताकेताके	केकेनाती।	धागेधागे	गेगेनाती	नातीधागे	धिनागिना
	0				3			

तिहाई

धागेगेगे	नातीधागे	धिनागिना	धातीधागे।	धिनागिना	धागेगेगे	नातीधागे	धिनागिना	
×				2				
धा	ऽ	ऽ	ऽ।	धागेगेगे	नातीधागे	धिनागिना	धातीधागे	
0				3				
धिनागिना	धागेगेगे	नातीधागे	धिनागिना।	धा	ऽ	ऽ	ऽ	
×				2				
धागेगेगे	नातीधागे	धिनागिना	धातीधागे।	धिनागिना	धागेगेगे	नातीधागे	धिनागिना।	धा
0				3				×

15. कायदा–चांटी प्रधान (पं. छोटे लाल मिश्र द्वारा रचित)

धाऽगिना	नागेतेटे	गिनाधागे	धिनागिना।	गिनागिना	नागेनाना	गिनाधागे	तिनाकिना
×				2			
ताऽकिना	नाकेतेटे	किनाताके	तिनाकिना।	गिनागिना	नागेनाना	गिनाधागे	धिनागिना
0				3			

प्रस्तार

1.	धाऽगिना	नागेतेटे	गिनाधागे	धिनागिना।	धाऽगिना	नागेतेटे	गिनाधागे	धिनागिना।
	×				2			
	धाऽगिना	नागेतेटे	गिनाधागे	धिनागिना।	गिनागिना	नागेनाना	गिनाधागे	तिनाकिना।
	0				3			

	ताऽकिना	नाकेतेटे	किनाताके	तिनाकिना।	ताऽकिना	नाकेतेटे	किनाताके	तिनाकिना।
	×				2			
	धाऽगिना	नागेतेटे	गिनाधागे	धिनागिना।	गिनागिना	नागेनाना	गिनाधागे	धिनागिना।
	0				3			
2.	धाऽगिना	नागेतेटे	गिनाधागे	धिनागिना।	गिनाधागे	धिनागिना	गिनाधागे	धिनागिना।
	×				2			
	धाऽगिना	नागेतेटे	गिनाधागे	धिनागिना।	गिनागिना	नागेनाना	गिनाधागे	तिनाकिना।
	0				3			
	ताऽकिना	नाकेतेटे	किनाताके	तिनाकिना।	किनाताके	तिनाकिना	किनाताके	तिनाकिना।
	×				2			
	धाऽगिना	नागेतेटे	गिनाधागे	धिनागिना।	गिनागिना	नागेनाना	गिनाधागे	धिनागिना।
	0				3			
3.	धाऽगिन	नागेतेटे	गिनाधागे	धिनागिना।	गिनाधागे	गिनाधागे	गिनाधागे	धिनागिना।
	×				2			
	धाऽगिना	नागेतेटे	गिनाधागे	धिनागिना।	गिनागिना	नागेनाना	गिनाधागे	तिनाकिना।
	0				3			
	ताऽकिना	नाकेतेटे	किनाताके	तिनाकिना।	किनाताके	किनाताके	किनाताके	तिनाकिना
	×				2			
	धाऽगिना	नाकेतेटे	गिनाधागे	धिनागिना।	गिनागिना	नागेनाना	गिनाधागे	धिनागिना
	0				3			

नवनिर्मित मुख्य कायदा

गिनागिना	नागेनाना	गिनाधागे	तिनाकिना।
×			
किनाकिना	नाकेनाना	गिनाधागे	धिनागिना।
2			
गिनागिना	नागेनाना	गिनाधागे	तिनाकिना।
0			
किनाकिना	नाकेनाना	गिनाधागे	धिनागिना।
3			

प्रस्तार

1.	गिनागिना	नागेनाना	गिनागिना	नागेनाना।	गिनागिना	नागेनाना	गिनाधागे	तिनाकिना
	×				2			
	किनाकिना	नाकेनाना	किनाकिना	नाकेनाना।	गिनागिना	नागेनाना	गिनाधागे	धिनागिना
	0				3			
2.	गिनानागे	नानागिना	नागेनाना	गिनागिना।	गिनागिना	नागेनाना	गिनाधागे	तिनागिना
	×				2			
	किनानाके	नानाकिना	नाकेनाना	किनाकिना।	गिनागिना	नागेनाना	गिनाधागे	धिनागिना
	0				3			
3.	गिनागिना	नागेनाना	गिनानागे	धिनागिना।	गिनागिना	नागेनाना	गिनाधागे	तिनाकिना
	×				2			
	किनाकिना	नाकेनाना	किनानाके	तिनाकिना।	गिनागिना	नागेनाना	गिनाधागे	धिनागिना
	0				3			
4.	ऽगिनाना	गिनागिना	नागेनागे	नानागिना।	गिनागिना	नागेनाना	गिनाधागे	तिनाकिना
	×				2			
	ऽकिनाना	किनाकिना	नाकेनाके	नानाकिना।	गिनागिना	नागेनाना	गिनाधागे	धिनागिना
	0				3			
5.	ऽऽगिना	गिनानागे	नागेनागे	नानागिना।	गिनागिना	नागेनाना	गिनाधागे	तिनाकिना
	×				2			
	ऽऽकिना	किनानाके	नाकेनाके	नानाकिना।	गिनागेना	नागेनाना	गिनाधागे	धिनागिना
	0				3			
6.	गिनागिना	नागेनागे	नानागेना	गिनागेना।	नागेनागे	नानागेना	गिनधागे	तिनाकिना
	×				2			
	केनाकिना	नाकेनाके	नानाकेना	गिनागिना।	नागेनागे	नानागिना	गिनाधागे	धिनागिना
	0				3			

तिहाई

गिनागिना	नागेनाना	गिनाधागे	धिनागिना।
×			
धा	ऽऽऽऽ	गिनागिना	नागेनाना।
2			

गिनाधागे	धिनांगिना	धा	SSSS।	
0				
गिनागिना	नागेनाना	गिनाधागे	धिनागिना।	धा
3				×

16. कायदा (झूलनालय–मिश्र जाति–पं. छोटे लाल मिश्र द्वारा रचित)

धगिनतेटेगिना	धगिनधातीगिना	धगिनतेटेगिना	धगिनतिनाकिना।
×			
तकिनतेटेकिना	तकिनतातीकिना	धगिनतेटेगिना	धगिनधिनागिना।
2			
धगिनतेटेगिना	धगिनधातीगिना	धगिनतेटेगिना	धगिनतिनाकिना।
0			
तकिनतेटेकिना	तकिनतातीकिना	धगिनतेटेगिना	धगिनधिनागिना।
3			

प्रस्तार

1.	धगिनतेटेगिना	धगिनधातीगिना	धगिनतेटेगिना	धगिनधातीगिना।
	×			
	धगिनतेटेगिना	धगिनधातीगिना	धगिनतेटेगिना	धगिनतिनाकिना।
	2			
	तकिनतेटेकिना	तकिनतातीकिना	तकिनतेटेकिना	तकिनतातीकिना।
	0			
	धगिनतेटेगिना	धगिनधातीगिना	धगिनतेटेगिना	धगिनधिनागिना।
	3			
2.	धगिनतेटेगिना	धगिनधातीगिना	धगिनधातीगिना	धगिनधातीगिना।
	×			
	धगिनतेटेगिना	धगिनधातीगिना	धगिनतेटेगिना	धगिनतिनाकिना।
	2			
	तकिनतेटेकिना	तकिनतातीकिन	तकिनतातीकिन	तकिनतातीकिन।
	0			
	धगिनतेटेगिना	धगिनधातीगिना	धगिनतेटेगिना	धगिनधिनागिना।
	3			
3.	धगिनतेटेगिना	धगिनतेटेगिना	धगिनतेटेगिना	धगिनधातीगिना।
	×			
	धगिनतेटेगिना	धगिनधातीगिना	धगिनतेटेगिना	धगिनतिनाकिना।
	2			

	तकिनतेटेकिना	तकिनतेटेकिना	तकिनतेटेकिना	तकिनतातीकिना।
	0			
	धगिनतेटेगिना	धगिनधातीगिना	धगिनतेटेगिना	धगिनधिनागिना।
	3			
4.	धगिनतेटेगिना	ऽऽऽतेटेगिना	धगिनतेटेगिना	धगिनधातीगिन।
	×			
	धगिनतेटेगिना	धगिनधातीगिना	धगिनतेटेगिना	धगिनतिनाकिना।
	2			
	तकिनतेटेकिना	ऽऽऽतेटेकिना	तकिनतेटेकिना	तकिनतातीकिना।
	0			
	धगिनतेटेगिना	धगिनधातीगिना	धगिनतेटेगिना	धगिनधिनागिना।
	3			
5.	धगिनतेटेगिना	तेटेऽतेटेगिना	ऽऽऽतेटेगिना	धगिनधातीगिना।
	×			
	धगिनतेटेगिना	धगिनधातीगिना	धगिनतेटेगिना	धगिनतिनाकिना।
	2			
	तकिनतेटेकिना	तेटेऽतेटेकिना	ऽऽऽतेटेकिना	तकिनतातीकिना।
	0			
	धगिनतेटेगिना	धगिनधातीगिना	धगिनतेटेगिना	धगिनधिनागिना।
	3			
6.	धगिनतेटेगिना	तेटेऽतेटेगिना	ऽतेटेतेटेगिना	धगिनधातीगिन।
	×			
	धगिनतेटेगिना	धगिनधातीगिना	धगिनतेटेगिना	धगिनतिनाकिना।
	2			
	तकिनतेटेकिना	तेटेऽतेटेकिना	ऽतेटेतेटेकिना	तकिनतातीकिना।
	0			
	धगिनतेटेगिना	धगिनधातीगिन	धगिनतेटेगिना	धगिनधिनागिना।
	3			

तिहाई

धगिनतेटेगिना	धगिनधातीगिन	धगिनतेटेगिना	धगिनधिनागिना।
×			
धा	ऽ	धगिनतेटेगिना	धगिनधातीगिन।
2			

धगिनतेटेगिना	धगिनधिनागिना	धा	ऽ
0			
धगिनतेटेगिना	धगिनधातीगिना	धगिनतेटेगिना	धगिनधिनागिना।
3			
धा			
×			

17. कायदा (उ. फैयाज खाँ द्वारा रचित कायदा)

धागेधिना	कधातीधा	गेना धिना	गिनाधाऽतिर।
×			
किटधातीधा	गिनाधिना	गिनाधागे	तिनाकिना।
2			
ताकेतिंना	कतातीता	केनातिना	किनाताऽतिर।
0			
किटधातीधा	गिनाधिना	गिनाधागे	धिनागिना।
3			

18. अक्षोम कायदा (उ. गामी खाँ)

	घिनातेटे	धातेटेते	टेधगिन	तिनाकिना।
	×			
	किनातेटे	तातेटेते	टेधगिन	धिनागिना।
	2			
	घिनातेटे	धातेटेते	टेधगिन	तिनाकिना।
	0			
	किनातेटे	तातेटेते	टेधगिन	धिनागिना।
	3			
1.	घिनातेटे	धातेटेधा	घिनातेटे	धातेटेधा।
	×			
	घिनातेटे	धातेटेते	टेधगिन	तिनाकिना।
	2			
	किनातेटे	तातेटेता	किनातेटे	तातेटेता।
	0			
	घिनातेटे	धातेटेते	टेधगिन	धिनागिना।
	3			

बल

2.	घिना तेटे	धातेटेते	टेधगिन	तिनातेटे।
	×			
	तिनाधिना	तेटेधाते	टेधगिन	तिनाकिना।
	2			
	किनातेटे	तातेटेते	टेतकिन	तिनातेटे।
	0			
	तिनाधिना	तेटेधाते	टेधगिन	धिनागिना।
	3			
3.	घिनाधिना	तेटेधाते	टेतेटेधा	तेटेतेटे ।
	×			
	घिनातेटे	धातेटेते	टेधगिन	तिनाकिना।
	2			
	किनातिना	तेटेताते	टेतेटेता	तेटेतेटे ।
	0			
	घिनातेटे	धातेटेते	टेधगिन	धिनागिना।
	3			
4.	घिनाधिना	धागेनाधा	ऽधागेना	तिनाकिना।
	×			
	किनाकिना	ताकेनाता	ऽधागेना	धिनागिना।
	2			
	घिनाधिना	धागेनाधा	ऽधागेना	तिनाकिना।
	0			
	किनाकिना	ताकेनाता	ऽधागेना	धिनागिना।
	3			

पल्टे

5.	घिनाधिना	तेटेधाते	टेतेतेधा	तेटेतेटे ।
	×			
	घिनाधिना	तेटेधाते	टेधागेन	तिनाकिना।
	2			

	किनातिना	तेटेताते	टेतेटेता	तेटेतेटे ।
	0			
	घिनाधिना	तेटेधाते	तेधागेन	धिनागिना।
	3			

नवनिर्मित कायदा

घिनातेटे	धातेटेध	गिनाधागे	तिनाकिना।
×			
किनातेटे	तातेटेध	गिनधागे	धिनागिना।
2			
घिनातेटे	धातेटेध	गिनधागे	तिनाकिना।
0			
किनातेटे	तातेटेध	गिनाधागे	धिनागिना।
3			

दोहरी

1.	घिनातेटे	धातेटेध	घिनातेटे	धातेटेध ।
	×			
	घिनातेटे	धातेटेध	गिनधागे	तिनाकिना।
	2			
	किनातेटे	तातेटेत	किनातेटें	तातेटेत ।
	0			
	घिनातेटे	धातेटेध	गिनधागे	धिनागिना।
	3			

बल

1.	घिनाधिना	धागेनाधा	गिनधागे	तिनाकिना।
	×			
	किनाकिना	ताकेनाधा	गिनधागे	धिनागिना।
	2			
	घिनाधिना	धागेनाधा	गिनधागे	तिनाकिना।
	0			
	किनाकिना	ताकेनाधा	गिनधागे	धिनागिना।
	3			

पल्टा

2.	धिनाधागे	नातेटेधा	गिनधागे	तिनाकिना।	
	×				
	किनाताके	नातेटेधा	गिनधागे	धिनागिना।	
	2				
	धिनाधागे	नातेटेधा	गिनधागे	तिनाकिना।	
	0				
	किनाताके	नातेटेधा	गिनधागे	धिनागिना।	
	3				
3.	धिनाधिना	धाऽऽधा	गेनाधागे	तिनाकिना।	
	×				
	किनाकिना	ताऽऽधा	गेनाधागे	धिनागिना।	
	2				
	धिनाधिना	धाऽऽधा	गेनाधागे	तिनाकिना।	
	0				
	किनाकिना	ताऽऽधा	गेनाधागे	धिनागिना।	
	3				

तिहाई

धिनातेटे	धातेटेध	गिनधागे	धिनागिना।	
×				
धाऽऽऽ	ऽऽऽऽ	धिनातेटे	धातेटेध।	
2				
गिनाधागे	धिनागिना	धाऽऽऽ	ऽऽऽऽ ।	
0				
धिनातेटे	धातेटेध	गिनधागे	धिनागिना।	धा
3				×

19. कायदा (उ. ईनाम अली द्वारा रचित)

धागेतेटे	केटेकेटे	तेटेकेटे	तेटेकेटे।
×			
धागेतेटे	केटेधागे	तिरकिटतिन	तिनाकिना।
2			

ताकेतेटे	केटेकेटे	तेटेकेटे	तेटेकेटे।
0			
धागेतेटे	केटेधागे	तिरकिटधिन	धिनागिना। धा
3			×

आड़लय में उक्त कायदा का स्वरूप

धागेतेटकेटे	केटेतेटकेटे	धागेतेटधागे	तिरकिटतिनाकिना।
×			
ताकेतेटकेटे	केटेतेटकेटे	धागेतेटधागे	तिरिकिटधिनागिना।
2			
धागेतेटकेटे	केटेतेटकेटे	धागेतेटधागे	तिरकिटतिनाकिना।
0			
ताकेतेटकेटे	केटेतेटकेटे	धागेतेटधागे	तिरकिटधिनागिना। धा
3			×

20. कायदा (उ. सिताब खाँ)

धाती	धाती	धागे	नधा।	धाती	धागे	धिना	गिना।	
×				2				
धाऽ	क्रधा	तीधा	गेन।	धाती	धागे	तिना	किना।	
0				3				
ताती	ताती	ताके	नता।	ताती	ताके	तिना	किना।	
×				2				
धाऽ	क्रधा	तीधा	गेन।	धाती	धागे	धिना	गिना।	धा
0				3				×

21. कायदा (उ. सिताब खाँ)

धाऽघेना	ऽतधाऽ	धाऽघेघे	नगधिन।
×			
धागेतिरकिट	धिनाघेघे	नगतिन	तिनाकिना।
2			
ताऽकेना	ऽतताऽ	ताऽकेके	नकतिन।
0			
धागेतिरकिट	धिनाघेघे	नगधिन	धिनागिना। धा
3			×

22. कायदा (उ॰ नत्थू खाँ)

गिनातेटे	गिनाधागे	धिनागिना	धागेतिरकिट।	
×				
धिनागिना	गिनातेटे	गिनाधागे	तिनाकिना।	
2				
किनातेटे	किनाताके	तिनाकिना	ताकेतिरकिट।	
0				
धिनागिना	गिनातेटे	गिनाधागे	धिनागिना।	धा
3				×

23. कायदा (उ॰ गामी खाँ)

गिना	तेटे	धाते	टेधा।	गिन	धागे	तिना	किना।	
×				2				
किना	तेटे	ताते	टेधा।	गिना	धागे	धिना	गिना।	धा
0				3				×

24. कायदा (उ॰ मुन्नू खाँ)

गिना	तेटे	धाते	टेते।	टेध	गिन	तिना	किना।	
×				2				
किना	तेटे	ताते	टेते।	टेध	गिन	धिना	गिना।	धा
0				3				×

25. कायदा (उ॰ ईनाम अली खाँ)

गिना	गिना	धागे	नाधा।	गेना	तेटे	तिना	किना।	
×				2				
किना	किना	ताके	नाधा।	गेना	तेटे	धिना	गिना।	धा
0				3				×

26. कायदा (उ॰ बुगरा खाँ)

धागे	तेटे	क्रधे	तेटे।	धागे	तिरकिट	तिना	किना।	
×				2				
ताके	तेटे	क्रते	तेटे।	धागे	तिरकिट	धिना	गिना।	धा
0				3				×

आड़लय लय में उक्त कायदा

धागेतेटकेटे	तेटेक्रधेतेटे	धागेतेटेधागे	तिरकिटतिनाकिना।	
×				
ताकेतेटेकेटे	तेटेक्रतेतेटे	धागेतेटेधागे	तिरकिटधिनागिना।	
2				
धागेतेटकेटे	तेटेक्रधेतेटे	धागेतेटेधागे	तिरकिटतिनाकिना।	
0				
ताकेतेटेकेटे	तेटेक्रतेतेटे	धागेतेटेधागे	तिरकिटधिनागिना।	धा
3				×

27. कायदा (उ॰ ईनाम अली)

धाऽक्रधा	कतागिना	धिनाक्रधा	कतागिना
×			
धातिरकिटधा	कतागिना	कतागिना	तिनाकेना
2			
ताऽक्रता	कताकिना	तिनाक्रता	कताकिना
0			
धातिरकिटधा	कतागिना	कतागिना	धिनागेना
3			

बल

(1)	धाधाधाऽ	क्रधाकता	गिनाक्रधा	कतागिना
	×			
	धातिरकिटधा	कतागिना	कतागिना	तिनाकेना
	2			

	तातातोऽ	क्रताकता	किनाक्रता	कताकिना
	0			
	धातिरकिटधा	कतागिना	कतागिना	धिनागेना
	3			
(2)	धाधाधाऽ	क्रधाकता	गिनाधाधा	धाऽक्रधा
	×			
	कतागिना	धातिरिकिटधा	कतागिना	तिनाकेना
	2			
	तातातोऽ	क्रताकता	किनाताता	ताऽक्रता
	0			
	कतागिना	धातिरकिटधा	कतागिना	धिनागेना
	3			
(3)	धाधाधाऽ	क्रधा कता	गिना धिना	क्रधाकता
	×			
	गिना धाधा	धाऽक्रधा	कतागिना	तिनाकेना
	2			
	तातातोऽ	क्रताकंता	किनातिना	क्रताकता
	0			
	गिनाधाधा	धाऽक्रधा	कतागिना	धिनागेना
	3			
(4)	धाधाक्रधा	कतागिना	धाधाक्रधा	कतागिना
	×			
	धाधाक्रधा	कतागिना	कतागिना	तिनाकेना
	2			
	ताताक्रता	कताकिना	ताताक्रता	कताकिना
	0			
	धाधाक्रधा	कतागिना	कतागिना	धिनागेना
	3			
(5)	धाऽक्रधा	कतागिना	धाऽऽधा	कतागिना

धाऽऽधा	कतागिना	कतागिना	तिनाकेना	
2				
ताऽक्रता	कताकिना	ताऽऽता	कताकिना	
0				
धाऽऽधा	कतागिना	कतागिना	धिनागेना	
3				

तिहाई

धातिरकिटधा	कतागिना	कतागिना	धिनागेना।	
×				
धा	ऽ	धातिरकिटधा	कतागिना।	
2				
कतागिना	धिनागेना	धा	ऽ।	
0				
धातिरकिटधा	कतागिना	कतागिना	धिनागेना।	धा
3				×

28. कायदा (उ॰ सिताब खाँ)

धाऽघेघे	नगाधिन	धिनागिना	धागेतिरकिट।	धिनागिना	धाऽघेघे	नगधिन	तिनाकिना।
×				2			
ताऽकेके	नकतिन	तिनाकिना	ताकेतिरकिट।	धिनागिना	धाऽघेघे	नगाधिन	धिनागिना।
0				3			

दोहरी

(1)	धाऽघेघे	नगधिन	धिनागिना	धागेतिरकिट।	धाऽघेघे	नगधिन	धिनागिना	धागेतिरकिट।
	×				2			
	धाऽघेघे	नगधिन	धिनागिना	धागेतिरकिट।	धिनागिना	धाऽघेघे	नगधिन	तिनाकिना।
	0				3			

ताऽकेके नकतिन तिनाकिना ताकेतिरकिट। ताऽकेके नकतिन तिनाकिना ताकेतिरिकिट।

× 2

धाऽघेघे नगधिन धिनागिना धागेतिरकिट। धिनागिना धाऽघेघे नगधिन धिनागिना।

0 3

बल (उ॰ ईनाम अली)

(2) धाऽधाऽ धाऽघेघे नगधिन धागेतिरकिट। धिनाघेघे नगधिन धागेतिरकिट धिनागिना।

× 2

धाऽघेघे नगधिन धिनागिना धागेतिरकिट। धिनागिना धाऽघेघे नगधिन तिनाकिना।

0 3

ताऽताऽ ताऽकेके नकतिन ताकेतिरकिट। तिनाकेके नकतिन ताकेतिरकिट तिनाकिना।

× 2

धाऽघेघे नगधिन धिनागिना धागेतिरकिट। धिनागिना धाऽघेघे नगधिन धिनागिना।

0 3

पल्टा

(3) घेघेनग धिनधागे तिरकिटधिना घेघेनग। धाऽधाऽ धाऽघेघे नगधिन धिनागिना।

× 2

धाऽघेघे नगधिन धिनागिना धागेतिरकिट। धिनागिना धाऽघेघे नगधिन तिनाकिना।

0 3

केकेनक तिनताके तिरकिटतिना केकेनक। ताऽताऽ ताऽकेके नकतिन तिनाकिना।

× 2

धाऽघेघे नगधिन धिनागिना धागेतिरकिट। धिनागिना धाऽघेघे नगधिन धिनागिना।

0 3

(4) धिनधिना गिनधिन धिनागिन धाऽधाऽ। धाऽघेघे नगधिन धागेतिरकिट धिनागिना।

× 2

धाऽघेघे नगधिन धिनागिना धागेतिरकिट। धिनागिना धाऽघेघे नगधिन तिनाकिना।

0 3

तिनतिना किनतिन तिनाकिन ताऽताऽ। ताऽकेके नकतिन ताकेतिरकिट तिनाकिना।

× 2

धाऽघेघे नगधिन धिनागिना धागेतिरकिट। धिनागिना धाऽघेघे नगधिन धिनागिना।

0 3

(5)

तिरकिटधिन	धागेतिरकिट	धिनातिरकिट	धाऽधाऽ।
×			
धाऽघेघे	नगधिन	धागेतिरकिट	धिनागिना।
2			
धाऽघेघे	नगधिन	धिनागिना	धागेतिरकिट।
0			
धिनागिना	धाऽघेघे	नगधिन	तिनाकिना।
3			
तिरकिटतिन	ताकेतिरकिट	तिनातिरकिट	ताऽताऽ।
×			
ताऽकेके	नकतिन	ताकेतिरकिट	तिनाकिना।
2			
धाऽघेघे	नगधिन	धिनागिना	धागेतिरकिट।
0			
धिनागिना	धाऽघेघे	नगधिन	धिनागिना।
3			

(6)

धिनागिना	धिनधागे	तिरकिटधिना	धाऽधाऽ।	धाऽघघे	नगधिन	धागेतिरकिट	धिनागिना
×				2			
धाऽघेघे	नगधिन	धिनागिना,	धागेतिरिकिट।	धिनागिना	धाऽघेघे	नगधिन	तिनाकिना
0				3			
तिनाकिना	तिनताके	तिरकिटतिना	ताऽताऽ।	ताऽकेके	नकतिन	ताकेतिरकिट	तिनाकिना
×				2			
धाऽघेघे	नगधिन	धिनागिना	धागेतिरकिट।	धिनागिना	धाऽघेघे	नगधिन	धिनागिना।
0				3			

तिहाई

धा–घेघे	नगधिन	धिनागिना	धागेतिरकिट।	धिनागिना	धाऽघेघे	नगधिन	धिनागिना।
×				2			

धाऽऽऽ	ऽऽऽऽ	ऽऽऽऽ	ऽऽऽऽ।	धाऽघेघे	नगधिन	धिनागिना	धागेतिरकिट
0				3			
धिनागिना	धाऽघेघे	नगधिन	धिनागिना।	धाऽऽऽ	ऽऽऽऽ	ऽऽऽऽ	ऽऽऽऽ
×				2			
धाऽघेघे	नगधिन	धिनागिना	धागेतिरकिट।	धिनागिना	धाऽघेघे	नगधिन	धिनागिना। धा
0				3			×

29. कायदा (पं. छोटे लाल मिश्र द्वारा रचित)

धातिरकिटधा	गिनातीधा	गिनाधागे	धिनाऽधा।
×			
गिनातीधा	गिनातिरकिट	धातीधागे	तिनाकिना।
2			
तातिरकिटता	किनातीता	किनाताके	तिनाऽधा।
0			
गिनातीधा	गिनातिरकिट	धातीधागे	धिनागिना।
3			

प्रस्तार

(1)	धातिरकिटधा	गिनातीधा	गिनाधातिर	किटधागिना।
	×			
	तीधागिना	धातिरकिटधा	गिनातीधा	गिनाधागे।
	2			
	धातिरकिटधा	गिनातीधा	गिनाधागे	धिनाऽधा।
	0			
	गिनातीधा	गिनातिरकिट	धातीधागे	तिनाकिना।
	3			
	तातिरकिटता	किनातीता	किनातातिर	किटताकिना।
	×			
	तीताकिना	तातिरकिटता	किनातीता	किनाताके।
	2			
	धातिरकिटथा	गिनातीधा	गिनाधागे	धिनाऽधा।
	0			

	गिनातीधा 3	गिनातिरकिट	धातीधागे	धिनागिना।
(2)	धातिरकिटधा ×	गिनातीधा	गिनातीधा	गिनातीधा।
	गिनाधागे 2	धिनाऽधा	गिनातीधा	गिनातिरकिट।
	धातिरकिटधा 0	गिनातीधा	गिनाधागे	धिनाऽधा।
	गिनातीधा 3	गिनातिरकिट	धातीधागे	तिनाकिना।
	तातिरकिटता ×	किनातीता	किनातीता	किनातीता।
	किनाताके 2	तिनाऽता	किनातीता	किनातिरकिट।
	धातिरकिटधा 0	गिनातीधा	गिनाधागे	धिनाऽधा।
	गिनातीधा 3	गिनातिरकिट	धातीधागे	धिनागिना।
(3)	धातिरकिटधा ×	गिनाधातिर	किटधागिना	धातिरकिटधा।
	गिनाधागे 2	धिनाऽधा	गिनातीधा	गिनातिरकिट।
	धातिरकिटधा 0	गिनातीधा	गिनाधागे	धिनाऽधा।
	गिनातीधा 3	गिनातिरकिट	धातीधागे	तिनाकिना।
	तातिरकिटता ×	किनातातिर	किटताकिना	तातिरकिटता।
	किनाताके 2	तिनाऽता	किनातीता	किनातिरकिट।

	धातिरकिटधा	गिनातीधा	गिनाधागे	धिनाऽधा।
	0			
	गिनातीधा	गिनातिरकिट	धातीधागे	धिनागिना।
	3			
(4)	धातिरकिटधा	गिनातीधा	गिनाधागे	धिनातीधा।
	×			
	गिनाधागे	धिनातीधा	गिनाधागे	धिनागिना।
	2			
	धातिरकिटधा	गिनातीधा	गिनाधागे	धिनाऽधा।
	0			
	गिनातीधा	गिनातिरकिट	धातीधागे	तिनाकिना।
	3			
	तातिरकिटता	किनातीता	किनाताके	तिनातीता।
	×			
	किनाताके	तिनातीता	किनाताके	तिनाकिना।
	2			
	धातिरकिटधा	गिनातीधा	गिनाधागे	धिनाऽधा ।
	0			
	गिनातीधा	गिनातिरकिट	धातीधागे	धिनागिना।
	3			
(5)	धातिरकिटधा	गिनातीधा	गिनाधागे	तीधागिना।
	×			
	धागेतीधा	गिनाधागे	धिनाऽधा	गिनातिरकिट।
	2			
	धातिरकिटधा	गिनातीधा	गिनाधागे	धिनाऽधा।
	0			
	गिनातीधा	गिनातिरकिट	धातीधागे	तिनाकिना।
	3			

तातिरकिटता	किनातीता	किनाताके	तीताकिना।	
×				
ताकेतीता	किनाताके	तिनाऽता	किनातिरकिट।	
2				
धातिरकिटधा	गिनातीधा	गिनाधागे	धिनाऽधा।	
0				
गिनातीधा	गिनातिरकिट	धातीधागे	धिनागिना।	
3				

तिहाई

धातिरकिटधा	गिनातीधा	गिनाधागे	धिनागिना।	
×				
धा	ऽ	धातिरकिटधा	गिनातीधा।	
2				
गिनाधागे	धिनागिना	धा	ऽ ।	
0				
धातिरकिटधा	गिनातीधा	गिनाधागे	धिनागिना।	धा
3				×

30. कायदा (पं. छोटेलाल मिश्र द्वारा रचित)

	धाती	धागे	तिरकिट	तकधाऽ।	धाती	धागे	तिना	किना।
	×				2			
	ताती	ताके	तिरकिट	तकधाऽ।	धाती	धागे	धिना	गिना।
	0				3			

प्रस्तार

(1)	धाती	धागे	तिरकिट	तकधाऽ।	धाती	धागे	तिरकिट	तकधाऽ।
	×				2			
	धाती	धागे	तिरकिट	तकधाऽ।	धाती	धागे	तिना	किना।
	0				3			

ताती	ताके	तिरकिट	तकताऽ।	ताती	ताके	तिरकिट	तकताऽ।
×				2			
धाती	धागे	तिरकिट	तकधाऽ।	धाती	धागे	धिना	गिना।
0				3			

(2)

धाती	धागे	धाती	धागे।	धाती	धागे	तिरकिट	तकधाऽ।
×				2			
धाती	धागे	तिरकिट	तकधाऽ।	धाती	धागे	तिना	किना।
0				3			
ताती	ताके	ताती	ताके।	ताती	ताके	तिरकिट	तकताऽ।
×				2			
धाती	धागे	तिरकिट	तकधाऽ।	धाती	धागे	धिना	गिना।
0				3			

(3)

धाती	धागे	तिरकिट	धागे।	तिरकिट	धागे	तिरकिट	तकधाऽ।
×				2			
धाती	धागे	तिरकिट	तकधाऽ।	धाती	धागे	तिना	किना।
0				3			
ताती	ताके	तिरकिट	ताके।	तिरकिट	ताके	तिरकिट	तकधाऽ।
×				2			
धाती	धागे	तिरकिट	तकधाऽ।	धाती	धागे	धिना	गिना।
0				3			

(4)

धाती	धागे	तिरकिट	तकधाऽ।	तिरकिट	तकधाऽ	तिरकिट	तकधाऽ।
×				2			
धाती	धागे	तिरकिट़	तकधाऽ।	धाती	धागे	तिना	किना।
0				3			
ताती	ताके	तिरकिट	तकताऽ।	तिरकिट	तकताऽ	तिरकिट	तकताऽ।
×				2			

	धाती	धागे	तिरकिट	तकधाऽ।	धाती	धागे	धिना	गिना।
	0				3			
(5)	धाती	धागे	तिरकिट	धाती।	धाती	धागे	तिरकिट	तकधाऽ।
	×				2			
	धाती	धागे	तिरकिट	तकधाऽ।	धाती	धागे	तिना	किना।
	0				3			
	ताती	ताके	तिरकिट	ताती।	ताती	ताके	तिरकिट	तकताऽ।
	×				2			
	धाती	धागे	तिरकिट	तकधाऽ।	धाती	धागे	धिना	गिना।
	0				3			
(6)	धाती	धागे	तिरकिट	तकधाऽ।	धाती	धाधा	तीधा	धाती।
	×				2			
	धाती	धागे	तिरकिट	तकधाऽ।	धाती	धागे	तिना	किना।
	0				3			
	ताती	ताके	तिरकिट	तकताऽ।	ताती	ताता	तीता	ताती।
	×				2			
	धाती	धागे	तिरकिट	तकधाऽ।	धाती	धागे	धिना	गिना।
	0				3			

नवनिर्मित मुख्य कायदा

तिरकिट	तकधाऽ	धाती	ऽधा।	धाती	धागे	तिना	किना।
×				2			
तिरकिट	तकताऽ	ताती	ऽता।	धाती	धागे	धिना	गिना।
0				3			

प्रस्तार

(1)	तिरकिट	तकधाऽ	धाती	ऽधा।	तिरकिट	तकधाऽ	धाती	ऽधा
	×				2			

	तिरकिट	तकधाऽ	धाती	ऽधा ।	धाती	धागे	तिना	किना।
	0				3			
	तिरकिट	तकताऽ	ताती	ऽता।	तिरकिट	तकताऽ	ताती	ऽता।
	×				2			
	तिरकिट	तकधाऽ	धाती	ऽधा।	धाती	धागे	धिना	गिना।
	0				3			
(2)	तिरकिट	तकधाऽ	तिरकिट	तकधाऽ।	तिरकिट	तकधाऽ	धाती	ऽधा।
	×				2			
	तिरकिट	तकधाऽ	धाती	ऽधा।	धाती	धागे	तिना	किना।
	0				3			
	तिरकिट	तकताऽ	तिरकिट	तकताऽ।	तिरकिट	तकताऽ	ताती	ऽता।
	×				2			
	तिरकिट	तकधाऽ	धाती	ऽधा।	धाती	धागे	धिना	गिना।
	0				3			
(3)	तिरकिट	तकधाऽ	धाती	ऽधा।	धाती	ऽधा	धाती	ऽधा।
	×				2			
	तिरकिट	तकधाऽ	धाती	ऽधा।	धाती	धागे	तिना	किना।
	0				3			
	तिरकिट	तकताऽ	ताती	ऽता।	ताती	ऽता	ताती	ऽता।
	×				2			
	तिरकिट	तकताऽ	धाती	ऽधा।	धाती	धागे	धिना	गिना।
	0				3			
(4)	तिरकिट	तकधाऽ	ऽऽकिट	तकधाऽ।	ऽऽकिट	तकधाऽ	ऽऽकिट	तकधाऽ।
	×				2			
	तिरकिट	तकधाऽ	धाती	ऽधा।	धाती	धागे	तिना	किना ।
	0				3			
	तिरकिट	तकताऽ	ऽऽकिट	तकताऽ।	ऽऽकिट	तकताऽ	ऽऽकिट	तकताऽ।
	×				2			
	तिरकिट	तकधाऽ	धाती	ऽधा।	धाती	धागे	धिना	गिना।
	0				3			

तिहाई

तिरकिट	तकधाऽ	धाती	ऽधा।	धाती	धागे	धिना	गिना।	
×				2				
धा	ऽ	ऽ	ऽ।	तिरकिट	तकधाऽ	धाती	ऽधा।	
0				3				
धाती	धागे	धिना	गिना।	धा	ऽ	ऽ	ऽ।	
×				2				
तिरकिट	तकधाऽ	धाती	ऽधा।	धाती	धागे	धिना	गिना।	धा
0				3				×

31. रेला अंग फरमाईशी कायदा (उ. बड़े काले खाँ)

धिना	कधा	तिरकिट	धिना।	कधा	तिरकिट	धाधा	तिरकिट।
×				2			
धिना	कधा	तिरकिट	धिना।	घेड़नग	तिरकिट	तकतक	तिरकिट।
0				3			
तिना	कता	तिरकिट	तिना।	कता	तिरकिट	ताता	तिरकिट।
×				2			
धिना	कधा	तिरकिट	धिना।	घेड़नग	तिरकिट	तकतक	तिरकिट।
0				3			

(1) रेला

धा–तिर	किटतक	तिरकिट	धाती।	धाऽतिर	किटतक	ताऽतिर	किटतक
×				2			
ता–तिर	किटतक	तिरकिट	धाती।	धाऽतिर	किटतक	धाऽतिर	किटतक
0				3			

प्रस्तार

1.	धा–तिर	किटतक	तिरकिट	धाती।	धा–तिर	किटतक	तिरकिट	धाती।
	×				2			
	धा–तिर	किटतक	तिरकिट	धाती।	धा–तिर	किटतक	ताऽतिर	किटतक।
	0				3			
	ता–तिर	किटतक	तिरकिट	ताती।	ता–तिर	किटतक	तिरकिट	ताती।
	×				2			

	धाऽतिर	किटतक	तिरकिट	धाती।	धाऽतिर	किटतक	धाऽतिर	किटतक।
	0				3			
2.	धाऽतिर	किटतक	तिरकिट	धाती।	धाती	धाऽतिर	किटतक	तिरकिट।
	×				2			
	धाऽतिर	किटतक	तिरकिट	धाती।	धाऽतिर	किटतक	ताऽतिर	किटतक।
	0				3			
	ताऽतिर	किटतक	तिरकिट	ताती।	ताती	ताऽतिर	किटतक	तिरकिट।
	×				2			
	धाऽतिर	किटतक	तिरकिट	धाती।	धाऽतिर	किटतक	धाऽतिर	किटतक।
	0				3			
3.	धाऽतिर	किटतक	धाऽतिर	किटतक।	धाऽतिर	किटतक	तिरकिट	धाती।
	×				2			
	धाऽतिर	किटतक	तिरकिट	धाती।	धाऽतिर	किटतक	ताऽतिर	किटतक।
	0				3			
	ताऽतिर	किटतक	ताऽतिर	किटतक।	ताऽतिर	किटतक	तिरकिट	ताती।
	×				2			
	धाऽतिर	किटतक	तिरकिट	धाती।	धाऽतिर	किटतक	धाऽतिर	किटतक।
	0				3			
4.	धाती	धाऽतिर	किटतक	तिरकिट।	धाती	धाऽतिर	किटतक	तिरकिट।
	×				2			
	धाऽतिर	किटतक	तिरकिट	धाती।	धाऽतिर	किटतक	ताऽतिर	किटतक।
	0				3			
	ताती	ताऽतिर	किटतक	तिरकिट।	ताती	ताऽतिर	किटतक	तिरकिट।
	×				2			
	धाऽतिर	किटतक	तिरकिट	धाती।	धाऽतिर	किटतक	धाऽतिर	किटतक।
	0				3			
5.	धाती	धाती	धाऽतिर	किटतक।	तिरकिट	धाऽतिर	किटतक	तिरकिट।
	×				2			
	धाऽतिर	किटतक	तिरकिट	धाती।	धाऽतिर	किटतक	ताऽतिर	किटतक।
	0				3			
	ताती	ताती	ताऽतिर	किटतक।	तिरकिट	ताऽतिर	किटतक	तिरकिट।
	×				2			
	धाऽतिर	किटतक	तिरकिट	धाती।	धाऽतिर	किटतक	धाऽतिर	किटतक।
	0				3			
6.	धा–तिर	किटतक	तिरकिट	धाती।	धाऽऽऽ	किटतक	तिरकिट	धाती।
	×				2			

	धा–तिर	किटतक	तिरकिट	धाती।	धाऽतिर	किटतक	ताऽतिर	किटतक।
	0				3			
	ताऽतिर	किटतक	तिरकिट	ताती।	ताऽऽऽ	किटतक	तिरकिट	ताती।
	×				2			
	धाऽतिर	किटतक	तिरकिट	धाती।	धाऽतिर	किटतक	धाऽतिर	किटतक।
	0				3			
7.	धाऽतिर	किटतक	तिरकिट	धाती।	धाऽऽऽ	ऽऽऽऽ	तिरकिट	धाती।
	×				2			
	धाऽतिर	किटतक	तिरकिट	धाती।	धाऽतिर	किटतक	ताऽतिर	किटतक।
	0				3			
	ताऽतिर	किटतक	तिरकिट	ताती।	ताऽऽऽ	ऽऽऽऽ	तिरकिट	ताती।
	×				2			
	धाऽतिर	किटतक	तिरकिट	धाती।	धाऽतिर	किटतक	धाऽतिर	किटतक।
	0				3			
8.	धा–तिर	किटतक	तिरकिट	धाती।	धाऽऽऽ	ऽऽऽऽ	ऽऽऽऽ	धाती।
	×				2			
	धाऽतिर	किटतक	तिरकिट	धाती।	धाऽतिर	किटतक	ताऽतिर	किटतक।
	0				3			
	ताऽतिर	किटतक	तिरकिट	ताती।	ताऽऽऽ	ऽऽऽऽ	ऽऽऽऽ	ताती।
	×				2			
	धाऽतिर	किटतक	तिरकिट	धाती।	धाऽतिर	किटतक	धाऽतिर	किटतक।
	0				3			

तिहाई

धाऽतिर	किटतक	तिरकिट	धाती।	धाऽतिर	किटतक	धाऽतिर	किटतक।
×				2			
धा	ऽऽऽऽ	ऽऽऽऽ	ऽऽऽऽ।	धाऽतिर	किटतक	तिरकिट	धाती।
0				3			
धाऽतिर	किटतक	धाऽतिर	किटतक।	धा	ऽऽऽऽ	ऽऽऽऽ	ऽऽऽऽ।
×				2			
धाऽतिर	किटतक	तिरकिट	धाती।	धाऽतिर	किटतक	धाऽतिर	किटतक।
0				3			
धा							
×							

2. रेला (उ. नत्थू खाँ)

धाऽतेटे	घेड़नग	तकतेटे	घेड़नग।	
×				
धाऽतेटे	घेड़नग	तींऽतींऽ	केड़नक।	
2				
ताऽतेटे	केड़नक	तकतेटे	केड़नक।	
0				
धाऽतेटे	घेड़नग	धींऽधींऽ	घेड़नग।	धा
3				×

3. रेला (उ. नत्थू खाँ)

घिड़नग	तिटकिट	धाऽतेटे	घिड़नग।	
×				
धाऽतेटे	घिड़नग	तिटकिट	ताकेतेटे।	
2				
किड़नक	तिटकिट	ताऽतेटे	किड़नक।	
0				
धाऽतेटे	घिड़नग	तिटकिट	धागेतेटे।	धा
3				×

4. आड़ लय रेला (उ. नत्थू खाँ)

घेड़न	गतेटे	घेड़न	गतेटे।	घेड़न	गतिंऽ	नागेता	गेतेटे।	
×				2				
केड़न	कतेटे	केड़न	कतेटे।	घेड़न	गधिंऽ	नागेधा	गेतेटे।	धा
0				3				×

5. रेला (उ. छम्मा खाँ)

धाऽतिट	किटतक	तकदिन	तिटकिट।
×			
धाऽतिट	किटदिन	धातिगिन	तिनकिन।
2			

ताऽतिट	किटतक	तकतिन	तिटकिट।	
0				
धाऽतिट	किटदिन	धातिगिन	धिनगिन।	धा
3				×

6. रेला (उ॰ नजर अली)

धाधा	ऽधा	धाधा	ऽदि।	घेड़नग	तिरकिट	तकतक	तिरकिट।	
×				2				
ताता	ऽता	धाधा	ऽदि।	घेड़नग	तिरकिट	तकतक	तिरकिट।	धा
0				3				×

(1) गत (उ. नत्थू खाँ)

धागेतेटे	घिड़ाऽन	धिनगिन	धागेतिरकिट।	
×				
धिनागिन	तिटकिट	घेनकता	तेटेधिन।	
2				
तकिटधा	तिरकिटधिन	घिड़नग	धागेतेटे।	
0				
घिड़ाऽन	धिनगिन	धागेतिरकिट	धिनागिन।	
3				
ताकेतेटे	किड़ाऽन	तिनकिन	ताकेतिरकट।	
×				
तिनाकिन	तिटकिट	केनकता	तेटेकिन।	
2				
तकि़टधा	तिरकिटधिन	घिड़नग	धागेतेटे।	
0				
घिड़ाऽन	धिनगिन	धागेतिरकिट	धिनागिन।	धा
3				×

(2) दोमुही गत (उ. सिताब खाँ)

दिननग	दिननग	तकधिन	नगतेटे।
×			
घिड़नग	दिननग	तेटेकता	किड़नग।
2			

धिनगिन	धागेतिरकट	धिनागिना	तागेतिट।	
0				
धिनाऽत	धागेनागे	दिनतागे	नागेदिन।	
3				
तिननक	तिननक	तकतिन	नकतेटे।	
×				
किड़नक	तिननक	तेटेकता	किड़नक।	
2				
धिनगिन	धागेतिरकट	धिनागिना	तागेतेटे।	
0				
धिनाऽत	धागेनागे	दिनतागे	नागेदिन।	धा
3				×

(3) गत (उक्त गत का जोड़ा – उ. ईनाम खाँ)

धागेतक	धागेतक	तकधिन	नगतक।	
×				
धिननग	धिनगिन	धागेतिरकिट	धिनागिना।	
2				
तागेतेटे	धागेतेटे	घिनाऽत	धागेतिरकिट।	
0				
धिनधागे	तिरकिटधिन	धागेतिरकिट	धिनागिना।	
3				
ताकेतक	ताकेतक	तकतिन	नकतक।	
×				
तिननक	तिनकिन	ताकेतिरकिट	तिनाकिना।	
2				
तागेतेटे	धागेतेटे	घिनाऽत	धागेतिरकिट।	
0				
धिनधागे	तिरकिटधिन	धागेतिरकिट	धिनागिना।	धा
3				×

(4) गत (उ. नज़र अली)

धाऽघे	ड़नग	तेटेधे	नाऽत।	घेघेते	टेघेघे	धिनधि	नागिन।
×				2			

घेघेते	टेकेके	तेटेके	केतेटे।	घेघेते	टेऽऽ	धाऽघे	ड़नग।	
0				3				
ताऽके	ड़नक	तेटेके	नाऽत।	केकेते	टेकेके	तिनति	नाकिन।	
×				2				
घेघेते	टेकेके	तेटेके	केतेटे।	घेघेते	टेऽऽ	धाऽघे	ड़नग।	धा
0				3				×

(5) गत

धा	ऽ	धाती	गिना।	धा	ऽ	ऽ	धाती	
×				2				
धगि	नधा	तीध	गिना।	धाती	धागे	धिना	गिना	
0				3				
ती	ती	ती	किटतक।	ना	ना	ना	किटतक	
×				2				
तिरकिट	तकताऽ	तिरकिट	धाती।	धगि	नाधा	तीध	गिना	
0				3				
ता	ऽ	ताती	किना।	ता	ऽ	ऽ	ताती	
×				2				
तकि	नता	तीत	किना।	ताती	ताके	तिना	किना	
0				3				
ती	ती	ती	किटतक।	ना	ना	ना	किटतक	
×				2				
तिरकिट	तकताऽ	तिरकिट	धाती।	धगि	नाधा	तीध	गिना।	धा
0				3				×

(6) लड़ी अंग गत (उ. बड़े काले खाँ)

गिनातेटे	गिनाधागे	तिरकिटधिना	गिनातेटे।	
×				
गिनाधिना	गिनातेटे	गिनाधागे	धिनागिना।	
2				
किनातिना	किनाताके	तिरकिटतिना	किनाताके।	
0				
गिनाधिना	गिनातेटे	गिनाधागे	धिनातेटे।	धा
3				×

(7) गत (उ. नज़र अली)

दिंऽगेना	धिगिनाधा	ऽतिऽधा	धाऽधागे।	
×				
नागेधिन	धागेतिरकिट	धिनागिना	धागेतेटे।	
2				
धागेधिन	तागेतेटे	धागेनधा	तिरकिटधिना।	
0				
गदिगन	धागेतिरकिट	धिनागिना	तागेतेटे।	
3				
तिंऽकेना	तिकिनाता	ऽतिऽता	ताऽताके।	
×				
नाकेतिन	ताकेतिरकिट	तिनाकिना	ताकेतेटे।	
2				
धागेधिन	तागेतेटे	धागेनधा	तिरकिटधिना।	
0				
गदिगन	धागेतिरकिट	धिनागिना	तागेतेटे।	धा
3				×

(४) लड़ी अंग गत (उ. ईनाम अली खाँ)

नोटः इस गत में एक 'धा' कोमल एवं एक 'धा' तीव्र है।

धा–क्रधा	तेटेधिन	धिनाक्रधा	तेटेधिन।	
×				
धातेटेधा	क्रधातेटे	गिनाधागे	धिनागिना।	
2				
किनातेटे	तातेटेते	टेतागेन	तिनाक्रधा।	
0				
धाऽक्रधा	धातेटेते	टेधागेन	धिनाक्रधा।	धा
3				×

(९) गत (उ. नज़र अली)

धिननग	तकधिन	नगतेटे	घेड़नग।
×			
धिननग	धिनीधागे	तिरकिटधिना	गिनातागे।
2			

तेटेधागे	तेटेधिना	ऽतधाऽ	धागेतेटे।	
0				
धाऽधागे	तिरकिटधिनी	धागेतिरकिट	धिनागिना।	
3				
तिननक	तकतिन	नकतेटे	केड़नक।	
×				
तिननक	तिनीताके	तिरकिटतिना	किनातागे।	
2				
तेटेधागे	तेटेधिना	ऽतधाऽ	धागेतेटे।	
0				
धाऽधागे	तिरकिटधिनी	धागेतिरकिट	धिनागिना।	धा
3				×

(10) गत (उ. सिताब खाँ)

धाऽघेघे	नगधिनी	धाऽधिन	धिनघेघे।	
×				
नगधिन	गिनाधागे	तिरकिटधिना	गिनागिना।	
2				
धाऽऽऽ	गिनाधाऽ	धाऽगिना	धाऽऽऽ।	
0				
गिनाधागे	तिरकिटधिनी	धागेतिरकिट	तिनाकिना।	
3				
ताऽकेके	नकतिनी	ताऽतिन	तिनकेके।	
×				
नकतिन	किनाताके	तिरकिटतिना	किनागिना।	
2				
धाऽऽऽ	गिनाधाऽ	धाऽगिना	धाऽऽऽ।	
0				
गिनाधागे	तिरकिटधिनी	धागेतिरकिट	धिनागिना।	धा
3				×

(11) लड़ी अंग गत (उ. नज़र अली)

धाऽघेड़	नगधिन	धागेतिरकिट	धिनागिना।	
×				
धागेधिन	धिनागिना	धागेतिरकिट	धिनागिना।	
2				
धागेधिन	धागेतिरकिट	धिनागिना	धागेधिन।	
0				
धिनागिना	धागेतिरकिट	धिनागिना	धागेधिन।	
3				
ताऽकेड़	नकतिन	ताकेतिरकिट	तिनाकिना।	
×				
ताकेतिन	तिनाकिना	ताकेतिरकिट	तिनाकिना।	
2				
धागेधिन	धागेतिरकिट	धिनागिना	धागेधिन।	
0				
धिनागिना	धागेतिरकिट	धिनागिना	धागेधिन।	धा
3				×

(12) गत (उ. छम्मा खाँ)

तेटेघ्ड़ा	ऽनघेड़	नगतिर	किटतक।
×			
घेड़नग	तिटकिट	तागेतिट	किटतक।
2			
ताकेतिट	किटधेर	धेरधेर	किटतक।
0			
धेरधेर	कितक	धागेतेटे	घ्ड़ाऽन।
3			
तेटेक्ड़ा	ऽनकेड़	नकतिर	किटतक।
×			
केड़नक	तिटकिट	ताकेतिट	किटतक।
2			

ताकेतिट	किटधेर	धेरधेर	किटतक।	
0				
धेरधेर	किटतक	धागेतेटे	घ्ड़ाऽन।	धा
3				×

(13) गत (उ. सिताब खाँ)

धागे	नाऽतित्त	ऽधा	गेना।	
×				
धाऽ	धागेघेघे	नगधिन	धिनागिना।	
2				
धागे	नाधा	धिना	गिना।	
0				
ताके	नाता	तिना	किना।	
3				
धागेतेटे	धागेतेटे	धागेधिन	तागेतेटे।	
×				
धगिनधा	तिरकिटधिनी	धागेतिरकिट	धिनागिना।	
2				
ताऽ	तेटे	ऽघे	ड़ऽ।	
0				
नग	ऽऽघिड़	नगधिन	धिनागिना	धा
3				×

(14) गत (उक्त गत का जोड़ा – उ. ईनाम अली)

घेघे	नाऽतित्त	ऽघे	घेना।
×			
धाऽ	धागेघेघे	नगधिन	धिनागिना।
2			
घेघे	नाधा	धिना	गिना।
0			
केके	नाता	तिना	किना।
3			
घेघेतेटे	घेघेतेटे	घेघेधिन	धिनागिना।
×			

तागेतेटे	घेघेतेटे	घेघेधिन	धिनागिना।	
2				
घेऽ	तेटे	ऽघे	घेऽ।	
0				
नग	ऽऽघेघे	नगधिन	धिनागिना।	धा
3				×

(15) गत (उ. फैय्याज खाँ द्वारा प्राप्त)

धा–घेना	ऽनतिट	घेनाऽत	घेघेतिट।	
×				
घेघेनागे	धिनधागे	त्रकधिन	धिनागिन।	
2				
घेघेधिन	गिनधागे	धिनगिन	धागेतेटे	
0				
धाऽघेघे	नागेधिन	धागेत्रक	तिनाकिना	
3				
त–केना	ऽनतिट	केनाऽत	केकेतेटे	
×				
केकेनाके	तिनताके	त्रकतिन	तिनाकिन	
2				
घेघेधिन	गिनधागे	धिनगिन	धागेतेटे	
0				
धाऽघेघे	नागेधिन	धागेत्रक	धिनागिना।	धा
3				×

(16) तिपल्ली गत (उ. फैय्याज खाँ)

धगेऽतकिट	धात्रकधिकिट	कतगदिगन	धाऽऽकतग
×			
दिगनधाऽऽ	धात्रकधिकिट	कतगदिगन	धाऽधगेऽतकिट
2			
धात्रकधिकिटकत	गदिगनधाऽकत	गदिगनधाऽ धात्र	कधिकिट कतगदि
0			
गनधाऽऽऽधगेऽतकिट	धात्रकधिकिटकतगदिगन		धाऽऽकतगदिगनधाऽऽ
3			
धात्रकधिकिटकतगदिगन।	धा		
	×		

(17) गत (उ॰ गामी खाँ)

धिनगिन	धागेतेटे	घेनाऽत	धागेतेटे।	
×				
धाऽधागे	तेटेधागे	धिनीतागे	तेटेधागे।	
2				
नधागेन	धिनीधागे	तिरिकिटधिना	गिनाधागे।	
0				
तेटेधाऽ	धागेतेटे	धागेधिनी	ताकेतेटे।	
3				
तिनकिन	ताकेतेटे	केनाऽत	ताकेतेटे।	
×				
ताऽताके	तेटेताके	तिनीताके	तेटेधागे।	
2				
नधागेन	धिनीधागे	तिरिकिटधिना	गिनाधागे।	
0				
तेटेधाऽ	धागेतेटे	धागेधिनी	ताकेतेटे।	धा
3				×

(18) लड़ी अंग गत (उ. सिताब खाँ)

घेघेतेटे	घेघेधिनी	धिनधिना	गिनातागे।
×			
तेटेघेघे	तेटेधिनी	धिनधिना	गिनाधिन।
2			
धिनागिन	तागेतेटे	केटेधिन	धिनाघेघे।
0			
तेटेधिनी	धिनधिना	ताताकिना	तागेतेटे।
3			
केकेतेटे	केकेतिनी	तिनतिना	किनाताके।
×			

तेटेकेके	तेटेतिनी	तिनतिना	किनाधिन।	
2				
धिनागिन	तागेतेटे	केटेधिन	धिनाघेघे।	
0				
तेटेधिनी	धिनधिना	ताताकिना	तागेतेटे।	धा
3				×

19. गत (उ. छोटे काले खाँ)

नगधेत्त	धिरधिर	धिरघेड़	नगदिन।	
×				
तकधिन	धागेतिरिकट	धिनीघेड़	नगधिन।	
2				
धिनाकेड़	नकधिन	धागेतिरकिट	धिनाघेड़।	
0				
नगधिन	नगधिन	धिनाकेड़	नकधिन।	धा
3				×

नोट : (उपरोक्त 19 नं. गत स्व. श्री गुलजार अहमद जी से प्राप्त हुआ है)।

(20) गट्टे की गत (उ. मुन्नू खाँ)

धिनधाऽ	क्रधाऽन	धिनधाऽ	घेड़नग।
×			
धिनधिना	गिनधागे	तिरकिटधिन	धिनागिना।
2			
धिनागिना	धिनीधागे	तिरकिटधिना	घेड़नग।
0			
धाधागिना	धिनीधागे	तिरकिटधिन	धिनागिना।
3			
तिनताऽ	क्रताऽन	तिनताऽ	केड़नक।
×			
तिनतिना	किनताके	तिरकिटतिन	तिनाकिना।
2			

धिनागिना	धिनीधागे	तिरकिटधिना	घेड़नग।	
0				
धाधागिना	धिनीधागे	तिरकिटधिन	धिनागिना।	धा
3				×

नोटः—इस गत में 'धा' एवं 'ता' का वादन लव अथवा मैदान पर गट्टे से होने के कारण इसे 'गट्टे की गत' के नाम से सम्बोधित किया गया है।

(21) मीड़ की गत (उ. सिताब खाँ)

धींगेगेना	ऽनधागे	तेटकेटे	धागेतेटे।	
×				
धागेतिरकिट	धिनीधागे	तिरकिटधिन	धिनागिना।	
2				
धागतेटे	केटेतक	धिंऽऽऽ	ऽऽधागे।	
0				
तिटकिट	धागेतेटे	धागेतिरकिट	धिनागिना।	
3				
तींकेकेना	ऽनताके	तेटकेटे	ताकेतेटे।	
×				
ताकेतिरिकिट	तिनीताके	तिरकिटतिन	तिनाकिना।	
2				
धागेतेटे	केटेतक	धिंऽऽऽ	ऽऽधागे।	
0				
तिटकिट	धागेतेटे	धागेतिरकिट	धिनागिना।	धा
3				×

(1) कायदा अंग गत (उ. बुगरा खाँ)

धागेतिट	किटधागे	तिटकिट	धागेतिरकिट।
×			
धिनागिना	धाऽऽऽ	ऽऽऽऽ	धागेतिरकिट।
2			
धिनागिना	धाऽऽऽ	ऽऽऽऽ	धागेतिरकिट।
0			
धिनागिना	धागेतेटे	धागेतिरकिट	धिनागिना।
3			

ताकेतिट	किटताके	तिटकिट	ताकेतिरकिट।	
×				
तिनाकिना	ताऽऽऽ	ऽऽऽऽ	धागेतिरकिट।	
2				
धिनागिना	धाऽऽऽ	ऽऽऽऽ	धागेतिरकिट।	
0				
धिनागिना	धागेतेटे	धागेतिरकिट	धिनागिना।	धा
3				×

(2) कायदा अंग गत (उक्त रचना का 'जोड़ा' उ॰ ईनाम अली)

गिनातेटे	तेटेगिना	तेटेतेटे	गिनाधागे।	
×				
धिनागिना	धाऽऽऽ	ऽऽऽऽ	गिनाधागे।	
2				
धिनागिना	धाऽऽऽ	ऽऽऽऽ	गिनाधागे।	
0				
धिनागिना	गिनातेटे	गिनाधागे	धिनागिना।	
3				
किनातेटे	तेटेकिना	तेटेतेटे	किनाताके।	
×				
तिनाकिना	ताऽऽऽ	ऽऽऽऽ	गिनाधागे।	
2				
धिनागिना	धाऽऽऽ	ऽऽऽऽ	गिनाधागे।	
0				
धिनागिना	गिनातेटे	गिनाधागे	धिनागिना।	धा
3				×

(3) गत अंग कायदा (उ॰ नत्थू खाँ)

धगिनधा	तकधिनी	धिनागेधे	टेधागिना।
×			
धातीधाऽतिर	किटधागेन	धातीधागे	तिनाकिना।
2			

तकिनता	तकतिनी	तिनाकेधे	टेधागिना।	
0				
धातीधाऽतिर	किटधागेन	धातीधागे	धिनागिना।	धा
3				×

(1) टुकड़ा (उ. नत्थू खाँ)

धेत्तधेत्त	तिरकिटधेत्त	धेटेधेटे	घेघेतेटे।	
×				
क्रधेतेटे	तागेतेटे	गदिगन	नागेतेटे।	
2				
क्रधेतेटे	नागेतेटे	नागेतेटे	गदिगन।	
0				
नागेतेटे	धिंतड़ाऽ	ऽनधाऽ	गऽदीऽ।	
3				
गऽनऽ	धाऽऽऽ	ऽऽऽऽ	कतेटेत।	
×				
गिनधिन	तगिनधि	नतगिन	धाऽकते।	
2				
टेतगिन	धिनतगि	नधिनत	गिनधाऽ।	
0				
कतेटेत	गिनधिन	तगिनधि	नतगिन।	धा
3				×

(2) टुकड़ा (फैय्याज खाँ)

धेत्ततड़ा	ऽनधेत्त	तगिऽन्न	धेत्ता
×			
धेरधेरकिटतक	तागेतेटे	तगिंऽत	धा
2			
तिरकिटतक धेर	धेरधेरकिटतक	धेरधेरकिटतक	धा
0			
धागेतेटे	धागेतेटे	कतगदिगन	धा
3			
धिना किटतक	धा–कत	ता–किटतक	धाऽकत
×			

धा– धेरधेर	किटतकतेत्त	ताऽनता	ऽनताऽ	
2				
न ता ऽ न	धा– ताऽ	नता ऽ न	ताऽनता	
0				
ऽनधाऽ	ताऽनता	ऽनताऽ	नताऽ न।	धा
3				×

(3) दिल्ली घराने का प्राचीन टुकड़ा (बिना तिहाई का)

कतऽ	ऽधागे	तिरकिट	धेत्ता।	ऽनधा	ऽता	ऽनधा	ऽता	
×				2				
क्रधा	तीध	गिन	धाती।	धगि	नधा	तीध	गिन	
2				3				
क्रधा	तीध	गिन	धाती।	धगि	नधा	तीध	गिन	
×				2				
क्रधा	तीध	गिन	धाती।	धगि	नधा	तीध	गिन।	धा
0				3				×

(4) चक्रदार टुकड़ा (उ. फैय्याज खाँ द्वारा प्राप्त)

तकिट धा ––	तकिट धा – –	धा त्रकधिकिट	कतगदिगन
×			
धा––तकिट	धा – –	धा धा धा	दिंदिंदिं
2			
नानाना	तेटेकताऽन	धा – –	धागे–तकिट
0			
ताकेधिकिट	धात्रकधिकिट	कतगदिगन	धा––तकिट
3			
धा– –तकिट	धा – – धात्रक	धिकिटकतग	दिगन धा– –
×			
तकिटधा– –	तकिटधा– –	धात्रकधिकिट	कतगदिगन
2			
धा – – तकिट	धा– – तकिट	धा	तकिटधा
0			

तकिटधा– –	धात्रकधिकिट	कतगदिगन	धा – – तकिट	
3				
धा – –	धाधाधा	दिंदिंदिं	ना ना ना	
×				
तेटेकताऽन	धा– –	धागे–तकिट	ताकेधिकिट	
2				
धात्रकधिकिट	कतगदिगन	धा – – तकिट	धा – – तकिट	
0				
धा– –धात्रक	धिकिटकतग	दिगनधा– –	तकिटधा– –	
3				
तकिटधा– –	धात्रकधिकिट	कतगदिगन	धा – – तकिट	
×				
धा – – तकिट	धा– –	तकिट धा– –	तकिट धा– –	
2				
धात्रकधिकिट	कतगदिगन	धा – – तकिट	धा – –	
0				
धाधाधा	दिंदिंदिं	ना ना ना	तेटेकताऽन	
3				
धा– –	धागेत्तकिट	ताकेधिकिट	धात्रकधिकिट	
×				
कतगदिगन	धा– –तकिट	धा– –तकिट	धा– – धात्रक	
2				
धिकिटकतग	दिगनधा––	तकिटधा––	तकिटधा––	
0				
धात्रकधिकिट	कतगदिगन	धा – – तकिट	धा––तकिट।	धा
3				×

(5) अतीत का टुकड़ा (उ. फैय्याज खाँ द्वारा प्राप्त)

धेटे	धेटे	तागे	तेटे।	क्रधा	तेटे	धागे	तेटे।
×				2			
धेटे	धागे	तेटे	धेटे।	धागे	तेटे	ताऽ	ऽधा।
0				3			

ऽऽ	धा	ऽऽ	धिन।	धा	धिं	धिं	धा।	
×				2				
धा	तिं	तिं	ता।	ता	धिं	धिं	धा।	धा
0				3				×

(6) फरमाईशी चक्रदार टुकड़ा (झूलनालय)

तकिट	घेड़नग	तकिट	घेड़नग।	तकिट	घेड़नग	धाऽऽ	घेड़नग।	
×				2				
धाऽऽ	घेड़नग	धाऽऽ	ताऽऽऽ।	तकिट	धिंऽधिंऽ	धाऽक्र	धिंऽधिंऽ।	
0				3				
धा	तकिट	धिंऽधिंऽ	धाऽक्र।	धिंऽधिंऽ	धा	तकिट	धिंऽधिंऽ।	
×				2				
धाऽक्र	धिंऽधिं	धा	तकिट।	घेड़नग	तकिट	घेड़नग	तकिट।	
0				3				
घेड़नग	धाऽऽ	घेड़नग	धाऽऽ।	घेड़नग	धाऽऽ	ताऽऽऽ	तकिट।	
×				2				
धिंऽधिंऽ	धाऽक्र	धिंऽधिंऽ	धा।	तकिट	धिंऽधिंऽ	धाऽक्र	धिंऽधिंऽ।	
0				3				
धा	तकिट	धिंऽधिंऽ	धाघ्क्र।	धिंऽधिंऽ	धा	तकिट	घेड़नग।	
×				2				
तकिट	घेड़नग	तकिट	घेड़नग।	धाऽऽ	घेड़नग	धाऽऽ	घेड़नग।	
0				3				
धाऽऽ	ताऽऽऽ	तकिट	धिंऽधिंऽ।	धाऽक्र	धिंऽधिंऽ	घा	तकिट।	
×				2				
धिंऽधिंऽ	धाऽक्र	धिंऽधिंऽ	धा।	तकिट	धिंऽधिंऽ	धाऽक्र	धिंऽधिंऽ।	धा
0				3				×

(7) अनागत टुकड़ा (उ॰ मुन्नू खाँ)

ता	धिं	धि	ऽऽतिरकिट।
3			
धेत्तऽता	धाऽघेघे	तित्तऽक	ताऽघेड़नग।
×			

तिरकिटतक	ताऽतिरकिट	धाऽतिटघेड़नग	तकिटधाघेड़नग।	
2				
तकतकतक	धिनधिनागिन	तकतकतक	धिनधिनागिनातिरकिट।	
0				
धेत्तऽता	धाऽऽता	धाऽऽता	धाऽऽता।	धा
3				×

8. टुकड़ा (उ॰ ईनाम अली)

तकिटधाऽऽ	तकिटधाऽऽ	तकिट तकिट	तकिटधाऽऽ।	
×				
केड़धा	धिनता	तकिटतकिट	धात्रकधिकिट।	
2				
कतगदिगन	धाऽऽतकिट	तकिटधात्रक	धिकिटकतग।	
0				
दिगनधाऽऽ	तकिटतकिट	धात्रकधिकिट	कतगदिगन।	धा
3				×

मुखड़ा (उ. फैय्याज खाँ)

घेना	कतिं	ऽना	किना।	ताके	त्रक	तिंना	किना
धिट	धिट	धगि	नधा।	तीधा	गिना	तिना	किना

मोहरा (उ॰ सिताब खाँ)

धगेनदिं	ऽधागेन	तेटेधागे	धिनागिना।	
×				
तेटेतेटे	धातेटेधा	तेटेधागे	धिनागिना।	
2				
तेटेतेटे	धाधातेटे	धाऽऽधा	तेटेतेटे।	
0				
धाधातेटे	धाऽऽधा	तेटेतेटे	धाधातेटे।	धा
3				×

मोहरा (उ॰ गामी खाँ)

धागेनादिंऽऽ	धागेतेटेकेटे	धागेतेटेधागे	तिरकिटधिनागिना।	
×				
धागेतेटेकेटे	तेटेक्रधेतेटे	धागेतेटेधागे	तिरकिटधिनागिना।	
2				
तेटेक्रधेतेटे	तेटेक्रधेतेटे	धाऽधिऽनाऽ	तेटेक्रधेतेटे।	
0				
तेटेक्रधेतेटे	धाऽधिऽनाऽ	तेटेक्रधेतेटे	तेटेक्रधेतेटे।	धा
3				×

लड़ी (उ॰ सिताब खाँ)

कतघेघे	नगधिन	धागेतिरकिट	धिनागिना।	
×				
धागेतेटे	कतघेघे	नगधिनी	तागेतेटे।	
2				
कतकेके	नकतिन	ताकेतिरकिट	तिनाकिना।	
0				
धागेतेटे	कतघेघे	नगधिनी	तागेतेटे।	धा
3				×

तिहाई (उ॰ फैय्याज खाँ)

धगेऽ तकिट धात्र	कधिकिट कतगदि	गनधाऽकतगदि	गनधाऽधात्रकधे	
×				
तेटेकत गदिगन	धा ––धगेऽत	किटधात्रकधिकिट	कतगदिगनधाऽ	
2				
कतगदिगनधाऽ	धात्रकधेतेटेकत	गदिगनधा–––––	धगेऽत किटधात्र	
0				
कधिकिटकतगदि	गनधाऽ कतगदि	गनधाऽ धात्रकधे	तेटेकतगदिगन।	धा
3				×

अप्रचलित तालों में दिल्ली घराने की बंदिशें

रूपकताल (7 मात्रा)

1. कायदा (पं॰ छोटे लाल मिश्र द्वारा रचित)

धाऽगिना	तेटेगिना	धातिगिन।	
0			
धाऽगिना	तेटेगिना।	धातीधागे	तिनाकिना।
1		2	
ताऽकिना	तेटेकिना	तातीकिन।	
0			
धाऽगिना	तेटेगिना।	धातीधागे	धिनागिना।
1		2	

प्रस्तार

(1)	धाऽगिना	तेटेगिना	धातिगिन।	
	0			
	तेटेगिन	धातिगिन।	तेटेगिन	धातिगिन।
	1		2	
	धाऽगिना	तेटेगिना	धातिगिन।	
	0			
	धाऽगिना	तेटेगिना।	धातीधागे	तिनाकिना।
	1		2	
	ताऽकिना	तेटेकिना	तातिकिन।	
	0			
	तेटेकिन	तातिकिन।	तेटेकिन	तातिकिन।
	1		2	
	धाऽगिन	तेटेगिन	धातिगिन।	
	0			
	धाऽगिन	तेटेगिना।	धातीधागे	धिनागिना।
	1		2	

(2)	धाऽगिना	तेटेधाऽ	गिनातेटे।	
	0			
	धाऽगिना	तेटेगिना।	धातीधागे	धिनागिना।
	1		2	
	धाऽगिना	तेटेगिना	धातिगिन।	
	0			
	धाऽगिना	तेटेगिना।	धातिधागे	तिनाकिना।
	1		2	
	ताऽकिना	तेटेताऽ	किनातेटे।	
	0			
	ताऽकिना	तेटेकिना।	ताती ताके	तिनाकिना।
	1		2	
	धाऽगिना	तेटेगिना	धातिगिन।	
	0			
	धाऽगिना	तेटेगिना।	धातीधागे	धिनागिना।
	1		2	

(3)	धाऽगिना	धाऽधाऽ	गिनाधाऽ।	
	0			
	धाऽगिना	तेटेगिना।	धातीधागे	धिनागिना।
	1		2	
	धाऽगिना	तेटेगिना	धातिगिन।	
	0			
	धाऽगिना	तेटेगिना।	धातिधागे	तिनाकिना।
	1		2	
	ताऽकिना	ताऽताऽ	किनाताऽ।	
	0			
	ताऽकिना	तेटेकिना।	तातीताके	तिनाकिना।
	1		2	

	धाऽगिना	तेटेगिना	धातिगिन।	
	0			
	धाऽगिना	तेटेगिना।	धातिधागे	धिनागिना।
	1		2	
(4)	धाऽऽधा	ऽऽधाऽ	तेटेगिना।	
	0			
	धाऽगिना	तेटेगिना।	धातिधागे	धिनागिना।
	1		2	
	धाऽगिना	तेटेगिना	धातिगिन।	
	0			
	धाऽगिना	तेटेगिना।	धातीधागे	तिनाकिना।
	1		2	
	ताऽऽता	ऽऽताऽ	तेटेकिना।	
	0			
	ताऽकिना	तेटेकिना।	तातीताके	तिनाकिना
	1		2	
	धाऽगिना	तेटेगिना	धातिगिन।	
	0			
	धाऽगिना	तेटेगिना।	धातीधागे	धिनागिना।
	1		2	
(5)	धाऽगिना	तेटेगिना	ऽऽतेटे।	
	0			
	तेटेगिना	ऽऽतेटे।	तेटेगिना	धातिगिन
	1		2	
	धाऽगिना	तेटे गिना	धातिगिन।	
	0			
	धाऽगिना	तेटेगिना।	धातीधागे	तिनाकिना।
	1		2	
	ताऽकिना	तेटेकिना	ऽऽतेटे।	
	0			

	तेटेकिना	ऽऽतेटे।	तेटेकिना	तातिकिन।
	1		2	
	धाऽगिन	तेटेगिन	धातिगिन।	
	0			
	धाऽगिन	तेटेगिना।	धातीधागे	धिनागिना।
	1		2	
(6)	तेटे गिना	तेटे गिना	धातीगिन	
	0			
	धाऽगिना	तेटेगिना।	धातीधागे	तिनाकिना।
	1		2	
	तेटेकिना	तेटेकिना	तातीकिन।	
	0			
	धाऽगिन	तेटेगिना।	धाती धागे	धिनागिना।
	1		2	
(7)	तेटेगिना	तेटेगिना	तेटेगिना।	
	0			
	धाऽगिना	तेटेगिना।	धातीधागे	तिनाकिना।
	1		2	
	तेटेकिना	तेटेकिना	तेटेकिना।	
	0			
	धाऽगिना	तेटेगिना।	धातीधागे	धिनागिना।
	1		2	
(8)	तेटेतेटे	गिनातेटे	तेटेगिना।	
	0			
	धाऽगिना	तेटेगिना।	धातीधागे	तिनाकिना।
	1		2	
	तेटेतेटे	किनातेटे	तेटेकिना।	
	0			

	धाऽगिना	तेटेगिना।	धातीधागे	धिनागिना।	
	1		2		
(9)	तेटेतेटे	गिनातेटे	गिनातेटे।		
	0				
	गिनातेटे	तेटेगिना।	धातीधागे	तिनाकिना।	
	1		2		
	तेटेतेटे	किनातेटे	किनातेटे।		
	0				
	गिनातेटे	तेटेगिना।	धातीधागे	धिनागिना।	
	1		2		
(10)	तेटेतेटे	गिनाधाती	धागेतिना।		
	0				
	किनातेटे	तेटेकिना।	धातीधागे	धिनागिना।	
	1		2		
	तेटेतेटे	गिनाधाती	धागेतिना।		
	0				
	किनातेटे	तेटेकिना।	धातीधागे	धिनागिना।	
	1		2		

तिहाई

तेटेगिना	तेटेगिना	धातीधागे।		
0				
धिनागिना	धाऽऽऽ।	तेटेगिना	तेटेगिना।	
1		2		
धातीधागे	धिनागिना	धाऽऽऽ।		
0				
तेटेगिना	तेटेगिना।	धातीधागे	धिनागिना।	ती
1		2		0

2. कायदा (पंडित छोटे लाल मिश्र द्वारा रचित)

	धाऽगिन	धागेतिरकिट	धिनागिना।	
	0			
	धाऽगिन	धागेतिरकिट।	धातीधागे	तिनाकिना।
	1			2
	ताऽकिन	ताकेतिरकिट	तिनाकिना ।	
	0			
	धाऽगिन	धागेतिरकिट।	धातीधागे	धिनागिना।
	1		2	

प्रस्तार

(1)	धाऽगिन	धागेतिरकिट	धिनागिना।	
	0			
	धागेतिरकिट	धिनागिना।	धागेतिरकिट	धिनागिना।
	1		2	
	धाऽगिन	धागेतिरकिट	धिनागिना।	
	0			
	धाऽगिन	धागेतिरकिट।	धातीधागे	तिनाकिना।
	1		2	
	ताऽकिन	ताकेतिरकिट	तिनाकिना।	
	0			
	ताकेतिरकिट	तिनाकिना।	ताकेतिरकिट	तिनाकिना।
	1		2	
	धाऽगिन	धागेतिरकिट	धिनागिना।	
	0			
	धाऽगिन	धागेतिरकिट।	धातीधागे	धिन्नागिना।
	1		2	
(2)	धाऽगिन	धागेतिरकिट	धाऽगिन।	
	0			
	धागेतिरकिट	धाऽगिन।	धागेतिरकिट	धिनागिना।
	1		2	

	धाऽगिन	धागेतिरकिट	धिनागिना।	
	0			
	धाऽगिन	धागेतिरकिट।	धातीधागे	तिनाकिना।
	1		2	
	ताऽकिन	ताकेतिरकिट	ताऽकिन।	
	0			
	ताकेतिरकिट	ताऽकिन।	ताकेतिरकिट	तिनाकिना।
	1		2	
	धाऽगिन	धागेतिरकिट	धिनागिना।	
	0			
	धाऽगिन	धागेतिरकिट।	धातीधागे	धिनागिना।
	1		2	
(3)	धाऽगिन	धागेतिरकिट	धिनागिना।	
	0			
	धागेतिरकिट	धागेतिरकिट।	धागे तिरकिट	धिनागिना।
	1		2	
	धाऽगिन	धागेतिरकिट	धिनागिना।	
	0			
	धाऽगिन	धागेतिरकिट।	धातीधागे	तिनाकिना।
	1		2	
	ताऽकिन	ताकेतिरकिट	तिनाकिना।	
	0			
	ताकेतिरकिट	ताकेतिरकिट।	ताकेतिरकिट	तिनाकिना।
	1		2	
	धाऽगिन	धागेतिरकिट	धिनागिना।	
	0			
	धाऽगिन	धागेतिरकिट।	धातीधागे	धिनागिना।
	1		2	

(4)	धाऽगिन	धाऽगिन	धाऽगिन।	
	0			
	धागेतिरकिट	धिनागिना।	धागेतिरकिट	धिनागिना।
	1		2	
	धाऽगिन	धागेतिरकिट	धिनागिना।	
	0			
	धाऽगिन	धागेतिरकिट।	धातीधागे	तिनाकिना।
	1		2	
	ताऽकिन	ताऽकिन	ताऽकिन।	
	0			
	ताकेतिरकिट	तिनाकिना।	ताकेतिरकिट	तिनाकिना।
	1		2	
	धाऽगिन	धागेतिरकिट	धिनागिना।	
	0			
	धाऽगिन	धागेतिरकिट।	धातीधागे	धिनागिना।
	1		2	
(5)	धाऽगिन	धाऽधाऽ	गिनधाऽ।	
	0			
	धाऽगिन	धागेतिरकिट।	धागेतिरकिट	धिनागिना।
	1		2	
	धाऽगिन	धागेतिरकिट	धिनागिना।	
	0			
	धाऽगिन	धागे तिरकिट।	धातीधागे	तिनाकिना।
	1		2	
	ताऽकिन	ताऽताऽ	किनताऽ।	
	0			
	ताऽकिन	ताकेतिरकिट।	ताकेतिरकिट	तिनाकिना।
	1		2	

	धाऽगिन	धागेतिरकिट	धिनागिना।	
	0			
	धाऽगिन	धागेतिरकिट।	धातीधागे	धिनागिना।
	1		2	
(6)	धाऽगिन	धागेतिरकिट	धिनागिना।	
	0			
	धाऽऽऽ	धिनागिना।	धागेतिरकिट	धिनागिना।
	1		2	
	धाऽगिन	धागेतिरकिट	धिनागिना।	
	0			
	धाऽगिन	धागेतिरकिट।	धातीधागे	तिनाकिना।
	1		2	
	ताऽकिन	ताकेतिरकिट	तिनाकिना।	
	0			
	ताऽऽऽ	तिनाकिना।	ताकेतिरकिट	तिनाकिना।
	1		2	
	धाऽगिन	धागेतिरकिट	धिनागिना।	
	0			
	धाऽगिन	धागेतिरकिट।	धातीधागे	धिनागिना।
	1		2	

तिहाई

धाऽगिन	धागेतिरकिट	धातीधागे।		
0				
धिनागिना	धाऽऽऽ।	धाऽगिन	धागेतिरकिट।	
1		2		
धातीधागे	धिनागिना	धाऽऽऽ।		
0				
धाऽगिन	धागेतिरकिट।	धातीधागे	धिनागिना।	ती
1		2		0

चक्रदार (पंडित छोटे लाल मिश्र द्वारा रचित)

धाऽगिना	धगिनधा	तेटेगिना।	तेटेतेटे	गिनातेटे।	धगिनधा	तेटेगिना।	
0			1		2		
धाऽतीऽ	धाऽऽऽ	गिनातेटे।	धगिनधा	तेटेगिना।	धाऽतीऽ	धाऽऽऽ।	
0			1		2		
गिनातेटे	धगिनधा	तेटेगिना।	धाऽतीऽ	धाऽऽऽ।	धाऽगिना	धगिनधा।	
0			1		2		
तेटेगिना	तेटेतेटे	गिनातेटे।	धगिनधा	तेटेगिना।	धाऽतीऽ	धाऽऽऽ।	
0			1		2		
गिनातेटे	धगिनधा	तेटेगिना।	धाऽतीऽ	धाऽऽऽ।	गिनातेटे	धगिनधा।	
0			1		2		
तेटेगिना	धाऽतीऽ	धाऽऽऽ।	धाऽगिना	धगिनधा।	तेटेगिना	तेटेतेटे।	
0			1		2		
गिनातेटे	धगिनधा	तेटेगिना।	धाऽतीऽ	धाऽऽऽ।	गिनातेटे	धगिनधा।	
0			1		2		
तेटेगिना	धाऽतीऽ	धा।	गिनातेटे	धगिनधा।	तेटेगिना	धाऽतीऽ।	ती
0			1		2		0

9 मात्रा
कायदा (उ. मुन्नू खाँ)

गिना	तेटे	धाते	टेधा	गेना	धागे	तिन	तिना	किना।
किना	तेटे	ताते	टेधा	गेना	धागे	धिन	धिना	गिना।

11 मात्रा
आड़लय कायदा (उ. गामी खाँ)

धागेतेटेधागे	तिरकिटधिनागिना	धागेनधातिरकिट	धिनधिनागिना
धागेतेटेकता	धागेतेटेधागे	धिनधिनागिना	धागेनधातिरकिट
धिनधिनागिना	ताकेतेटेताके	तिरकिटतिनाकिना।	ताकेतेटेताके
तिरकिटतिनाकिना	ताकेनतातिरकिट	तिनतिनाकिना	ताकेतेटेकता।
धागेतेटेधागे	धिनधिनागिना	धागेनधातिरकिट	धिनधिनागिना
धागेतेटेधागे	तिरकिटधिनागिना		

13. मात्रा (कायदाः पं. छोटे लाल मिश्र द्वारा रचित)

धागे	धिंना	ऽधा	तीधा	गिना	धिना	
ऽधा	तीधा	गिना	धाती	धागे	तिंना	किना
ताके	तिंना	ऽता	तीता	किना	तिंना	
ऽधा	तीधा	गिना	धाती	धागे	धिंना	गिना

प्रस्तार

1. धागे धिना ऽधा तीधा गिना धिनां
ऽधा तीधा गिना धिना ऽधा तीधा गिना
धागे धिंना ऽधा तीधा गिना धिंना
ऽधा तीधा गिना धाती धागे तिंना किना
ताके तिंना ऽता तीता किना तिंना
ऽता तीता किना तिंना ऽता तीता किना
धागे धिंना ऽधा तीधा गिना धिना
ऽधा तीधा गिना धाती धागे धिंना गिना

2. धागे धिना ऽधा तीधा गिना ऽधा तिधा गिना
ऽधा तीधा गिना धिना गिना
धागे धिंना ऽधा तीधा गिना धिंना
ऽधा तीधा गिना धाती धागे तिंना किना
ताके तिंना ऽता तीता किना ऽता तिता किना
ऽता तीता किना तिंना किना
धागे धिना ऽधा तीधा गिना धिंना
ऽधा तीधा गिना धाती धागे धिंना गिना

3. धागे धिना ऽधा तीधा ऽधा तीधा ऽधा तीधा
गिना धाती धागे धिना गिना
धागे धिंना ऽधा तीधा गिना धिंना
ऽधा तीधा गिना धाती धागे तिंना किना
ताके तिंना ऽता तीता ऽता तीता ऽता तीता

किना ताती ताके तिंना किना

धागे धिना ऽधा तीधा गिना धिना

ऽधा तीधा गिना धाती धागे धिंना गिना

4. धागे धिना धागे धिंना धागे धिंना ऽधा तीधा

गिना धिना ऽधा तीधा गिना

धागे धिना ऽधा तीधा गिना धिना

ऽधा तीधा गिना धाती धागे तिना किना

ताके तिना ताके तिना ताके तिना ऽता तीता

किना तिंना ऽता तीता किना

धागे धिंना ऽधा तीधा गिना धिना

ऽधा तीधा गिना धाती धागे धिना गिना

5. धागे धिना ऽधा तीधा गिना धिना

ऽधा तीधा ऽधा ऽधा ऽधा तीधा गिना

धागे धिना ऽधा तीधा गिना धिना

ऽधा तीधा गिना धाती धागे तिना किना

ताके तिना ऽता तीता किना तिना

ऽता तीता ऽता ऽता ऽता तीता किना

धागे धिना ऽधा तीधा गिना धिना

ऽधा तीधा गिना धाती धागे धिना गिना

6. धागे धिना ऽधा ऽती ऽधा गिना धिना

ऽधा ऽती ऽधा गिना धिंना गिना

धागे धिना ऽधा तीधा गिना धिना

ऽधा तीधा गिना धाती धागे तिंना किना

ताके तिंना ऽता ऽती ऽता किना तिंना

ऽता ऽती ऽता किना तिंना किना

धागे धिनां ऽधा तीधा गिना धिना

ऽधा तीधा गिना धाती धागे धिना गिना

चक्रदार तिहाई

धागे धिंना ऽधा तीधा गिना धिना गिना धाती

धा धिना गिना धाती धा धिना गिना धाती

धा ऽ धागे धिना ऽधा तीधा गिना धिंना

गिना धाती धा धिना गिना धाती धा धिना

गिना धाती धा ऽ धागे धिंना ऽधा तीधा गिना धिंना

गिना धाती धा धिना गिना धाती धा धिना गिना धाती। धा
×

पंचम सवारी (15 मात्रा)
1. कायदा (पंडित छोटे लाल मिश्र द्वारा रचित)

धाऽ	ऽतित	ऽऽ ।	धाऽ	गिना	तेटे	गिना।	
×			2				
धाऽ	ऽतित	ऽऽ	धाऽ।	गिना	धागे	तिंना	किना
0				3			
ताऽ	ऽतित	ऽऽ ।	ताऽ	किना	तेटे	किना	
×			2				
धाऽ	ऽतित	ऽऽ धाऽ।	गिना	धागे	धिंना	गिना	
0			3				

प्रस्तार

1.	धाऽ	ऽतित	ऽऽ ।	धाऽ	गिना	तेटे	गिना	
	×			2				
	धाऽ	गिना	तेटे	गिना।	धाऽ	गिना	तेटे	गिना
	0				3			
	धाऽ	ऽतित	ऽऽ।	धाऽ	गिना	तेटे	गिना	
	×			2				
	धाऽ	ऽतित	ऽऽ	धाऽ।	गिना	धागे	तिनां	किना
	0				3			
	ताऽ	ऽतित	ऽऽ ।	ताऽ	किना	तेटे	किना।	
	×			2				

	ताऽ	किना	तेटे	किना।	ताऽ	किना	तेटे	किना।
	0				3			
	धाऽ	ऽतित	ऽऽ।	धाऽ	गिना	तेटे	गिना।	
	×			2				
	धाऽ	ऽतित	ऽऽ	धाऽ।	गिना	धागे	धिना	गिना
	0				3			
2.	धाऽ	ऽतित	ऽऽ।	धाऽ	गिना	तेटे	गिना।	
	×			2				
	धाऽ	गिना	धाऽ	गिना।	धाऽ	गिना	तेटे	गिना
	0				3			
	धाऽ	ऽतित	ऽऽ।	धाऽ	गिना	तेटे	गिना।	
	×			2				
	धाऽ	ऽतित	ऽऽ	धाऽ।	गिना	धागे	तिंना	किना
	0			3				
	ताऽ	ऽतित	ऽऽ।	ताऽ	किना	तेटे	किना	
	×			2				
	ताऽ	किना	ताऽ	किना।	ताऽ	किना	तेटे	किना
	0				3			
	धाऽ	ऽतित	ऽऽ।	धाऽ	गिना	तेटे	गिना।	
	×			2				
	धाऽ	ऽतित	ऽऽ	धाऽ।	गिना	धागे	धिंना	गिना
	0				3			
3.	धाऽ	ऽतित	ऽऽ।	धाऽ	ऽतित	ऽऽ	धाऽ	
	×			2				
	ऽतित्	ऽऽ	धाऽ	गिना।	तेटे	धाऽ	गिना	तेटे
	0				3			
	धाऽ	ऽतित	ऽऽ।	धाऽ	गिना	तेटे	गिना।	
	×			2				
	धाऽ	ऽतित	ऽऽ	धाऽ।	गिना	धागे	तिंना	किना
	0				3			
	ताऽ	ऽतित	ऽऽ।	ताऽ	ऽतित	ऽऽ	ताऽ	
	×			2				

	ऽतित्	ऽऽ	ताऽ	किना।	तेटे	ताऽ	किना	तेटे
	0				3			
	धाऽ	ऽतित	ऽऽ ।	धाऽ	गिना	तेटे	गिना।	
	×			2				
	धाऽ	ऽतित	ऽऽ	धाऽ।	गिना	धागे	धिंना	गिना
	0				3			
4.	धाऽ	ऽतित	ऽऽ ।	धाऽ	गिना	तेटे	धाऽ	
	×			2				
	गिना	तेटे	धाऽ	गिना।	तेटे	धाऽ	गिना	तेटे
	0				3			
	धाऽ	ऽतित	ऽऽ ।	धाऽ	गिना	तेटे	गिना।	
	×			2				
	धाऽ	ऽतित	ऽऽ	धाऽ।	गिना	धागे	तिंना	किना
	0				3			
	ताऽ	ऽतित	ऽऽ ।	ताऽ	किना	तेटे	ताऽ	
	×			2				
	किना	तेटे	ताऽ	किना।	तेटे	ताऽ	किना	तेटे
	0				3			
	धाऽ	ऽतित	ऽऽ ।	धाऽ	गिना	तेटे	गिना।	
	×			2				
	धाऽ	ऽतित	ऽऽ	धाऽ।	गिना	धागे	धिना	गिना
	0				3			
5.	धाऽ	ऽतित	ऽऽ ।	धाऽ	गिना	तेटे	गिना।	
	×			2				
	धाऽ	गिना	धाऽ	धाऽ।	धाऽ	गिना	तेटे	गिना।
	0				3			
	धाऽ	ऽतित	ऽऽ ।	धाऽ	गिना	तेटे	गिना।	
	×			2				
	धाऽ	ऽतित	ऽऽ	धाऽ।	गिना	धागे	तिंना	किना
	0				3			
	ताऽ	ऽतित	ऽऽ ।	ताऽ	किना	तेटे	किना	
	×			2				

ताऽ	किना	ताऽ	ताऽ।	ताऽ	किना	तेटे	किना
0				3			
धाऽ	ऽतित	ऽऽ ।	धाऽ	गिना	तेटे	गिना।	
×			2				
धाऽ	ऽतित	ऽऽ	धाऽ।	गिना	धागे	धिना	गिना
0				3			
6. तेटे	गिना	धागे ।	धिना	गिना	तेटे	गिना।	
×			2				
धागे	धिना	गिना	तेटे।	गिना	धागे	तिंना	किना
0				3			
तेटे	किना	ताके।	तिना	किना	तेटे	गिना	
×				2			
धागे	धिना	गिना	तेटे।	गिना	धागे	धिंना	गिना।
0				3			

तिहाई

तेटे गिना धागे।	तेटे गिना धागे धिना।	गिना धा ऽ ऽ ।
×	2	0
तेटे गिना धागे तेटे।	गिना धागे धिना।	गिना धा ऽ ऽ ।
3	×	2
तेटे गिना धागे तेटे।	गिना धागे धिना गिना।	धा
0	3	×

2. कायदा (पं. छोटे लाल मिश्र द्वारा रचित)

धाऽ	गिना	तेटे।	गिना	धागे	धिना	गिना	
×			2				
घेन	गत	किट	धिन।	गिना	धागे	तिना	किना।
0				3			
ताऽ	किना	तेटे।	किना	ताके	तिंना	किना।	
×			2				
घेन	गत	किट	धिन।	गिना	धागे	धिना	गिना
0				3			

प्रस्तार

1.	धाऽ गिना तेटे।	गिना धागे धिना गिना।	गिना धागे धिना गिना।	गिना धागे धिनागिना
	×	2	0	3
	धाऽ गिना तेटे।	गिनाधागे धिनागिना।	घेन गत किट धिन।	गिना धागे तिना किना
	×	2	0	3
	ताऽ किना तेटे।	किना ताके तिनाकिना।	किना ताके तिना किना।	किना ताके तिना किना
	×	2	0	3
	धाऽ गिना तेटे।	गिनाधागे धिनागिना।	घेना गते किट धिना।	गिना धागे धिना गिना
	×	2	0	3
2.	धाऽ गिना तेटे।	गिना धागे धिना गिना।	गिना धागे गिना धागे।	गिना धागे धिनागिना
	×	2	0	3
	धाऽ गिना तेटे।	गिना धागे धिना गिना।	घेन गत किट धिन।	गिना धागे तिंना किना
	×	2	0	3
	ताऽ किना तेटे।	किना ताके तिंना किना।	किना ताके किना ताके।	किना ताके तिना किना
	×	2	0	3
	धाऽ गिना तेटे।	गिना धागे धिना गिना।	घेन गत किट धिन।	गिना धागे धिंना गिना
	×	2	0	3
3.	धाऽ गिना तेटे।	धाऽ गिना तेटे धाऽ।	गिना तेटे गिना धागे।	गिना धागे धिना गिना
	×	2	0	3
	धाऽ गिना तेटे।	गिना धागे धिना गिना।	घेन गत किट धिन।	गिना धागे तिंना किना
	×	2	0	3
	ताऽ किना तेटे।	ताऽ किना तेटे ताऽ।	किना तेटे किना ताके।	किना ताके तिंना किना
	×	2	0	3
	धाऽ गिना तेटे।	गिना धागे धिना गिना।	घेन गत किट धिन।	गिना धागे धिना गिना
	×	2	0	3
4.	धाऽ गिना तेटे।	धाऽ ऽऽ गिना तेटे।	धाऽ ऽऽ गिना धागे।	गिना धागे धिना गिना
	×	2	0	3
	धाऽ गिना तेटे।	गिना धागे धिना गिना।	धेन गत किट धिन।	गिना धागे तिंना किना
	×	2	0	3
	ताऽ किना तेटे।	ताऽ ऽऽ किना तेटे।	ता ऽऽ किना ताके।	किना ताके तिंना किना
	×	2	0	3
	धाऽ गिना तेटे।	गिना धागे धिना गिना।	धेन गत किट धिन।	गिना धागे धिना गिना
	×	2	0	3

मुख्य कायदा से नवनिर्मित कायदा

घेन गत किट।	घेन गत किट धिन।	घेन गत किट धिन।	गिना धागे तिना किना
×		2	0 3
केन कत किट।	केन कत किट तिन।	घेन गत किट धिन।	गिना धागे धिना गिना।
×		2	0 3

प्रस्तार

1.	घेन गत किट।	घेन गत किट धिन।	धिन घेन गत किट।	गिना धागे तिना किना
	×	2	0	3
	केन कत किट।	केन कत किट धिन।	धिन गेन गत किट।	गिना धागे धिना गिना
	×	2	0	3
2.	घेन गत किट।	धिन धिन घेन गत।	किट घेन गत किट।	गिना धागे तिना किना
	×	2	0	3
	केन कत किट।	तिन तिन घेन गत।	किट घेन गत किट।	गिना धागे धिना गिना
	×	2	0	3
3.	घेन कत किट।	धिन घेन गत किट।	धिन घेन गत किट।	गिना धागे तिना किना
	×	2	0	3
	केन गत किट।	तिन घेन गत किट।	धिन घेन गत किट।	गिना धागे धिना गिना
	×	2	0	3
4.	तकि टत किट।	धिन तकि टत किट।	धिन घेन गत किट।	गिना धागे तिना किना
	×	2	0	3
	तकि टत किट।	तिन तकि टत किट।	धिन घेन गत किट।	गिना धागे धिना गिना
	×	2	0	3
5.	तकि टधि नत।	किट तकि टत किट।	धिन घेन गत किट।	गिना धागे तिना किना
	×	2	0	3
	तकि टति नत।	किट तकि टत किट।	धिन घेन गत किट।	गिना धागे धिना गिना
	×	2	0	3

तिहाई

तकि	टत	किट।	धिन	गिना	धागे	धिना।		
×			2					
गिना	धाऽ	ऽऽ।	तकि	टत	किट	धिन		
0			3					
गिना	धागे	धिना।	गिना	धा	ऽ	ऽ		
×			2					
तकि	टत	किट	धिन।	गिना	धागे	धिना	गिना।	धा
0				3				

2. कायदा (उ. इनाम अली)

गिना	तेटे	धाते।	टेधा	गेना	धागे	तेटे।	
×			2				
केटे	धागे	तिरकिट	धिनी।	धागे	तिरकिट	तिना	किना।
0				3			
किना	तेटे	ताते।	टेता	केना	ताके	तेटे।	
×			2				
केटे	धागे	तिरकिट	धिनी।	धागे	तिरकिट	धिना	गिना।
0				3			

उपसंहार

संगीत के दो मुख्य आधार स्तम्भ है–'स्वर और लय'। 'श्रुतिर्माता लयः पिता' अर्थात् स्वर (श्रुति) संगीत की जननी है और लय संरक्षक। स्वर से राग की एवं लय से ताल की उत्पत्ति हुई। विश्व का कोई भी संगीत बिना लय के नहीं हो सकता। लय शक्ति ही इस सृष्टि का संचालन करती है। भारतीय संगीत में प्रयुक्त 'ताल' प्रकृति की देन है। वैसा देखा जाए तो लय विश्व के सभी प्रकार के संगीत में विद्यमान है, किंतु ताल केवल भारतीय संगीत की विशेषता है। वैज्ञानिक प्रमाणों के आधार पर कहा जा सकता है कि समस्त ब्रह्माण्ड लयगति से बंधा हुआ है। विश्वविधाता द्वारा सृजित समस्त प्रकृति में समय क्रम की जो निश्चित गति है, वह संगीत में ताल बनकर उसे उपयोगी रसपूर्ण और स्थायी स्वरूप देती है। ताल का प्रमुख साधन तबला वर्तमान समय में अवनद्ध वाद्यों में सर्वाधिक लोकप्रिय तालवाद्य है। इसका विस्तार क्षेत्र शास्त्रीय संगीत एवं नृत्य से लेकर उपशास्त्रीय संगीत, सुगम संगीत और यहां तक कि विविध प्रदेशों के लोक संगीत तक व्याप्त है।

तबला वाद्य की उत्पत्ति, वादन शैली, निकास विधि एवं क्रमिक विकास तथा इतिहास पर सूक्ष्मता से अध्ययन करने पर हम पाते हैं कि तबला वाद्य अगने पूर्तवत् रूप 'द्विपुष्कर वाद्य' के रूप में 'उर्ध्वक एवं आंलिग्यक' भागों की जोड़ी के रूप में एक स्वतंत्र वाद्य के रूप में बजाए जाने की प्रथा ईसा पूर्व से ही चली आ रही थी, जिसका जन्म का श्रेय स्वाति मुनि को प्राप्त है। कालांतर में स्वतंत्र वाद्य के रूप में तबला का विकास दिल्ली में हुआ, वहाँ एक घराना बना और फिर धीरे–धीरे दूसरे कलाकार वहां से शिक्षा प्राप्त करके देश के दूसरे भागों में फैल गये। वे जिस भाग में बसे वहाँ की सामाजिक, राजनीतिक तथा स्थानीय परिस्थितियों ने उनकी वादन शैली पर शनैः शनैः प्रभाव डालना शुरू किया और क्रमशः अजराड़ा, लखनऊ, फर्रूखाबाद व बनारस घरानों का जन्म हुआ। तबले का स्रोत तो एक ही है, परन्तु उस स्रोत से निकले शिष्य जब अपने परिश्रम तथा व्यक्तिगत प्रतिभा से वादन शैली में इतना अंतर कर सकने में समर्थ हुए कि अपने गुरु घरानों की वादन शैली से अलग अपना स्वतंत्र स्थान बना सकें तभी एक नवीन घराने का जन्म हुआ।

दिल्ली तबला का सर्वप्रथम घराना है। इसलिए निजी एवं मौलिक विशेषताओं के कारण तबले के क्षेत्र में उसे एक महत्वपूर्ण स्थान स्वतः प्राप्त है। जिसकी नींव उ० सिद्धार खां ने रखी थी और दिल्ली घराने के प्रवर्त्तक के रूप में जाने गये। चूंकि इस शोध–प्रबन्ध के द्वारा यह स्पष्ट करना आवश्यक समझा गया कि तबला वादन में एक नवीन शैली की आवश्यकता क्यों महसूस हुई? या तबला वाद्य क्या सिद्धार खां के पहले भी बजा रहा? अथवा सिद्धार खां तबला वाद्य के जन्मदाता हैं, या तबला के सर्वप्रथम घराने का। अभी भी कई भ्रान्तियां हैं कि तबला के आविष्कारक अमीर खुसरो या खुसरो खां अथवा सिद्धार खां हैं।

तबला वादन में दिल्ली घराने की वादन शैली जानने के पहले हमें तबला वाद्य की उत्पत्ति एवं इसके प्रथम घराने की नींव के बारे में चर्चा करने की आवश्यकता महसूस हुई। चूंकि ये दोनों एक–दूसरे से सम्बंधित हैं। इसके लिए हमें तबला वाद्य के पूर्ववत् रूप भरत के नाट्यशास्त्र में उल्लिखित ग्रंथों में त्रिपुष्कर या पुष्करत्रय वाद्य के बारे में विभिन्न ताल मनीषियों व कालजयी कलाकारों के अथक परिश्रम के फलस्वरूप उनके शोध प्रबन्धों के माध्यम से स्वाध्ययन के तहत स्पष्ट करने का सार्थक प्रयास किया गया है। जिसमें पुष्कर वाद्य के लिए अनेक प्रमाण, प्रस्तर शिल्पों के चित्र आदि का भी उल्लेख समावेश है।

आचार्य भरत ने 'मृदंग' (पुष्करत्रय) को 'अवनद्य अंग वाद्यों' में सर्वाधिक महत्वपूर्ण वाद्य बतलाया है। मुलायम मिट्टी से निर्मित होने के कारण उसे 'मुरज' भी कहा है। कालिदास ने इसे 'मर्दल' कहा है। शारंगदेव के अनुसार मृदंग, मर्दल व मुरज एक ही वाद्य है। मृदंग (पुष्करत्रय) के तीन भाग आंकिक, उर्ध्वक और आलिंग्यक थे। जिन्हें भरतमुनि ने इनकी आकृति क्रमशः हरीतकी, यवाकृति व गोपुच्छा भी कहा है।

त्रिपुष्कर वाद्य के तीनों भाग प्रारम्भ में एक ही वाद्य के विभिन्न हिस्से समझे जाते थे। तत्पश्चात् त्रिपुष्कर वाद्य के अलग–अलग भागों में विभक्त होने से आंकिक भाग एक स्वतंत्र अवनद्ध वाद्य के रूप में विकसित हुआ, साथ ही एक मुख वाले उर्ध्वक व आलिंग्यक दोनों उर्ध्वमुखी भागों की जोड़ी एक अन्य स्वतंत्र अवनद्ध भाग के रूप में विकसित हुई। अतः कालांतर में एक वादक द्वारा आंकिक और दूसरे वादक द्वारा उर्ध्वक व आलिंग्यक की जोड़ी बजाए जाने की प्रथा चल पड़ी। आंकिक वादन की परम्परा यद्यपि दो शताब्दी ईसा पूर्व से मिलती है।

उर्ध्वक व आलिंग्यक भागों की जोड़ी अर्थात् द्विपुष्कर को एक स्वतंत्र वाद्य के रूप में बजाए जाने की प्रथा भी ईसा पूर्व से चली आ रही थी। यह परम्परा सातवीं सदी तक लोकप्रिय होकर प्रतिष्ठित हो चुकी थी। किंतु सातवीं से तेरहवीं शताब्दी तक उर्ध्वमुखी द्विपुष्करों की जोड़ी बजाए जाने का प्रचलन विशेष रूप से दिखाई पड़ता है। अतः यह स्पष्ट है कि आगे चलकर यही जोड़ी वाद्य लोक संगीत में 'जोड़ी' के नाम से प्रयुक्त होता रहा।

वस्तुतः जब तक ध्रुवपद गायन शैली का वर्चस्व रहा, तब तक तबला वाद्य सम्मुख न आ सका, ज्यों ही ध्रुपद शैली का ह्रास प्रारम्भ हुआ। इसके साथ ही वीणा, पखावज की लोकप्रियता भी घटने लगी। यह वही काल था जब खयाल व ठुमरी तथा सितार का प्रचार बढ़ने लगा। पखावज थाप का वाद्य होने के कारण खयाल व सितार आदि के कोमल भावों को दबा देता था जबकि तबला चांटी का वाद्य होने के कारण इनकी उपयुक्त संगति प्रदान करने में खरा उतरा। जनप्रवाद के अनुसार सुधार खां नामक व्यक्ति विशेष व वास्तविक नाम न होकर उसका उपनाम था, जो कि तबला वाद्य में सुधार करने के कारण पड़ा। उस्ताद सुधार खां या उस्ताद सिद्धार खां उपनाम था तो उनका वास्तविक नाम क्या था? प्रायः हम जनजीवन में देखते हैं कि कोई–कोई मनुष्य अपने विशिष्ट गुण, कार्य या कला के उपनाम या उपाधि नाम से प्रसिद्ध हो जाते हैं। औरंगजेब के राज्यकाल में 'कृपा' नामक पखावजी बादशाह द्वारा प्रदत्त 'मृदंगराय' के उपाधि नाम से सुप्रसिद्ध था। आधुनिक युग के सुप्रसिद्ध तबलावादक उ॰ अहमद जान 'थिरकवा' एवं सुप्रसिद्ध तबलावादक पं॰ सामता प्रसाद 'गोदई महाराज' एवं प्रसिद्ध पखावज वादक पं. रामशंकर अपने उपनाम 'पागलदास' के नाम से ही जनसमाज में प्रसिद्ध हुए। उसी प्रकार अठारहवीं शताब्दी के मध्य खुसरो खां ने ख्याल गान की नई शैली और सितार जैसे वाद्य की संगति के योग्य 'सितारखानी' ठेके का

प्रचार एवं तबला वादन की कला 'जोड़ी वाद्य' को लोकवाद्य से उठाकर अभिजात्य शास्त्रीय संगीत में विकसित, प्रतिष्ठित और लोकप्रिय बनाने में विशेष योगदान दिया। जिसके कारण जनसमाज में बाद में 'सितार खां', 'सुधार खां', सतार खां अथवा सिद्धार खां उपनाम से खुसरो खां को प्रतिष्ठा प्राप्त हुई। यही कारण है कि सिद्धार खां का परम्परा का उल्लेख तो इतिहास में मिलता है, परन्तु पूर्वज का नहीं मिलता। वहीं खुसरो खां का पूर्वज का उल्लेख इतिहास में मिलता है, परन्तु उनकी परम्परा का उल्लेख नहीं प्राप्त होता है।

तबला का विकास व इसकी वादन सामग्री के पर्याप्त फैलाव के लिए भी कई मतमतांतर प्रचलित है। दो नाम प्रायः उभर कर सामने आते हैं। एक पंजाब के लाला भवानीदास एवं सिद्धार खां। पं. लालमणि मिश्र, पं. छोटे लाल मिश्र, डॉ. योगमाया शुक्ला एवं डॉ. अबान ई॰ मिस्त्री इस बात से सहमत है कि ये दोनों समकालीन थे। आचार्य वृहस्पति ने अपने ग्रंथ संगीत चिन्तामणि में सिद्धार खां और भवानीदीन के बीच पखावज वादन की प्रतियोगिता का वर्णन किया है। इस प्रतियोगिता में 'सिद्धार खां' की हार हुई और अपने आपको श्रेष्ठ साबित नहीं कर पाने के कारण दुखी होकर सिद्धार खां ने पखावज बजाना छोड़ दिया व तबला को अपना लिया। उस्ताद सिद्धार खां ने पखावज का आधार लेकर इस वाद्य में अनेक संशोधन किए। इसी समय खयाल गायकी का उद्‌भव हो रहा था। इस गायनशैली की संगति करने के लिए एक उपयुक्त तालवाद्य की आवश्यकता थी। तबला इस कार्य के लिए सभी तरह से उपयुक्त था। अतः इस वाद्य की ख्याति जल्द ही फैल गई और कलाकारों ने इसे अपना लिया। डॉ॰ अबान ई॰ मिस्त्री के अनुसार सिद्धार खां दाढ़ी और लाला भवानीदास एक ही काल के होने के कारण उनकी परम्पराएँ दिल्ली तथा पंजाब में लगभग एक ही समय में फैली।

उस्ताद सिद्धार खां ने वर्षों के अथक परिश्रम एवं चिंतन मनन से तबले की वादन सामग्री का विकास किया। उन्होंने तबले के बायें भाग पर लगने वाली आटे की पूलिका की जगह दाएं की तरह स्याही का ही प्रयोग करना प्रारम्भ किया ताकि पखावज के अलावा दूसरे वाद्यों के बोल भी इस वाद्य पर निकालना संभव हो सके। पखावज के साथ–साथ ढोलक और नक्कारा आदि ताल वाद्यों पर बजने वाले बोलों का आधार लेकर उन्होंने तबला की अनेक नवीन चीजों की रचना की। उस्ताद सिद्धार खां ने तबला का इतना विकास किया और एक लोकवाद्य से उठाकर उसका स्तर इतना ऊँचाई पर ले गये कि उनका नाम सिद्धार खां से 'सुधार खां' ही पड़ गया। चूंकि उस्ताद सिद्धार खां दिल्ली निवासी थे, अतः उनके घराने को 'दिल्ली घराना' तथा उनकी वादन शैली को 'दिल्ली बाज' कहा जाने लगा। कालांतर में इसी दिल्ली घराने की वंश–परम्पराओं एवं शिष्य परम्परा से तबला पूरे उत्तर भारत में फैल गया। इस घराने से शिक्षा प्राप्त कर व उसमें स्थानीय विशेषताएँ तथा व्यक्तिगत प्रतिभा एवं सृजन क्षमता को समाविष्ट कर इस घराने के शिष्यों के द्वारा कई नई परम्पराओं का सूत्रपात हुआ और इस तरह इस वाद्य के कई नवीन घराने अस्तित्व में आए।

तबला, हाथों के आघात से बजाया जाने वाला एक उन्नत भारतीय अवनद्ध वाद्य है, जिसके विकास का मूल सम्बन्ध प्राचीन 'द्विपुष्कर' वाद्य से है। अतः इसकी वादन विधि के मूल विकास को समझने के लिए भरत वर्णित द्विपुष्कर की वादन विधि का दूसरे अध्याय के अध्ययन में सहायक सिद्ध हुआ।

प्राचीन प्रस्तर शिल्पों में उत्कीर्ण अवनद्ध वादकों द्वारा उर्ध्वक और आलिंग्यक को बजाते हुए उनकी हस्तमुद्राओं से ध्यान देने से ज्ञात होता है कि इन वाद्यों के वादन में दो प्रकार के पटाक्षर मुख्य थे। जिनमें

से एक में हथेलियों का प्रयोग और दूसरे में मुख्य रूप से ऊंगलियों का प्रयोग होता था। यदि भरत मुनि द्वारा वर्णित द्विपुष्कर वादन की पंच पाणिप्रहत की विधियों पर विचार किया जाए तो पता चलता है कि आज तबला वादन की विधियों में भी ये प्रक्रियाएं मूल रूप से विद्यमान है। भरत ने पंचपाणिप्रहत के नाम इस प्रकार बताये हैं:–

(1) समपाणि

(2) अर्ध समपाणि

(3) अर्धार्ध समपाणि

(4) पार्श्वपाणि

(5) प्रदेशिनी।

भरत द्वारा वर्णित 'निगृहीत', 'अर्धनिग्रहीत' एवं 'मुक्त' त्रिप्रहारों पर विचार करने से ज्ञात होता है कि मध्यकालीन अवनद्ध वाद्यों में बजाए जाने वाले 'बंद बोल' और 'खुले बोल' इसी से विकसित हुए।

इस प्रकार हम देखते हैं कि त्रिपुष्कर वाद्य में विघटन होने से, आगे चलकर आंकिक से पखावज और उर्ध्वमुखी द्विपुष्करों से जोड़ी एवं जोड़ी से तब्ल तथा तब्ल से तबला का विकास हुआ। अतः यह बहुत स्वाभाविक है कि तबले में पाणि प्रयोग और प्रहारों की ये प्राचीन विधियां वादकों को परम्परागत रूप में उत्तराधिकार में मिली। अतः प्राचीन और मध्यकालीन अवनद्ध वाद्यों, विशेषकर आंकिक और उससे विकसित पखावज तथा उर्ध्वमुखी द्विपुष्कर और उससे विकसित तबला जोड़ी की परम्परागत वादन विधियों में थाप और चांटी के प्रयोग से व्यापक रूप से दो 'बाजों' की विकसित परम्परा दिखाई पड़ती है जिन्हें क्रमशः पूरब बाज और पश्चिम बाज कहा जाता है। मोटे तौर पर पूरब बाज का खुले बोलों का बाज और पश्चिम बाज को चांट या किनार का बाज कहा जाता है।

पश्चिम बाज ही दिल्ली बाज है। यह अत्यंत कोमल एवं मधुर बाज है। यह दो ऊंगलियों का बाज है। दो ऊंगलियों के साथ–साथ इस बाज में मुखचर्म के किनारे चांट के बोलों का अधिक्य रहता है, इसलिए इसे किनार का बाज भी कहते हैं। ध्वनि की दृष्टि से इसमें प्रायः बंद और आधे खुले बोलों का इस्तेमाल अधिक होता है, अर्थात् इस बाज में निगृहीत और अर्धनिगृहीत प्रहार वाले बोलों का आधिक्य रहता है।

दिल्ली घराने के विचारवान वादक कलाकारों ने अलग–अलग ऊंगलियों से विभिन्न स्थानों पर विविध वजनों से जो नाद पैदा होते हैं, उन नादों के माधुर्य को अनुभव करके ऊंगलियों के लिए विविध क्रियाएँ विकसित की। इन ऊंगलियों की निर्धारित क्रियाओं को 'निकास' की संज्ञा प्राप्त हुई। उदाहरण के तौर पर संयुक्त बोल की निकास विधि तालिका में दर्शाया गया है। साथ ही इस घराने की विस्तारशील रचनाएँ में पेशकार व कायदा की सुप्रसिद्ध रचना की विशेषता पर भी प्रकाश डाला गया है।

आधुनिक तबला सदृश भरतकालीन त्रिपुष्कर वाद्य के प्राचीन प्रस्तर शिल्पों एवं भित्ति चित्रों के आधार पर द्वितीय अध्याय में तबले की प्रमाणिकता को इस पुस्तक द्वारा सार्थक साबित किया गया है। ईसा पूर्व तबला जैसे वाद्य का प्रचलन भारत में था। उसे बजाने वाली महिलाएं भी थी। इस अध्याय में, भाजा गुफा, बादामी, अजन्ता, एलोरा इत्यादि विभिन्न गुफाएं एवं अन्य प्राचीन मंदिरों में तबला सदृश भरतकालीन त्रिपुष्कर वाद्य के दुर्लभ शिल्प चित्र दिए गए है।

दिल्ली घराने के कलाकारों का योगदान तृतीय अध्याय के श्रृंखला में रखने का सफल प्रयास किया गया है। चूंकि तबला वादन के क्षेत्र में दिल्ली घराने का विशेष स्थान है। कई प्रतिष्ठित घरानों के निर्माण में भी दिल्ली घराने के कलाकारों का महत्वपूर्ण योगदान रहा है। 'घराना' 'हिन्दुस्तानी संगीत' की निराली विशेषता है। संसार का कोई भी संगीत घरानों के लिए अनुकूल अथवा उपयुक्त नहीं बना और न बन सकता है। हिन्दुस्तानी संगीत में ही घराने हुए हैं। उसके विकास में इनका बड़ा हाथ रहा है। यह कहना भी आपत्तिजनक न होगा कि यदि घराने न होते तो हमारे संगीत की पैतृक सम्पत्ति सुरक्षित न रहती और हमें पिछले युगों के संगीत का कोई भी ज्ञान न होता। एक तरह से घराने हमारे मार्गदर्शक अथवा पथ प्रदर्शक रहे हैं। इनकी संरक्षणता में ही संगीतज्ञों ने प्रगतिशील संगीत का निर्माण किया और उसे उन्नति का रास्ता दिखाया। सच तो यह है कि पिछले दो तीन सौ वर्षों में संगीत के हित में जो महान कार्य कुछ प्रतिष्ठित घरानों ने किया है, वह संसार की कोई बड़ी से बड़ी संस्था भी नहीं कर सकती थी यदि उसे सब तरह के साधन भी मिल जाते।

घरानों के माध्यम से एक तरह से संगीतज्ञों के एक विशेष वर्ग का सामुदायिक विकास भी होता है और एक वृहत समुदाय का भी जन्म होता है जिसमें एक विशेष जातीय विरादरी का समावेश होता है जो मानव हितों की समता से प्रभावित होती है। यह संगीत के उद्देश्यों और हितों की पूर्ति में ही अपना हाथ बंटाती है। घरानों के पारस्परिक सम्पर्क में जिस प्रबल प्रतियोगिता की भावना का जन्म होता है, वह भी यथार्थ में प्रगतिशील संगीत का ही पोषक बनती है। घरानों के पारस्परिक सम्पर्क और संघर्ष में जिस प्रतियोगिता अथवा प्रतिद्वन्द्विता का जन्म हुआ, वह व्यावहारिक संगीत के हित में था और उससे उसको बहुत अधिक प्रोत्साहन भी मिला। इसलिए संगीत की महफिलों को 'अखाड़ा' अथवा 'दंगल' माना गया है और प्रतियोगिता की भावना से उच्चतम संगीत को सदैव प्रोत्साहन मिला है। जिसका स्थान अब 'संगीत सम्मेलन' और 'कन्सर्ट' अथवा 'संगीत गोष्ठी' ने लिया है।

दिल्ली घराने के प्रवर्त्तक, संरक्षक एवं मार्ग दर्शक उस्ताद सिद्धार खां के तीन पुत्र थे जो घसीट खां, दूसरे का नाम अज्ञात है एवं तीसरे पुत्र का नाम बुगरा खाँ है, एवं भाई चांद खां थे। जिनके शिष्य प्रशिष्य द्वारा दिल्ली घराना समृद्ध हुआ। सिद्धार खां के दो पुत्र जिनमें बुगरा खां एवं दूसरा नाम अज्ञात है, उनका तबले के इतिहास में विशेष योगदान है। इनके शिष्य परम्परा ने कई प्रतिष्ठित घरानों के प्रवर्त्तक एवं संरक्षक होने का गौरव प्राप्त है। दूसरा पुत्र जिनका नाम अज्ञात है, उनके दो पुत्र थे मोदू खां एवं बख्शू खां। ये दोनों पुत्र नवाब आसुफद्दोल्ला के शासन काल में लखनऊ आए और लखनऊ की सांगीतिक आवश्यकताओं के अनुरूप अपनी वादन शैली में परिवर्तन कर विशेष शैली निर्माण कर लखनऊ घराना की नींव डाली और लखनऊ घराने के प्रवर्तक होने का श्रेय प्राप्त किया।

बनारस बाज के प्रवर्त्तक पं॰ राम सहाय जी ने लखनऊ घराने के प्रवर्त्तक उस्ताद मोदू खां साहब से तबला वादन की विधिवत शिक्षा ग्रहण की और अपने समकालीन तबलावादकों में सर्वश्रेष्ठ तबला वादक की उपाधि प्राप्त की। तत्पश्चात् किन्हीं कारणों से लखनऊ की वादन शैली को छोड़कर एक नवीन शैली का निर्माण किया व बनारस के बाज को बहुत समृद्ध किया। यह शैली हर प्रकार गायन शैली, तंत्र एवं नृत्य की संगति के साथ–साथ स्वतंत्र तबला वादन को भी अत्यंत प्रभावशाली बनाया, जिसके फलस्वरूप बनारस घराने के रूप में इसे एक पृथक घराने के रूप में मान्यता प्राप्त हुई।

लखनऊ घराने के दूसरे प्रवर्त्तक उस्ताद बख्शू खां ने शिष्य उस्ताद हाजी विलायत अली खां को तबले की विधिवत शिक्षा दी। उस्ताद हाजी विलायत अली ने लखनऊ की वादन शैली में मौलिक परिवर्तन करके एवं विभिन्न प्रकार की अनेक रचनाएँ की जिससे फर्रुखाबाद को एक नवीन घराने के रूप में प्रतिष्ठा प्राप्त हुई।

उस्ताद सिद्धार खां के तीसरा पुत्र उस्ताद बुगरा खां के दो पुत्र थे– उस्ताद सिताब खां और उस्ताद गुलाब खां। उस्ताद सिताब खां के पुत्र उस्ताद नजर अली खां, बंशज सादिक खां और और शिष्य काले खां (कल्लू खां) तथा मीर खां (मीरू खां) थे। उस्ताद काले खां एवं उस्ताद मीर खां ने यहां से शिक्षा प्राप्त कर मेरठ के अजराड़ा नामक गाँव में आकर बस गये एवं इन्होंने भी वादन शैली में अपनी सूझबूझ द्वारा परिवर्तन कर एक विशेष शैली का निर्माण किया और अजराड़ा घराना की नींव डाली और अजराड़ा घराने के प्रवर्त्तक होने का गौरव प्राप्त किया।

तबला वादन में दिल्ली घराने की वंशावली की जानकारी देने का सफल प्रयास किया गया है। वंशावली में जो भी जानकारी सुलभ हो सकी है, विद्यार्थी एवं संगीत रसिक के लिए संग्रहणीय है। साथ ही इस अध्याय में दिल्ली घराने के कलाकारों की जीवनी एवं दिल्ली घराने से संबंधित कलाकारों की जीवनी, उनके वादन शैली, क्षमता और प्रभाव से सम्बंधित योगदान के विषय में कुछ कलाकारों का वर्णन दिया गया है, क्योंकि इन कलाकारों ने तबला वादन में अपना निजी विशेष योगदान दिया है। जिन वादकों का वर्णन प्रस्तुत अध्याय में मैंने किया है, उनके विषय में मुझे पर्याप्त जानकारी प्राप्त हुई है। उनमें से कुछ तबला वादक कलाकारों का वादन मैंने स्वयं प्रत्यक्षतः एवं ध्वनि मुद्रिकाओं के माध्यम से सुना भी है। दिल्ली घराने के कलाकारों में उस्ताद नन्हें खां, उस्ताद बोली बख्श, उस्ताद नत्थू खां, उस्ताद गामी खां, उस्ताद मुन्नू खां, उस्ताद ईनाम अली, उस्ताद छम्मा खां, उस्ताद लतीफ अहमद खां, उस्ताद फैय्याज खां, उस्ताद शफात अहमद खां, जनाब गुलाम हैदर आदि। दिल्ली घराने से संबंधित कलाकारों के योगदान में सर्वश्री उस्ताद मुनीर खां, उस्ताद आमिर हुसैन खां, उस्ताद अहमदजान थिरकवा, उस्ताद हबीबुद्दीन खां, उस्ताद मेहबूब खां मिरजकर, उस्ताद शमसुद्दीन खां, उस्ताद निजामुद्दीन खां, उस्ताद हिदायत खां, पं॰ सुभाष निर्वाण, उस्ताद रफीउदीन साबरी आदि। इनमें से कुछ कलाकार ऐसे भी हैं जिनकी वादन शैली दिल्ली न होकर अन्य घरानों से है, लेकिन प्रत्यक्षतः इनकी शिक्षा दिल्ली घराने के उस्तादों द्वारा हुई है और तबला जगत में लोकप्रिय है।

दिल्ली घराने के कलाकारों की भूमिका तबला वादन में महत्वपूर्ण रही है। यह चतुर्थ अध्याय में उल्लिखित किया गया है। यहाँ के विशिष्ट कलाकारों ने दिल्ली घराने की विद्या को अपनी अथक चिन्तन एवं परिश्रम द्वारा शिष्य–प्रशिष्य को समृद्ध किया है। यही कारण है कि तबला वादन में दिल्ली ही एकमात्र घराना है जिससे निकली कई शाखाएं घराने के रूप में स्थापित है। दूसरे शब्दों में हम कह सकते हैं कि घरानों के निर्माण के पीछे दिल्ली घराने की महत्वपूर्ण भूमिका है। इसलिए अन्य घरानों की तुलना में इसका विशेष स्थान है। अजराड़ा, लखनऊ, फर्रुखाबाद व बनारस घराने के निर्माण के पीछे दिल्ली घराने के कलाकारों एवं शिष्यों की बहुत बड़ी भूमिका रही है। दिल्ली घराने से जो नवीन घराने अस्तित्व में आए उसकी इस अध्याय में विस्तृत चर्चा की गई है, जिससे इस घराने की भूमिका की संकल्पना एवं अन्य घरानों की तुलना में दिल्ली घरानें का स्थान परिलक्षित व स्पष्ट हो पाया है।

पंचम अध्याय में विभिन्न घरानों के कलाकारों द्वारा दिल्ली घराने की वादन शैली का अनुकरण के संदर्भ में समीक्षात्मक विवेचन किया गया है। चूंकि 'अनुकरण' परम्पराओं अथवा घरानों के सैद्धान्तिक पक्ष

को व्यावहारिकता में रूपान्तरित करने का प्रयास करता है। अगर शास्त्रों का सैद्धान्तिक पक्ष अनुकरणीय न होता तो सारे वेद–वेदान्त, धर्म–दर्शन, उपनिषद, सांख्य सब ऐसे ही बेकार हो जाते, फिर भारतीय जीवन पद्धति में उनका कोई औचित्य नहीं रह जाता। अतएव, आदि से लेकर अब तक हमारे पास जो कुछ भी प्राप्य–अप्राप्य है, सब हमारे पूर्वजों अथवा मनीषियों के स्मरण एवं अनुकरण की ही परम्परा से सम्भव हो पाया है। शास्त्र हमेशा अनुकरण, अनुगमन और अनुशीलन के लिए प्रेरित करते हैं। शास्त्रों ने मनुष्य को हमेशा कर्म में सक्रिय रखने के लिए परम्पराओं के अनुकरण पर बल दिया है।

अतः भारतीय संगीत में नई शैलियों और परम्पराओं की अपेक्षा, प्राचीन और पारम्परिक घरानों की प्रमाणिकता आज भी प्रासंगिक है। इसलिए कि घरानों के सिद्धान्तों का अनुकरण करने वाले अनुयायियों ने अपने घराने की विशेषताओं को सुरक्षित और क्रियाशील रखने में खुद को एक कठिन अनुशासन में बांधकर एक परम्परा विशेष का अनुकरण किया है। वर्तमान में उस्ताद शफात अहमद खां के जाने के बाद अब दिल्ली घराने का भविष्य खतरे में है, जो बहुत से संगीत चिंतक एवं समीक्षक द्वारा सुनते हुए पाया जा सकता है। आज के समय में कोई स्थापित कलाकार दिल्ली घराने का नहीं है, जो इस घरानें का प्रतिनिधित्व कर सके। वर्तमान में उ॰ फैय्याज खाँ हैं, परन्तु वे भी वृद्धावस्था में हैं और अस्वस्थ भी रहते हैं। अन्य घरानों में जैसे फर्रुखाबाद, पंजाब और बनारस घराने के कलाकार देश के अन्य भागों में फैले हैं, उसके वनिस्पत दिल्ली घराने के वादक नहीं मिलते, आखिर क्यों? प्रश्न जितना सरल है, इसका उत्तर उतना ही गम्भीर भी। विद्वत्जन से यह भी सुनने को मिलता है कि जो कि तर्कसंगत भी है। उनके अनुसार भले ही अन्य घरानों के कलाकार स्थापित हैं, परन्तु दिल्ली घराने की वादन शैली का अनुकरण अवश्य करते हैं। अन्य घराने के बंदिशों में भी दिल्ली घराने की छाप दिखाई पड़ती है, लेकिन प्रत्यक्ष रूप से स्वीकारने में रूढ़ है।

तबला वादन में घराने के रूप में दिल्ली प्रथम घराना है तो इसके अनुकरण के संदर्भ में विभिन्न घराने के कलाकारों द्वारा इसके वादन शैली का अनुकरण एवं दूसरे घरानों के बंदिशों मे भी दिल्ली घराने की वादन शैली का अनुकरण अवश्य मिलता है, जो स्वाभाविक है। लेकिन यहां लेखक बनारस घराना के अनुकरण के संदर्भ में यह कहना चाहता है कि तबले के घरानों में बनारस ही स्वतंत्र एवं पृथक घराना बना, जिसके रचनाओं व शैली में दूसरे घराने की छाप नहीं दिखती है। भले ही बनारस घराना के संस्थापक पं. रामसहाय जी ने दिल्ली घराना के प्रवर्तक उस्ताद सिद्धार खां के पौत्र एवं लखनऊ घराना के प्रवर्तक उस्ताद मोदू खां साहब से तबला सीखे थे, लेकिन किसी परिस्थितिवश इन्हें बनारस घराने की नींव डालनी पड़ी और अपने विशेष प्रतिभा के तहत बोलों के निकास एवं रचनाओं में मूल परिवर्तन कर नये घराने का सूत्रपात किया। जिससे यहां का तबला सबसे अलग हो गया। उदाहरण के तौर पर यहां के बंदिशों एवं निकास के अन्तर भेद को भी सुस्पष्ट करने का अभिनव प्रयास किया गया है।

बनारस घराने के तबला विद्वान पंडित छोटे लाल मिश्र का कथन द्रष्टव्य एवं तथ्य ध्यान देने योग्य है कि जिस प्रकार नदी की धारा का स्रोत जहां से प्रवाहित होती है और यह धारा जैसे–जैसे आगे बढ़ती जाती है, वैसे–वैसे धारा का फैलाव एवं गहराई भी अथाह होती जाती है। यह बात तबला वादन के विद्या के ऊपर भी लागू होती है। तबला वादन में दिल्ली घराना नदी के स्रोत के रूप में प्रथम स्थान रहा। इस स्रोत से निकले कई घराने अस्तित्व में आए, जिसके फलस्वरूप वादन के साथ–साथ तबला वादन की विद्या में उत्तरोत्तर वृद्धि हुई। बनारस तबला वादन में पृथक घराना बना जिसे पं॰ रामसहाय जी अद्भुत, अद्वितीय, विलक्षण नवीन शैली का सूत्रपात किया एवं अनेक बंदिशों की रचना की जिससे बनारस बाज

के वादन शैली का असीमित विस्तार हो गया, जो आज भी अपना विशिष्ट स्थान बनाए हुए है। गौरतलब है कि जहां हर 35–40 वर्ष में एक नए घराने की नींव पड़ जाती थी, वहीं बनारस बाज की स्थापना के 195 वर्ष बाद भी किसी नए घराने की नींव नहीं पड़ी। दूसरे शब्दों में आवश्यकता महसूस नहीं हुई। सभी घराने की शुरुआत पेशकार से होती है तो बनारस घराने में उठान से।

पहले हमारे संगीतज्ञों को राजा के यहां राजाश्रय प्राप्त था। विभिन्न घरानों के कलाकारों का दरबार में संगीत की महफिलें सजती थी। कलाकारों द्वारा आपस में रचनाओं का भी आदान–प्रदान होता था। यही कारण था कि पहले के कलाकार दूसरे घराने के होते हुए भी अमुक घराने की रचना को विशेष रुचि से पेश करते थे। क्योंकि चौमुखी प्रतिभा होने के कारण कलाकारों में उनकी विशेष योग्यता मानी जाती थी। वैसे कलाकार को विद्वानों की श्रेणी में लिया जाता था। क्योंकि उनके पास तबला वादन शैली का अक्षय भंडार हुआ करता था। जो भी महान तबला वादक हुए हैं, उन्होंने तबला वादन में निहित विशेष बंदिशों को या किसी भी अमुक घराने का हो, अपनी निजी विशेष रूचि एवं प्रतिभा के तहत दूसरे घराने की बंदिशों को अपने तबला कोश में वादन सामग्री सम्मिलित कर बोल रूपी विद्या को गुलदस्तों की तरह सजाया है। उदाहरण के तौर पर सर्वश्री उस्ताद मुनीर खां, उस्ताद अमीर हुसैन खां, उस्ताद अहमदजान थिरकवा, उस्ताद हबीबुद्दीन खां, पं॰ अनोखेलाल मिश्र, उस्ताद करामतुल्ला खां, पं. सामता प्रसाद उर्फ गोदई महाराज, पं॰ शारदा सहाय, उस्ताद शेख दाऊद, उस्ताद अफाक हुसैन खां, पं॰ महापुरुष मिश्र, उस्ताद निजामुद्दीन खां, पं॰ छोटे लाल मिश्र, पं॰ रामजी मिश्र, पं॰ ईश्वर लाल मिश्र, उस्ताद लतीफ अहमद खां, उस्ताद जाकिर हुसैन, पं॰ स्वपन चौधरी, पं॰ कुमार बोस, पं॰ अनिन्दो चटर्जी एवं उस्ताद साबिर खां, उस्ताद शफात अहमद खां इत्यादि उल्लेखनीय नाम हैं, जिन्होंने अपने घराने की बन्दिशों को जितने शुद्ध रूप में वादन किया है, उतना ही अन्य घरानों के बंदिशों को भी आत्मसात कर उन बंदिशों का सम्मान करते हुए उसी निकास एवं वजन के साथ चमत्कारिक एवं प्रभावपूर्ण वादन कर 'चारों पट के वादक' होने का गौरव प्राप्त किया है।

अतः मैंने इस पंचम अध्याय का दो भागों में विभक्त कर इसका हल निकालने का एक अभिनव प्रयास किया है:–

(1) दिल्ली घराने के बोलों का प्रभाव विभिन्न घरानों की रचना में।

(2) विभिन्न घरानों के कलाकारों द्वारा दिल्ली घराने की वादन शैली का प्रभाव एवं अनुकरण।

मैंने इस अध्याय में जो भी दिल्ली घराने की वादन शैली का प्रभाव एवं अनुकरण विभिन्न घराने के संदर्भ में देने की कोशिश किया है, प्रमाण के तौर पर उन कलाकारों में कुछ का मैंने प्रत्यक्ष तबला वादन सुना है एवं कुछ अपने गुरुओं, बुजुर्ग कलाकारों से भी ज्ञान लाभ प्राप्त की है, साथ ही कुछ इन महान कलाकारों द्वारा वादन भी ध्वनि मुद्रण के तहत मेरे पास उपलब्ध हैं जो अलभ्य संचय के तौर पर मेरे पास संग्रहणीय है। इन सभी के सहयोग द्वारा ही मौलिक विशेषताओं के साथ इसमें अन्य घरानों की प्राचीन एवं महान कलाकारों द्वारा प्रस्तुत दुर्लभ बंदिशों को भी रखने का अभिनव प्रयास किया गया है।

छठे अध्याय में दिल्ली घराने की लुप्त हो रही प्राचीन बंदिशों को संग्रह के तौर पर रखने का अभिनव प्रयास किया गया है। चूंकि दिल्ली घराने की बहुत सी बंदिशें लोकप्रिय नहीं हुई। इस शोध प्रबन्ध के माध्यम से मुझे जो भी अपने गुरुजन एवं गुणीजनों से बंदिशें प्राप्त हुई है, उसे इस अध्याय में दिल्ली घराने की लुप्त हो रही प्राचीन एवं दुर्लभ बंदिशों को संग्रह के तौर पर देने का अभिनव प्रयास किया गया

है, जिससे लुप्त हो रही प्राचीन बंदिशों का संचयन 'तबला कोष' के रूप में भावी पीढ़ी के तबला वादकों का मार्ग दर्शन करने में सक्षम होगा। बहुत से पुराने विद्वान् एवं कालजयी कलाकारों के द्वारा रचित बंदिशें भी प्राप्त हुई हैं जिनके नाम है:—उस्ताद बुगरा खां, उस्ताद नजर अली, उस्ताद सिताब खां, उस्ताद काले खां, उस्ताद नत्थू खां, उस्ताद गामी खां, उस्ताद मुन्नू खां, उस्ताद ईनाम अली, उस्ताद फैय्याज खां, उस्ताद छम्मा खां एवं पंडित छोटेलाल मिश्र इत्यादि। दिल्ली घराने की वादन शैली को ध्यान में रखते हुए विषम तालों में भी जो उपलब्ध हो सका है, नवीन रचनाएँ देने का नवप्रयास किया गया है, जो भावी पीढ़ी के कलाकारों एवं शोधार्थी को मार्गदर्शन करने में सहायक सिद्ध होगा।

अतः तबला वादन में दिल्ली घराने के सूक्ष्म विश्लेषण से हम पाते हैं कि तबले का जन्म का श्रेय स्वाति मुनि को है एवं तबला वादन में घराने के रूप में 'दिल्ली घराना' प्रथम घराना है, जिसकी नींव उस्ताद सिद्धार खां ने रखी थी। इनसे निकली कई शाखाएं घराने के रूप में प्रतिष्ठित हुई, इसलिए अन्य घरानों की तुलना में दिल्ली घराना अपना विशेष स्थान रखती है।

संदर्भ ग्रंथ-सूची

1. संगीत रत्नाकर – शारंगदेव
2. नाट्यशास्त्र – आचार्य भरत
3. संगीतोपनिषत्सारोद्धार – बाचनाचार्य
4. गुरू ग्रंथ साहिब
5. पद्मावत् – मलिक मुहम्मद जायसी
6. आइने अकबरी – ब्लाखमैन (अंग्रेजी अनुवाद)
7. राग दर्पण – फकीररूल्ला सैफ खान
8. भक्ति रत्नाकर – श्री नरहरि चक्रवर्ती
9. भारतीय संगीत वाद्य – डॉ. लालमणि मिश्र
10. भारतीय तालों का शास्त्रीय विवेचन – डॉ. अरूण कुमार सेन
11. पखावज और तबला के घरानें एवं परम्पराएं – डॉ. अबान ई. मिस्त्री
12. ताल प्रबन्ध – पं. छोटे लाल मिश्र, कनिष्क प्रकाशन
13. ताल प्रसून – पंडित छोटे लाल मिश्र, कनिष्क प्रकाशन
14. तबला ग्रंथ – पंडित छोटे लाल मिश्र, कनिष्क प्रकाशन
15. Playing Techniques of Tabla – Pt. Chhote Lal Mishra, Kanishka Publishers, Distributors
16. संगीत चिन्तामणि – आ. कैलाश चन्द्र देव बृहस्पति एवं सुमित्रा कुमारी, संगीत कार्यालय, हाथरस, संस्करण 1966
17. मुसलमान और भारतीय संगीत – आ. कैलाश चन्द्र देव बृहस्पति, राजकमल प्रकाशन, दिल्ली संस्करण, 1974
18. दिल्ली सल्तनत – एल.पी. शर्मा, लक्ष्मी नारायण अग्रवाल, आगरा, संस्करण 1975
19. खिलजी कालीन भारत – अतहर अब्बास रिज़वी, मुस्लिम यूनिवर्सिटी, अलीगढ़
20. तबले का उद्‌गम विकास और वादन शैलियाँ – योगमाया शुक्ला

21. खुसरो, तानसेन तथा अन्य कलाकार – सुलोचना यजुर्वेदी व आचार्य बृहस्पति, राजकमल प्रकाशन, दिल्ली, संस्करण 1976
22. भारतीय संगीत में ताल और रूप विधान – डॉ. सुभद्रा चौधरी, प्रकाशक कृष्णा ब्रदर्स, अजमेर
23. तबला पुराण – पं. विजय शंकर मिश्र
24. संगीत शिक्षण के विविध आयाम – डॉ. कुमार ऋषितोष
25. Wall Paintings of Rajasthan - Miraseth, National Museum, Delhi
26. The Ajanta Caves: Ancient Paintings of Buddhist India Benoy K. Behl, Milo Cleveland Beach
27. Aspects of Mughal Painting : S.P. Verma
28. History of Decorative Art in Mughal Architecture: R. Nath
29. Indian Miniature Painting : Anjam Chakraverty
30. Mughal India : Art, Culture and Empire–Authors–J.P. Losty, Malini Roy
31. Princes and Painters in Mughal Delhi 1707-1857–Authors–William Dalrymple of Yuthika Sharma
32. Rajput Painting (2 Vol. Set)–Author–Anada Coomaraswamy
33. Mughal and Rajput Painting–Author–Milo Cleveland Beach

पत्रिका – संगीत, संगीत कला विहार, छायानट